丛书主编：刘坚 蔡金法

新世纪数学课程与教学研究丛书

TANJIUXING JIAOSHI DE SHIJIAN

探究型教师的实践

蔡金法 聂必凯 杨泽忠 贺真真◎主 编

北京师范大学出版集团
BEIJING NORMAL UNIVERSITY PUBLISHING GROUP
北京师范大学出版社

图书在版编目(CIP)数据

探究型教师的实践/蔡金法主编. —北京：北京师范大学出版社，2016.5(2024.8重印)

ISBN 978-7-303-16046-4

Ⅰ. ①探…　Ⅱ. ①蔡…　Ⅲ. ①小学数学课—教学研究—文集　Ⅳ. ①G623.502-53

中国版本图书馆 CIP 数据核字(2016)第 030039 号

营销中心电话　　010-58802216　58802815
北师大出版社基础教育教材网　http://www.100875.com.cn

出版发行：北京师范大学出版社　www.bnupg.com
　　　　　北京市西城区新街口外大街12-3号
　　　　　邮政编码：100088
印　　刷：北京虎彩文化传播有限公司
经　　销：全国新华书店
开　　本：730 mm×980 mm　1/16
印　　张：25.75
字　　数：400 千字
版　　次：2016 年 5 月第 1 版
印　　次：2024 年 8 月第 2 次印刷
定　　价：45.00 元

策划编辑：胡　宇　　　　责任编辑：胡琴竹　胡　宇
美术编辑：王　蕊　　　　装帧设计：李尘工作室
责任校对：陈　民　　　　责任印制：孙文凯

谨将此书献给所有的一线教师和教研员！

谢谢你们教我们的孩子——未来的教师、艺术家、金融家、

设计师、教授、工程师、医生、企业老总……

你们辛苦了！

让教师具备几分研究的特质

　　曾经在很长一段时间里，教师有一个别称叫"教书匠"。教师本来是"人类灵魂的工程师"，怎么与泥瓦匠、木匠、铁匠等一起被归入工匠的行列了呢？仔细想想，那时把教师归为匠人，还真不是蔑称。在差不多有五十年的时间里，我们的课程体系、教材内容、教学要求、学习规范等与教学有关的一切，特别是在小学，几乎没有什么变化。既然没有变化，那么教师的教学工作就经常是每天都在重复"昨天的故事"，有明显的"机械"和"重复"味道。而机械和重复恰好是匠人工作的基本特征：按图索骥、照本宣科，不需要什么创造性，熟练为要。如此看来，把教师称作教书匠，也不是没有道理。问题是，匠人面对的是冷冰冰的泥瓦、钢铁、木头……而教师面对的是活生生的人，如果用对待泥瓦的手法来对待人……想想都觉得可怕。

　　所幸，这种状况在 20 世纪末有了改观，哲学家、教育家马丁·布伯论述过的"我与你"和"我与他"这两种关系，在我们这里好像有了定论，数学新课程倡导：学生是学习的主人，教师是学生学习的组织者、引导者和合作者（见 2001 年、2011 年两版数学课程标准），即学生不再是"我"实现预期和目的的那个"他"，"我与你"关系中的"你"才是"我"应该怀着对自然和生命的敬畏的对象。所以，"我"不能简单地把"你"置于自己的预期和目的之下。简言之，教师无论如何不应该成为匠人，教育领域的

1

机械和重复弊大于利，应该适可而止了！

但问题远没有课程标准里说几句话那么简单。尽管提倡"从学生出发"已经多年，表面上"生本"课堂、"学本"课堂也层出不穷，但让人不得不承认的现实是，我们的学生依然笼罩在题型教育、考试教育的阴影下，还是"我与他"关系中的那个"他"，还在任由别人的预期和摆布。反映在教学上，就是过于讲究速度和效率，过于关注如何走捷径，教学还是笼罩着那么一股浓厚的匠气。其结果是，数学的面貌离学生的现实生活越来越远，考试的高分与学生未来生活的关联度越来越低。本来，始于 20 世纪末的数学课程改革就是要改变这些的，可多年改下来，感觉实在是有点难了。

本来是为蔡金法教授主编的书写序的，为什么说这些看上去不着边际，还多少有些沮丧，而且越扯越远的话呢？

其实不远，只有从"教书匠"说起，才能凸显本书的价值。虽然课程改革目标的全面实现非教师一己之力所能及，但教师角色转换之重要，在整个课程改革进程中，非任何其他因素可比！正因如此，我才从"教书匠"那里远远地扯过来，以引出对本书以下几个特点的肯定与欣赏，并在这里与读者分享。

1. 我个人认为，在教师队伍中，研究型教师的比重是衡量教师角色转换状况的一个基本要素或变量。这个比重越高，"我与你"中的"我"就越多，"我与他"中的"我"就越少，达成体现国家意志的改革目标的希望就越大。因此，在当前完全远离"匠气"还很难做到的情况下，让我们的教师都多少具备几分研究的特质显得十分重要。虽然这里说的是"几分"，其实已经是一个相当宏大的目标了，固然是必要，但是可行吗？本书传递的信息是：可行！

本书的撰稿者都是来自小学第一线的教师或教研员，他们都是教师队伍中的普通一兵。与一些高级研究项目选题的好高骛远、高深莫测相比，他们每个人的选题都是自己在现实当中遇到的问题和产生的困惑，他们是抱着解决实际问题、提高教学质量的朴素愿望开始自己研究历程的。从文章质量看，他们选择的技术路线基本符合教育科学研究的一般规范和要求，而且普遍采取了定性与定量分析相结合的研究策略，通过多次实践检验自己得出结果也几乎成了每一篇文章的立论基础。从而，他们得出的结论或给出的建议都多有值得借鉴和参考之处。另外，由于他们所处的工作环境，使他们个人的研究实践也影响了同伴，惠及了他人，许多研究成果后面都可以看到一个小团队的影子。当然，用纯学术的眼光审视这些成果，也会发现一些小瑕疵，也能挑出不少小毛病，但在我眼里这些都没那么重要，都有改进和完善的空间。我认为重要的是：他们是为把自己的教师工作做好而开始研究的，是通过自己的不懈努力而初步奠定了作为一位研究型教师的基本格局的。更重要的是，他们提供的研究途径、策略、方法、实例及其成果，证明了"让我们的教师都多少具备几分研究的特质"是可行的，本书为实现教师角色转换提供了重要的经验和参照系。

2. 本书撰稿人走上研究型教师之路的经验也值得参考，这离不开一个特殊的平台——新世纪小学数学杰出人才发展培养工程高级研修班（简称"高研班"）。2008 年前后，在课程发展焦点相对模糊，改革动力略显不足，且争议不断的节骨眼上，为推动数学课程改革走向纵深，北师大版小学数学教材编写组创造性地提出了数学教师通过三个"读懂"：读懂学生、读懂课堂、读懂教材，来促进自身成长的新思路。这个思路，为教师如何在教学实践过程中远离"匠气"指出了一个崭新的方向。为使三个"读懂"从"思路"走向实践，他们又推出了"高研班"这样一个服务于教师成长的新型平台。说它新，是因为这个平台没有什么官方背景，没有依托哪个科研院所，更没有授予某种级别学位证书的诱惑。在功利主义盛行的当下，这个没有什么功利色彩的平台汇聚起一群心里燃烧着使命火焰的中青年小学数学教师。他们共同研究三个"读懂"，探讨"读懂"以后可以做些什么，开始了塑造研究型教师的有益尝试。据我所知，这个高研班已经办了好几期，至于这个平台的质量和效果怎么样，眼下这本书的内容提供了佐证。

教师教育的平台建设重要，而平台能否为教师成长提供助力更重要。

目前，国家倾力推进教师教育，从上到下，为教师成长提供的平台林林总总，设置的项目之多令人目不暇接，然而效果几何则见仁见智。国家的投入，教师本人付出的时间和精力，是否都能转化为教师成长道路上的正能量，尚待称量。而高研班，这个体制之外的小小平台，让我们看到了希望。

3. 本书由留美学者蔡金法教授主编，书中每篇文章的评语都是他的手笔，其严谨、精当与启发，使本书一个个零散的研究成果，凝聚出相互关联的浓郁学术气息。不仅如此，本书每篇文章的背后，也都有他的影子。

为了保证高研班的质量，北师大版小学数学教材编写组向远在美国的蔡金法教授发出邀请，希望他能担任这个班学员的导师。蔡金法教授经年在美国耕耘，已经是美国数学教育研究界的一位头面人物，即我们所说的"大腕儿"。在美国数学教育界的华人学者群体当中，他也是最有影响的一位。他了解美国，也了解中国，请他做导师，可以大大提高高研班这个平台的高度。现在想来，换了是我，在美国待得好好的，工作满满的，我会接受这个邀请吗？还真不好说。但心里同样燃烧着使命火焰的蔡金法教授在接到邀请之后，慨然应允，为高研班的建设频频忙碌于网络之上，往返于大洋两岸，在释放学术风采的同时，也让我们见识了他的人格魅力。

我近距离观察过蔡金法教授的高研班课堂。他在课堂上的形象与作用真正地表现为"我与你"关系中的"我"，他从心里把作为学员的"你"看成值得尊重和敬畏的对象。他的课堂里没有居高临下的"塑造"，没有滔滔不绝的论述，从他那里发出来的多是心平气和的提问和循循善诱的引导。他这样做的结果是课堂上气氛热烈，学员发言踊跃，外人进来可能一时都分不出谁是学员、谁是导师了，与我们平时见多了的课堂氛围大不同。我想，这样的氛围对高研班学员的影响已经在本书的文字里得到了体现，但又远不止于此，应该也一定会体现在学员们自己的教室里吧。

基于以上几点，欣然为本书作序，希望高研班越办越好，也希望有更多学员的佳作问世。

孙晓天

给出有效的 "教学处方"

教师作为研究者（teachers as researchers）已经得到了越来越多的共识。这首先在于教师工作自身的特征，由于教学现象的复杂性和学生个体的丰富性等原因，使得教师本身从事的就是创造性工作，就需要不断地发现问题和解决问题，而这与科学研究的过程是一致的。随着课程改革的深入，一些重点和难点问题的解决仅仅靠学习、吸收他人的经验已经不够了，教师必须亲自去观察、分析、实践、反思，这些都促使教师自己做研究。

但另一方面，教师在做研究中也出现了不少的困惑，比如，自己没有正式学习过教育研究方法，不会做研究怎么办？自己的理论功底弱，做不好研究怎么办？研究是大学教授们做的，一线教师能做研究吗？现在的研究都是经验加一些理念拼凑一下，似乎也没有多大的用处……要回答这些困惑，首先需要刻画 "教师做研究" 的基本特征是什么。

需要说明的是，这里我把 "教师做研究" 作为一个 "独立概念" 剥离出来考虑，而不是一般科学研究的附属品，也不是做不了正规研究的权宜之计，而是强调教师做研究有其自身的特征，本书呈现的来自一线教师的探索，正是对于这些特征的最直观的体现。

第一，教师做研究的主要目的是改进教学。

既然我们将研究看成是发现和解决问题的过程，那么教师做研究的目的当然是从自己的教学经历中发现问题，并尝试加以解决，从而改进教学，形成自己的教学经验和实践智慧。

这里我愿意给出一个比喻，将"教师做研究"比喻成"医生看病"。医生看病最为重要的是能够对症下药，开出有效的处方。那么教师做研究最主要的目的是针对教育教学中出现的问题，通过观察、分析、实践、反思、分享等提出解决问题的方法。如果教师发现和提出了有价值的问题，而且针对问题开出了"教学处方"，并且实践表明处方是有效的，就是一个好的研究。

本书中呈现的这些研究都体现了"改进教学"的诉求，而且给出的方法策略也是教师创造性的集中体现。比如，游琼英老师给出的四条指导学生写日记的方法和四条通过日记进行反思的方法；又如，毕晓光老师在培养学生发现和提出问题时，设立的"提问卡"制度，开设的五分钟"小问号"交流；等等。

仔细分析这些研究，会发现好的研究者所具有的共同特征：对于教育教学的热爱，对于自己工作的好奇心，善于从"司空见惯"的现象中捕捉问题，对于数学教育价值的不断追问等。特别是新课程的深入，促使这些教师不断思考如何在课堂教学中落实"四基"，如何培养学生发现和提出问题的能力，如何利用评价促进学生的数学学习等新的问题。

第二，做研究要用证据说话。

如果说教师每天都在"不自觉"地发现和提出问题，那么如何将这种不自觉的行为提升到研究的水平呢？其中非常重要的一个方面是"用证据说话"。比如，你说你这节课上得好，学生的学习进步了，那么证据在哪里呢？可以是来自学生作业的证据，来自访谈学生的证据，也可以是来自课堂观察的证据，来自问卷调研的证据……总之要有证据。这就像一个处方是不是管用，最重要的是用事实说话。

对于一线教师来说，首先要养成的是用证据说话的意识和态度。本书中不少教师都在努力尝试着寻找证据。比如，孙枚老师"'同课同构，效果不同'是何因"的文章，详细记录了几位教师执教同一节课的教学情况，选择了四位教师在各个教学片段和环节所用的时间、师生的互动交流、教师鼓励学生所举的例子、对于概念关键点的出示等方面，运用数据来比较四位教师教学的差异，既使得读者对于四位教师的课堂有了具体的感受，也使得研究的结论变得更加可信。

为了能够提供更加可信、有效的证据，掌握一些研究方法就是必要的了，一线教师提升自己的研究能力可以从学习研究方法入手。比如，虞文辉老师在调查小学数学教师研究学生的现状时，就尝试使用了描述性统计的方法与统计检验的方法。另外，一线教师在长期的教学实践中，更多地使用了观察、倾听、与学生交流、分析学生作品等与日常教学紧密结合的研究方法。关于这些研究方法，请参看蔡金法教授的另一本书《做探究型教师》。

特别是对于学生的关注，成为了本书中研究的共同点。在我的观察中发现，虽然教师普遍都接受"要关注学生"的理念，但却弥漫着一种忽视学生的现象。他们的教学研究活动更多的是谈论如何教，少见对学生数学行为和思维的关注。不少教师认为"很了解"自己的学生，但当他们静下心来与学生交流起来，又会发现事情并不一定和自己所想的一致。因此，教师要有关注学生、做学生研究的意识和习惯。比如，本书中姜国民老师对于四年级学生分数再认识的学前调查，抓住了分数表示的"关系"这一核心，设计了一些题目鼓励学生阐述思考过程，由此设计了自己的教学方案。又如，万里春老师的"在算术情境中寻找小学生代数思维的机会"一文，对学生的思维做了比较深入的质性分析。

蔡金法教授在《做探究型教师》一书中着重描写了如何"让数据说话"，他给出了具体分析学生思维、教学现象的方法，教师可以根据这些方法得到的分析结果探索改进自己的教学。

第三，教师的研究结果呈现多样性。

如前所述，教师做研究的最主要的目的是改进教学，那么一线教师的研究结果和应用，显然更看重对自己教学的影响。这就决定了他们研究成果的呈现形式往往是多样的，不限于论文，还可能会是教学设计、实验方案、教学课件、评价试题等。

正如本书的前言和后记中指出的，一线教师如果长期关注某方面的研究，也可能从个别事件的分析，发展为比较系统地把握教育教学的规律。而且，也许正是由于教师创造了来源于实践的鲜明而富有个性的成果，这些成果的系统实践和反思也许会创生为丰富而生动的实践理论。我期待着本书的作者们能坚持自己的研究，不断提出有效的"教学处方"，不断将零散的思考系统化，不断将研究走向深入。

第四，教师做研究对于自身的专业成长具有重要的作用。

许多教师在谈到研究的价值时，无一例外地提到了研究对于自身专业成长的重要作用。教师做研究，为教师的专业发展提供了新的元素。比如，研究能够帮助教师养成长时间思考一个问题的习惯；研究能够促使教师形成围绕问题收集证据寻找原因的意识；研究能够提高教师发现问题的敏感性，提高教师分析问题的能力；研究能够激发教师解决问题的创造力；研究能够唤起他们对于学生、教育、数学的热爱。

我相信，本书中的文章一定为更多的教师做研究提供了学习的素材，激发更多的教师做研究的动力。重要的是每一篇文章后的简评是本书的亮点，也是我急于去看的一部分。这些简评虽然不长，但鲜明而深入。它既不同于一些点评那样仅仅是盲目的夸奖，也不同于一些点评那样是空洞的评论，而是具体地指明了研究的优势和不足，言语中肯，本身就十分具有研究的味道。相信这些简评不仅能帮助书中作者做进一步研究，也可作为读者在设计自己研究时的参考。

最后，引用苏霍姆林斯基那句激励教师做研究的名言[①]："如果你想让教师的劳动能够给教师一些乐趣，使天天上课不致变成一种单调乏味的义务，那你就应当引导每一位教师走上从事一些研究的这条幸福的道路上来。"

张 丹

---

① B. A. 苏霍姆林斯基. 给教师的建议（修订版）［M］. 杜殿坤编译. 北京：教育科学出版社，1984.

探究型教师的实践

从 2010 年到 2013 年，共有两届高研班的学员结业。每位学员除了参与几次集中培训之外，还必须完成一篇研究论文，我们从中选取了一些有代表性的论文，经过适当的修改，编入本书。本书除了高研班学员的论文之外，还从《新世纪小学数学》中选取了姜国明、华应龙、王永、刘美丽和朱晨菲的研究论文，这些论文所做的研究在学员们的文章中没有反映，放入本书的目的是作为对学员们的研究类型的一种补充。

应该选择哪些论文编入本书，是一个具有挑战性的任务。从一定程度上说，所有学员的论文都可以放在本书中出版，但由于篇幅有限，我们不得不忍痛割爱。我们在麟选学员论文时，主要考虑了以下一些方面。

第一，所选取的论文应尽可能具有新意。新的研究视角、新的研究问题、新的研究方法或新的研究发现，都会让读者从中获益或受到启发，也可以成为教师们从事研究的样例。

第二，研究所使用的方法应具有代表性。在《做探究型教师》一书中，我们介绍了一些适合教师从事的研究类型，这些研究方法也被本书中的所有研究所采用。一些论文采用了其中的一种研究方法，而一些论文采用了多种研究方法。

第三，尽量保持教师研究或写作形式的多样性和灵活性，不过于追求研究的规范化和形式的严谨。比如，教师的研究中可能包括的一些观点或主张，但没有告诉读者出处，或者一些观点仅仅是基于自身的教学经验，并没有提供证据，这些都是不够严谨的表现。还有，教师的研究报告（论文）也许不包括对文献的精细评论，没有包括大的教育背景的介绍，只是从自己的教学亲身经历中发现问题并直接提出研究问题，因此，他们的研究问题指向性很具体和明确，即改进自己的教学。我始终认为，教师从事的研究不要太过于形式的规范化，教师的研究指向是改进教学实践。

值得指出的是，尽管学员们提交的研究论文质量很高，但本着精益求精的理念，我们对学员们的每一篇文章都进行了认真的修改。但为了尽可能将学员们的研究原汁原味地呈现给读者，我们的修改也尽可能少并忠实于原文。我们对学员们的论文修改侧重在以下三个方面。一是形式上的修改，主要是指文章的格式和一些研究的规范问题；二是内容上的修改；三是通过修改以尽量增强文章的可读性。除了适当的修改之外，我们在每篇文章的最后还做了一点简短的评论，旨在帮助读者更好地了解这些文章的独特之处，同时我们还指出了今后可以改进以及继续深入研究的方向。

主编这样的书对我们来说是第一次，因此，我们既兴奋又有点担心。兴奋的是看到一线教师对教育教学研究的投入和努力且收获不菲。教师日常的教务和其他责任已经让他们繁忙有加了，他们只能利用下班之后的夜间、周末或节假日从事这些研究。况且做研究不一定是他们的专长，他们必须从早已驾轻就熟的教学领域走出来，走进充满挑战的研究领域，因此，我们觉得，教师的这样一种挑战自我的精神就已经值得我们佩服了。除了兴奋之外，也有担心。因为这是我们第一次为一线的教师做研究专辑，在论文的遴选、研究的规范等方面，我们担心在"度"的拿捏上把握不准。我们既希望学员们不囿于研究形式的束缚，探讨自己喜欢的并与现实教学紧密相关的研究问题，又不希望他们研究中的失误或不妥之处对整个教师研究有任何的误导。从专业研究者的角度，研究的内容与形式都很重要。比如，博士研究生在撰写自己的学位论文时，除了在研究内容上要有新的发现之外，写作的形式也必须遵循一定的规范。然而对教师研究者来说，我们更看重他们的研究是否具有新意并能解决现实的教学问题，而不是过于强调写作的形式或研究的规范。随着教师作为研究者活动的深入，教师在研究上显得更为成熟，届时我们可以对写作的形式或研究规范有更为严格的要求。在此，也希望我们一起来促进教师研究活动的发展和壮大。

在本书出版之际，我们要祝贺两届高研班的所有学员们。

第一届：陈俊荣、陈丽萍、陈英、丁玉华、樊华、冯运芳、何瑜姝、侯英敏、李培芳、李正梁、林琛、凌洋、刘明慧、刘千、马晓敏、孟范举、倪军健、孙云、涂俊珂、闫孔哲、张巍、张岩峰、赵红亮、赵俊强、朱伟森、邹柯。

第二届：毕晓光、边靖、陈利、陈铭铭、高艳玲、侯树臣、黄辉琳、潘红艳、钱松、宋显庆、孙枚、万里春、王利、王文森、谢玉娟、杨梅、游琼英、虞文辉、袁明、张惠明、张健红、张孝萍。

欣赏他们的努力，也祝贺他们的成就。然而，获得的越多意味着责任就越大。希望他们能为教育——这一天底下最光明的事业添加更多的正能量。

第三届高研班的学员正在努力中，他们是冯利华、哈继武、何晓娜、何雄燕、黄碧峰、蒋向阳、焦会泳、金毅、靳学军、李博、李丽娟、廖敏、刘义生、牛小永、宋君、苏晗、汤其鸣、王昌胜、王丽萍、王丽星、王晓青、王耀东、位惠女、吴丽英、谢光玲、徐双莲、杨敏、杨薪意、姚冬梅、叶建云、张堃、张维国和张辛欣。期待他们的论文也会积集出版。

出版此书，除了编者和作者外，其他很多人也付出了辛劳。感谢刘坚老师，新世纪小学数学编委会的老师（孔企平、张丹、胡光锦、刘可钦、王永、陶文中、王明明、朱德江、陈晓梅、张红、钱守旺、何凤波、华应龙、黄利华、赵艳辉、位惠女、朱育红、任景业和侯慧颖），教育部北京师范大学课程中心数学工作室的老师（刘勇、殷莉莉、王极峰、韩雪、匡静）提供了这个平台——新世纪小学数学杰出人才发展培养工程高级研修班，并邀请我做首席导师。

感谢孙晓天老师和张丹老师在繁忙的事务中抽出时间为本书写序。

感谢王明明、刘勇、虞文辉老师整理附录。

最后，借此机会，向所有教师和教研员致敬！谢谢你们！也希望本书对你们有所帮助。

蔡金法

| 目 录 |

1

第一篇
数与代数

第一章
致自外迷

分数的再认识

——一次学生调研引发的思考[①]

姜国明（清华大学附属小学）

分数是在测量和计算的实际需要中产生的。在我国，分数概念的产生最早应追溯到商代（公元前 12 世纪前后），到战国中期就已经有一般分数记叙法和概念了。因此，我国的分数概念、记叙方法在数学史上占有极其光辉的一页[②]。虽说分数的历史由来已久，但这并不意味着学生建立分数这个概念是一件轻而易举的事情，它需要经历一个较长的过程。

新世纪小学数学教材将这部分内容的学习安排在两个学段中进行。三年级初步认识分数，学生结合具体情境和直观操作，初步体验分数产生的过程，认识到"整体 1"不仅可以表示 1 个物体，也可以表示由多个事物组成的整体。到了五年级，学生在此基础上比较系统地进一步认识分数。分数的再认识究竟要让学生再认识什么？带着这样的疑问我对学生进行了一次调研。

调研时间： 2008 年 8 月 19 日。

---

① 本文原名"访"的云开见月明——一次学生调研引发的思考，发表于《新世纪小学数学》2011 年第 4 期，收录时文章标题有修改。

② 徐品才，张红. 数学符号史 [M]. 北京：科学出版社，2010.

调研对象：清华附小四年级（3）（4）班部分学生（共42人）。

调研目的：了解学生已有的知识基础，对分数意义的理解程度以及学习上还有哪些困惑。

调研问题：

1. 分别涂出下面两幅图的$\frac{1}{3}$。（有效问卷42张。）

图1　　　　图2

学生情况		人数	百分比/%
图1	正确	41	97.6
	错误	1	2.4
图2	正确	34	81.0
	错误	8	19.0

2. 图3中，1个正方形表示1个苹果，请找到图中2个苹果的$\frac{1}{3}$，并用阴影表示出来。（有效问卷42张。）

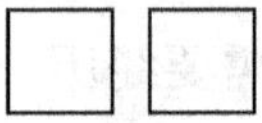

图3

学生情况	人数	百分比/%
正确	30	71.4
错误	12	28.6

3. 将12个苹果平均分给4个小朋友，每人分到的苹果数占苹果总数的$\frac{(\quad)}{(\quad)}$，请在下面的空白处画图表示你的想法。（有效问卷40张。）

学生情况		人数	百分比/%	
正确	$\frac{3}{12}$	14	35	47.5
	$\frac{1}{4}$	5	12.5	

学生情况		人数	百分比/%	
错误	图对，数错	17	42.5	52.5
	图错，数对	2	5	
	图、数均错	2	5	

从调研的统计结果中可以看到以下两点。

（1）直观模型有利于学生把握分数

当调研问题为在直观模型背景下，如"涂出 12 个○的 $\frac{1}{3}$"时，学生解决问题的正确率高达 97.6%；但当调研问题为"将 12 个苹果平均分给 4 个小朋友，每人分到的苹果数占苹果总数的 $\frac{(\quad)}{(\quad)}$"这种纯文字叙述时，学生解决问题的正确率就锐减至 47.5%。这说明直观模型可以帮助学生很好地辨析部分与整体的关系；但在纯文字叙述的背景下，学生不容易把握部分与整体的关系。

所分物体的数量影响学生确认分数。同样在有直观模型的背景下，当所分物体的数量为 12 个时，学生解决问题的正确率为 97.6%；当所分物体的数量为 1 个时，学生解决问题的正确率为 81.0%；但当所分物体的数量为 2 个时，学生解决问题的正确率为 71.4%。从中不难发现，所分物体的数量对学生发现分数所对应的部分产生了一定的影响。当所分的物体是份数的倍数时，学生比较容易发现 $\frac{1}{3}$ 所对应的部分，但当所分的物体（多个）与份数没有倍数关系时，正确率则会下降。并且当平分多个物体时，大部分学生习惯从数量的角度，而不是从关系的角度思考部分与整体的关系。

（2）图与数无法联系影响学生理解分数

在解决"将 12 个苹果平均分给 4 个小朋友，每人分到的苹果数占苹果总数的 $\frac{(\quad)}{(\quad)}$"这个问题时，有 42.5% 的学生在正确画图的前提下，将每人分到的苹果数与苹果总数的关系表示为 $\frac{1}{3}$。有 5% 的学生所表述的关系是正确的，但所画图形与之并不匹配。这说明在学生对用文字语言呈现的背景不熟悉的前提下，无法将图与数建立联系、疏通关系，从而阻碍这部分学生对分数意义的理解。同时也说明学生反思的意识特别是借助图形分析问题的意识还比较薄弱。

"分数的再认识究竟要让学生再认识什么"这一困扰我很长时间的问题终于在对学生调研的帮助下得以解决。

1. 将不同的物体平均分，进一步认识"整体"

因为学生前面接触到的整体是简单的、现成的、直观的，所以，接下来的学习需要呈现更为丰富的"整体"的素材，通过将不同的"整体"进行平均分，使学生对"整体"产生更为广泛和深刻的认识。

首先，将"2个正方形平均分成3份"作为本课的主要探究内容。之所以选取2个正方形，是经过反复考虑的。学生对于单个物体或多个物体组成的群体是份数的倍数的平均分已经相对熟悉，太简单的背景不容易激起学生思维的兴奋，所以，选择两个独立的正方形作为研究素材。学生在分的时候，可以选择一个一个地分，也可以2个合在一起分，因此，这个背景涵盖了单个物体的平均分和群体的平均分的情形。同时它有一定的挑战性，促使学生在活动过程中不断思考。无论怎样分，最后都要考虑阴影部分占2个正方形的几分之几。

在此基础上，请学生思考"能否将5个苹果、6个桃子、7张纸、120朵花平均分成3份"，让学生在活动中不断感受部分与整体的关系，体会把什么作为整体的重要性。

2. 经历逐步抽象的过程，体会部分与整体的关系

"分数的定义只是表面上对分数是什么增加了更多了解的假象，其实它并没有增进对分数的本质的理解。"——弗赖登塔尔

学生原来对分数的认识是粗浅的、不系统的。这节课应当让学生体会无论把什么平均分，都可以用分数表示部分与它自身之间的关系，但这并不表示一定要揭示分数的定义。那么，有什么直观和有效的手段更能揭示

分数的本质呢？那就是在丰富的背景下，让学生通过图、数联系感悟分数。

"将 120 朵花平均分成 3 份，请画图找到它的 $\frac{1}{3}$。" 在这里，我有意识地给学生提供了一个数量较大的背景。在画的时候，学生会意识到一个一个地画很困难。全班交流，让学生经历逐步抽象的过程。（如图 4）

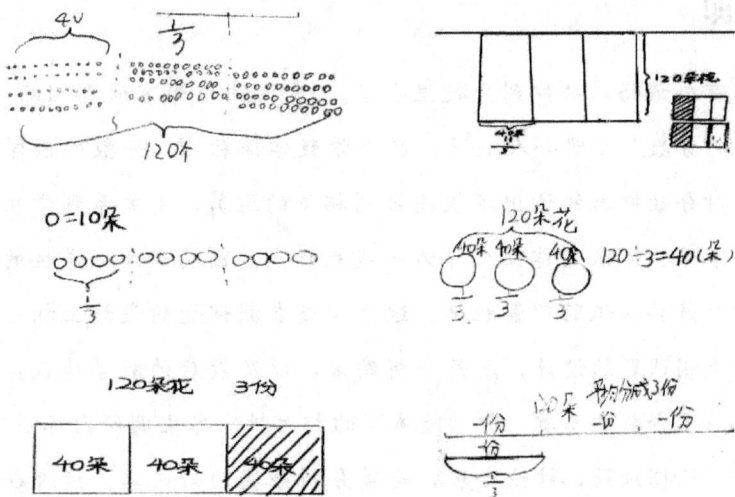

图 4

在全班达成共识，120 朵花完全可以用一条线段表示。接着，联系其他背景，使学生逐渐意识到，这条线段既可以表示 120 朵花，也可以表示 2 个正方形、5 个苹果等，即无论所分物体是什么都可以把它看作一个整体。通过数与形的结合，使学生真正地理解部分与整体的关系，融会贯通。

3. 经历逆推的过程，体会部分与整体的关系

学生在之前学习分数的过程中，所接触的背景几乎都是顺向的。因此，有必要提供一个需要学生逆向思考的问题。

例如，○○○○是整体的 $\frac{1}{2}$，请摆出这个整体；

○○○○是整体的 $\frac{1}{3}$，请摆出这个整体；

○○○○是整体的 $\frac{1}{4}$，请摆出这个整体。

请学生思考，同样是"○○○○"，为什么所占整体的分数却不相同。

学生需要根据分数的意义逆推，由部分得到整体。并且要解决这个问题，从数量的角度阐述分数显然是行不通的，需要学生从份数的角度理解分数的意义，从而更进一步地体会分母、分子和分数的意义。

简评

德国有句谚语："掉到分数里去了。"常常用以形容遇到困难的事情，由此可见"分数"之难令人咂舌。在小学数学课程中，分数的教学又是重中之重。对分数概念的认识不仅关系到相关的运算，更关系到学生数感的培养与数学结构体系的建立。作为一线教师，姜国明老师从学生的角度分析学生对分数再认识的理解程度。这个调查在测试题的设计上相当有目的性，无论是测试题的设计，还是分析结果，以及最后的教学建议，都表明姜老师抓住了分数的本质，即"整体"的相对性。本文调研内容层次递进，数据充分，论证细致，结论合理，是篇分析翔实的好文章。读者也可参考涂俊珂老师的"'小数的再认识'认识什么"一文。

一个好的课题肯定有一个清晰的研究问题，以及为了这个研究目的而制订的有效的测量方法。本文研究问题明确，以探讨分数的再认识究竟要让学生再认识什么为目的，并以诊断性的教学前调研为测量手段。值得一提的是，本次调研的题目出得非常有意思，与研究目的非常契合。虽然测题合理并具有新意，但仍有值得改进的地方。例如，这些测题是如何设计的？为何要如此设计？测题的设计思想是什么？这些都是值得详细论述的问题。

记得蔡金法教授在关于中美学生平均数问题的认知差异分析的研究中指出，中国学生更善于使用符号表征，在言辞与图示表征方面稍显薄弱[①]。而本文正是结合图形和数字两方面较为全面地考查学生对于分数的理解程

---

① 蔡金法. 中美学生数学学习的系列实证研究——他山之石，何以攻玉 [M]. 北京：教育科学出版社，2007.

度，研究结论表明学生借助图形分析问题的意识比较薄弱。这给今后的数学教学提出了一个新的教学思路，就是要注重培养学生图示表征的能力。测试题中要求学生写出解题思路，这一点非常好。因为这样不仅可以了解学生的理解程度，更能知道学生未掌握分数概念的原因。可是有一点遗憾的是，或许因为篇幅有限，本文仅仅从量的角度分析了学生的错误率，未能从质的角度做进一步的扩展分析。例如，有42.5％的学生图对但数错，而这一比例大大高于先前的错误比例，学生为何有这么高的数错率？学生的图是否画得一样？错误的原因到底是什么？真的是"整体"的认识不够吗？如果姜老师能对正确的不同策略和不同错误进行分析，此文将更加精彩。文章后半部分对教学提出了建议，这一点值得肯定。但什么是逐步抽象？为何需要逐步抽象的过程，是因为先前的教学中没有吗？从调研结果的角度上说，实际上是学生对于整体认识的动态性不够。所以，希望所提的教学建议能与先前的研究结论更加紧密结合。

简而言之，这是一篇"Nice and Sweet"的调查研究，值得做进一步的扩展研究和分析！

在算术情境中寻找小学生代数思维的机会

万里春（江西省九江市九江小学）

问题的提出

在数学学习中，逐步完成从算术思维向代数思维的过渡，是小学生数学认知发展的主要标志。课程改革后，我国小学数学教材对"数与代数"内容做了一些调整，增加了负数、集合、方程、函数等代数内容的渗透与学习，以增加代数学习的经验。课程标准也明确提出"注重使学生经历从实际背景中抽象出数学模型、探索数量关系和变化规律的过程，重视发展学生的数感和符号意识"等新要求[①]。

但小学生在解决问题时容易受算术思维约束，常常不能整体地看待问题。例如，在解答填空题"$9+6=($ $)+5$"时，总有不少学生会在括号里填写"15"。这是程序性思维的惯性模式，看到等号就以为是要计算出"$9+6$"的结果。

再如，在教学"字母表示数"一课时，用"数青蛙"的情境导入新课，问道："你能用一句话表示这首儿歌吗？"经常会有学生说："a 只青蛙 b 张

---

①　中华人民共和国教育部制定．全日制义务教育数学课程标准（实验稿）[S]．北京：北京师范大学出版社，2001．

嘴。"这是因为学生的符号意识不够完备，不能认识到字母表示的量之间可以存在着关系。

再如，借助"淘气和妈妈的年龄"这一情境（如图 1），引导学生得出"当淘气 a 岁时，妈妈的年龄是 $a+26$ 岁"，会有学生提出问题："$a+26$ 到底等于多少？"这是因为学生对于运算客体的扩充无所适从。如代数式 $a+b$，既可被视为 a 和 b 相加的运算过程，也可被视为一个运算结果。

图 1

许多初中教师也纷纷质疑：为什么学生进入初中后学习代数知识感到十分困难？很多学生仍然不习惯用代数的方法去解决问题，或者常常会犯这样的计算错误：$(-3)+(-5)=8$，$(a+b)^2=a^2+b^2$，$2(xy)=(2x)(2y)$，……这是运算属性被广义化或错误使用[①]。

正如壮惠铃、孙玲在"从算术思维到代数思维"一文中所说：代数思维的培养并不是一个经历足够多的练习便可跨越的量化过程，而是必须经历数与代数的抽象、运算与建模等结构转换才能实现的质变过程[②]。那么，在小学阶段怎样做才能为以后代数学习做好准备？能否找到低年级算术情境中相关联的知识内容、学习素材，向学生进行早期代数思想的渗透？

---

① 徐文彬. 试论算术中的代数思维：准变量表达式［J］. 学科教育，2003（11）.
② 壮惠铃，孙玲. 从算术思维到代数思维［J］. 小学教学研究，2006（3）.

研究的问题与思路

1. 研究问题

(1) 小学三年级至五年级学生代数思维的状况是怎样的？

(2) 怎样立足学生实际，结合算术情境进行初步代数思维能力培养的教学设计？

2. 研究价值

(1) 代数被看作是进入数学殿堂的最重要的一个"门槛"。根据 Kieran (2004) 的研究，在算术到代数思维的过渡阶段，即使学生对算术已经很熟练了，他们仍需要对自己的思维方式进行调整：①关注关系而不仅仅是数字答案的计算；②关注逆运算；③关注问题的解决，也关注问题的表征；④同时关注数和字母；⑤关注等式的意义。[①]

(2) 从算术思维向代数思维过渡，对小学生是一次挑战，他们可能面对如下困难：①符号意义的不连续，即有些学生尚未将等号视为一种等价关系；②运算客体的扩充，如代数式 $a+b$ 既可被视为 a 和 b 相加的运算过程，也可被视为一个运算结果；③程序性逆向思维的惯性作用。因此，要顺利完成过渡，学生的思维必须经历从数字到符号、从特殊到一般、从程序到结构的飞跃。[②]

(3) 新一轮课程改革缩小了小学和初中在教学体制上的差异，强化了义务教育的整体性和一贯制。而北师大版小学数学教材又很好地体现了课程改革理念，内容编排上体现了"前有孕伏、中有突破、后有发展"的特色，这为我们的研究提供了良好的基础。

基于上述认识，如果在小学六年的日常教学中同时培养算术和代数思维（不同的学习阶段有不同的重点），那么算术和代数可能被看成不可分割

[①] 蔡金法. 中美学生数学学习的系列实证研究——他山之石，何以攻玉 [M]. 北京：教育科学出版社，2007.

[②] 壮惠铃，孙玲. 从算术思维到代数思维 [J]. 小学教学研究，2006 (3).

且相互支撑的。我们有理由相信，中学代数的学习将是小学数学课程的一个自然扩展①。

3. 研究思路

（1）以北师大版小学数学教材为主要依据，对小学数学教学内容进行梳理，寻找和补充可以渗透代数思维的算术情境内容，并进行教学设计研究。

（2）设计测查题目了解三年级至五年级学生的代数思维状况。

基本认识

1. 算术与代数

在古代数学研究者看来，"算术"与"代数"是不分家的。中国传统数学代表作《九章算术》，其内容就涉及数的运算、数论初步、方程、测量、面积、体积、勾股等算术、代数、集合等绝大部分初等数学知识。从广义上说，算术是代数的基础，代数是算术研究的深入②。

随着学科分支的细化，算术与代数也逐渐被区分开来。算术主要研究计数、数的性质和相关运算法则，具有抽象化、特殊化的特点；而代数则主要研究运算过程中产生的结构、关系，具有抽象化、一般化的特点，由此也带来了算术与代数学习中思维方式的不同③。

2. 算术思维和代数思维

（1）徐文彬在"试论算术中的代数思维：准变量表达式"一文中指出：算术主要是由程序思维来刻画的。也即算术程序思维的核心是获取一个（正确的）答案，以及确定获取这个答案与验证这个答案是否正确的方法；而代数思维则是由关系或结构来描述的，它的目的是发现（一般化的）关系、明确结构，并把它们连接起来。

（2）通过分析算术思维与代数思维在问题解决中的不同，斯黛西等人

---

① 蔡金法. 中美学生数学学习的系列实证研究——他山之石，何以攻玉［M］. 北京：教育科学出版社，2007.

② 贝凌云. 六年级学生代数思维发展现状的调查研究［D］. 南京师范大学，2010.

③ 贝凌云. 六年级学生代数思维发展现状的调查研究［D］. 南京师范大学，2010.

给出了这两种思维的区别（如表1）。①

表 1

算术思维	代数思维
• 通过已知量的运算得出未知的量；	• 同时操作已知量和未知量；
• 通过一系列的、连续的运算得出答案；	• 进行一系列的等价或者不等价的符号变换；
• 未知的量是暂时的，表示中间过程；	• 在整个问题解决过程中，未知量是设定的、固
• 方程（如果有的话）被看作是用于计算	定的；
的公式，或者是对数的产生的一种	• 方程被看作是对不同量之间某种关系的描述；
描述；	• 中间量不一定有明确的含义。
• 中间量有明确的含义。	

3. 对研究有影响的重要观点

（1）张晓霞、宋敏在"小学生关系性思维的测试与分析"一文中指出：关系性思维是指学生"有联系地"进行思考，它与代数思维密切相关。这里的"联系"，就数和含有字母的等式而言，表现为①将等号作为代表等量或平衡关系的符号；②将表达式和等式看作整体；③不采用常规的计算，而是通过比较，识别出数之间的相互联系；④合理利用"关系"来解决问题。

（2）2011年，弗赖登塔尔奖获得者路易斯·拉弗德认为：不能把代数思维简化成以字母符号主宰的活动。第一，正是因为代数的这种分析特征（将未知数与已知数等同），"代数中的公式是通过推理得到的"，不应把无论运用什么方法得到的公式都认为是代数的思维。第二，对于代数思维来说，使用字母符号既不是必要条件，也不是充分条件。学生往往可以运用图示、自然语言等表达自己的思考过程，而这些思考过程可能是富含代数思维特征的。②

正是这一观点，对于学生早期代数思维的研究开辟了新的途径，也使得代数思维的早期孕伏成为可能。③

---

① 贝凌云. 六年级学生代数思维发展现状的调查研究 [D]. 南京师范大学，2010.
② 张丹. 如何理解和发展代数思维 [J]. 小学数学教学，2012（11）.
③ 张丹. 如何理解和发展代数思维 [J]. 小学数学教学，2012（11）.

四 研究设计

1. 研究对象

我们以江西省九江市鹤湖学校一年级至五年级学生（主要针对三年级至五年级）作为研究对象，进行了测试和调查，并以"在算术情境中发展学生代数思维"开展教学实践研究。

2. 问卷设计

我们一共设计了以下两组问卷。

问卷一

1. 你能在下面的空格中填上适当的数，使下列等式成立吗？

$23+15=26+$□ $73+49=$□$+47$ □$+17=15+24$

2. 请认真观察，在空格 A 和空格 B 中分别填入适当不同的数，使下列每个等式都成立。

(1) $18+$□$=20+$□   (2) $18+$□$=20+$□
　　　空格 A　　空格 B　　　　　　空格 A　　空格 B

(3) $18+$□$=20+$□   (4) $18+$□$=20+$□
　　　空格 A　　空格 B　　　　　　空格 A　　空格 B

3. 你认为第 2 题中，当等式成立时，空格 A 和空格 B 中的数应该满足什么样的关系？

4. 请认真思考，你认为下面等式中的 c 与 d 又应该满足什么条件？你是怎么想的？

$$c+2=d+10$$

问卷二

请仔细观察，探索下图中的规律，请写出你的思考过程。

第1项　　第2项　　　第3项　　　　第4项

(1) 第 5 项有（　　）个小方块。你是怎么想的？

(2) 第 8 项有（　　）个小方块。

(3) 第 25 项有（　　）个小方块。你又是怎样想的？

(4) 你能想办法概括出一个规律吗？

说明1：问卷一是 2012 年 11 月设计的，选择问卷的对象是：三年级 106 名学生和五年级 111 名学生，主要是了解学生"关系性思维"的状况。这两个年级一个处于第一学段的高段，一个处于第二学段的中段；三年级学生尚未正式系统学习方程等代数知识，而五年级学生上学期刚学完方程及简单的列方程解应用题。在分析对比时有一定的代表性。

说明2：问卷二是 2013 年 9 月设计的，选择问卷的对象是：五年级 (1) 班和 (2) 班共计 104 名学生，其中五 (1) 班是研究的实验班。这里借用了张丹教授在"如何理解和发展代数思维"一文中的测试题，主要是想了解学生解模式题的思维状况。

五 测试结果与分析

1. 问卷一的测试结果与分析

问卷一共 4 题，将其分为 3 组，第 1 题为一组；第 2，3 题为一组；第 4 题为一组。测试要求学生对每一道题目都要写出自己的思考过程或者解题方法。测试时间为 40 分钟。为了对学生解答进行量化分析，我们参照 Stephens 的 5 段赋分法对学生每一道解题的方法赋值（见下面的具体描述），并进行统计分析。这些分值用于反映学生在解决问题时所采用的是算术思维还是不同水平的关系性思维（初步的代数思维）。在这个基础上将学生分成 3 类：3 组题得分都等于 0 的为算术思维者，3 组题得分都大于或等于 1 的为关系性思维者，其余则为混合型思维者[①]。

赋值标准如下。

0 分——对所有问题都使用算术思维。如采用渐进的计算或用算法规则来获得答案，即使答案正确，以及没有任何关系性思想证据或没有表明使用了什么方法完成。

1 分——对至少一个问题清楚地想要尝试关系性思维，但没有成功

---

① 张丹. 如何理解和发展代数思维 [J]. 小学数学教学，2012 (11).

完成。

2分——对一个问题清楚地使用关系性思维并成功完成，即使其余的问题都采用计算的或不正确的关系性思维完成。

3分——至少两个问题成功采用了关系性思维，但是其余的问题没有用这个方法或用错误的关系性思维完成。

4分——所有问题都用关系性思维成功解决。

问卷一的结果如表2和表3。

表2　三种类型学生所占比例及分布情况统计表

年级	算术思维者比例/%	关系性思维者比例/%	混合型思维者比例/%
三	69.4	18.5	12.1
五	21.7	37.9	40.4

表3　两个年级各题得分情况统计表

题目	年级	0分/%	1分/%	2分/%	3分/%	4分/%	人数
第1题	三	96.2	0	0	1.0	2.8	106
	五	36.9	0	2.7	4.5	55.9	111
第2，3题	三	38.7	0	14.2		47.1	106
	五	10.8	0	0	0	89.2	111
第4题	三	83.0	0	4.7	5.7	6.6	106
	五	13.5	0	2.7	1.8	82.0	111

通过对表2和表3的分析，我们发现：五年级学生的关系性思维能力明显高于三年级学生，且混合型思维者居多。这是因为三年级学生之前主要是对算术的学习，关系性思维较薄弱。而五年级学生已学过一些代数知识，对等式两边的结构关系有一定的感知能力，能够找出数与数、数与字母、字母与字母之间的简单关系。分析中，我们还发现下面的特殊现象。

（1）等式两边未知数情况的不同，影响到三年级少部分学生的思维方式。以□＋17＝15＋24和18＋□＝20＋□为例，前一类型题目中，三年级学生绝大多选择算术思考方法，反而在后一类型的题目中，有少部分学生能够发现两边方框内数的相差关系，从关系性思维的角度来解决问题。由此我们认为不同的问题模型，对学生思考问题的角度、方式有不同的启发。要能很好地发展学生的代数思维，合适的算术情境和问题设计非常重要。

（2）符号意识的发展对促进代数思维的意义重大。以 $18+\square=20+\square$ 和 $c+2=d+10$ 为例，它们都是等式两边各有一个未知数，内在规律是相似的。前者能很好地激发三年级学生从代数的角度分析问题，后者却不能，很多三年级学生对此题束手无策，是因为他们缺乏符号意识的储备，尤其是对于字母表示可以变化的量会感到无所适从。这也提醒我们在教学中，一定要考虑学生的年龄特征和知识储备，再加上合理引导，就能让学生在算术学习过程中，同时得到代数思维的启迪。

2. 问卷二的结果及分析

问卷二要求学生根据自己的理解，写出对每道题的思考过程或解答方法。测试时间为 20 分钟。通过分析了解学生的真实想法，由此判断出哪些学生的思维方式是算术的还是代数的。

问卷二的测试结果如表 4。

表 4　五年级两个班学生解答问题情况统计表

班级	人数	至少 1 题算错人数	计算完全正确人数	分析中属于关系性思维	
				人数	占班级人数百分比/%
五（1）	53	12	41	9	17.0
五（2）	51	16	35	3	5.9

为了反映学生的学习情况，笔者选择了以下测试中属于代数思维的两种典型回答。

（1）第 1 项下面一排有 1 个小方块，第 2 项下面一排有 2 个小方块……而上面每一排都比下面多 1 个，所以，第 8 项就是"8＋9＝17（个）"小方块。也就是，求第几项的方块总数，就用这一项的项数加上一个比它多 1 的数。（即 $n+(n+1)$ 的思路。）

（2）因为第 1 项下面一排有 1 个，第 2 项下面一排有 2 个，第几项下面一排就有几个。而上面如果把黑色拿掉，就和下面的一样多了。所以，可以用"2×第几项的项数＋1"就可以了。（2n＋1 的思路。）

通过对测试的统计与分析，我们发现有很多学生用"2×第几项的项数＋1"来计算第几项有多少个小方块。虽然列式都是"2n＋1"的形式，但思路却不尽相同。大多数学生是发现了"每相邻 2 项之间相差 2"的规律来解决这一问题的，没有分析性的思维，按照拉弗德教授的观点是属于算术的归纳。

只有少部分学生能够对不确定的量（第 n 项）与图形中蕴含的关系进行分析，虽然他们未必用到符号化的表达来概括规律，这时的"$n＋（n＋1）$"或"$2n＋1$"的思路，都属于代数思维。这提醒我们不仅要关注学生的最终结果，而且要关注学生思考问题的过程和方式。

而且我们发现，实验班比非实验班中使用到代数思维的比例多一些，是否说明平时的渗透还是会有一些潜移默化的作用？

六 在算术情境中渗透代数思维的教学研究

了解了学生的思维现状，我们课题组老师们认真翻阅了北师大版小学数学一年级至五年级的教材，梳理和补充了以下一些教学活动内容，在课堂教学中开展了对研究的探索与实践（如表 5）。

表 5

年级	相关知识内容
一	（1）和与差的变化规律；（2）补充：图形排列规律。
二	（1）和与差的变化规律；（2）积的变化规律；（3）补充：小彼得做减法。
三	（1）搭配中的学问；（2）体育中的数学；（3）比赛场次；（4）除法的性质。
四	（1）探索与发现；（2）乘法分配律；（3）数对确定位置；（4）商的变化规律；（5）用字母表示数；（6）方程的认识；（7）积的小数位数与乘数的小数位数的关系；（8）补充：植树问题、等号中的学问。
五	补充：（1）数列排列规律；（2）十字框数法；（3）分数加减法的规律探索；（4）探索多边形的内角和；（5）用尝试法解决问题——鸡兔同笼。

研究期间，我们的教学活动设计主要聚焦于以下三个方面的内容，力图在算术情境中发展学生的代数思维。

1. 通过对规律的探索，发展学生的符号意识

虽然字母符号的使用不是代数思维的必要条件，但它能很好地帮助我们进行一般性表达式的转换[1]。建立符号意识，有助于学生理解符号的使用是数学表达和进行数学思考的重要形式[2]。

（1）对"等号"的多角度理解。

卡彭特等人认为：由算术思维转换到代数思维的标志之一，是从等号的程序观念到等号的关系观念的转变。我们要在探索规律或者计算规律的过程中，引导学生感悟等号的作用。

5＋0＝5
4＋1＝5
3＋2＝5
2＋3＝5
1＋4＝5
0＋5＝5

图 2

例如，教学一年级"整理加法表"中，当学生排列出如图 2 的一组"和是 5"的加法算式后，教师开始启发思考。

师：这列算式中有一个小小的秘密，看谁最聪明，找到这个秘密？

引导学生从上往下看，观察每一个式子中第一个加数是怎样变化的，第二个加数又是怎样变化的，和变了没有。（用红色的粉笔圈出每个式子中的第一个加数，用蓝色粉笔圈出每个式子中的第二个加数。引导发现规律。）

师：请大家思考，跟第一个式子 5＋0＝5 相比，4＋1 中第一个加数减少了 1，和为什么还是 5？

生：因为第二个加数增加了 1，所以补齐了。

师：补齐了是什么意思？

生：就是左边减少的那个 1，右边又补回来了，所以，总和没有变大也没有变小。

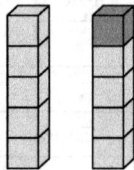

图 3

___

① 张丹. 如何理解和发展代数思维 [J]. 小学数学教学，2012（11）.
② 中华人民共和国教育部制定. 全日制义务教育教学课程标准（实验稿）[S]. 北京：北京师范大学出版社，2001.

教师利用课件中的方格图进行演示（如图3），并板书：5＋0＝4＋1。

教师继续利用课件演示（如图4），相继得出 5＋0＝4＋1＝3＋2＝2＋3
＝1＋4＝0＜5。

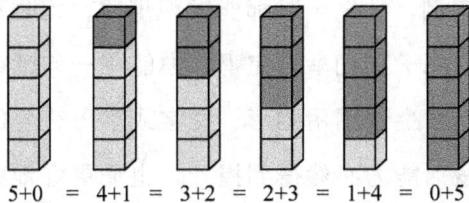

| 5+0 | = | 4+1 | = | 3+2 | = | 2+3 | = | 1+4 | = | 0+5 |

图 4

师：看到这一组等式，谁能完整地说一说我们发现的这个规律？

生：第一个加数减少1，第二个加数增加1，和不变。

师：总结得很好，还有谁会说？

······

师：的确，从上往下看，第一个加数减少1，第二个加数增加1，它们
的和不变。那如果是从下往上看呢？又是什么规律？

生：第一个加数增加1，第二个加数减少1，和不变。

师：说得很好，我们总结一下就是：两个数相加，一个加数增加1，另
一个加数减少1，它们的和不变。

再如，在执教四年级"等号中的学问"（自创）一课时，教师引导学生
在联系生活的现实问题情境中，探索与发现在加、减、乘、除计算中变与
不变的内在规律。然后再让学生解决问题：

不计算出两边的结果，你知道□里应该填几吗？

14＋□＝20＋8　16－7＝□－5　12×3＝6×□　24÷6＝□÷3

在上述解决问题的过程中，学生将学会从结构的关系分析等式，找到
解决问题的策略。结合算术的情境，如能经常对等式内部的规律进行探索，
学生对等号的理解会更加丰富，也逐渐学会从整体的角度来分析问题。

（2）学会用字母或符号来表示探索的规律。

蔡金法教授在《中美学生数学学习的系列实证研究——他山之石，何

《以攻玉》一书中指出：我们希望低年级学生掌握什么水平的代数表征？形式化的表征是代数思维的主要特征之一，与概括和符号的使用有关。

例如，在教学加法交换律、结合律、乘法交换律、结合律、分配律的时候，通过大量的实例，学生一般都能发现规律，此时对规律的概括便显得水到渠成：这样的例子我们举得完吗？你能用一句话或一个式子来概括出所有的规律吗？当学生试图用图形、文字或字母符号的式子表达出这一规律的时候，抽象概括能力必然得到提升，也能更好地感悟到字母符号表达规律的简便性和普遍性。

当学生学习了用字母表示数和方程时，教师就应该更好地引导学生学会用含有字母的式子来概括发现的规律。例如，在执教五年级"多边形的内角和"（自创）一课时，学生通过动手操作、合作探究、交流反馈，已经发现了计算四边形、五边形、六边形的内角和的方法后，教师继续作如下引导。

师：如果是七边形呢，你怎么表示分割的三角形个数？它的内角和该怎样计算？十边形呢？二十边形呢？你能用一个式子来说明任意一个多边形内角和的计算方法吗？（鼓励学生用含字母的式子来表示。）

例如，n 边形的内角和＝（$n-2$）$\times180°$。

师：这里的 n 表示什么？n 可不可以是任意数？n 边形的内角和与三角形的内角和有什么关系？

师：n 表示多边形的边数，它是不小于 3 的整数。

（板书：n（$n\geq3$ 的整数）边形的内角和是三角形的内角和的（$n-2$）倍。）

这样不断激励学生思考和创造，学生在总结规律、概括规律的过程中，数学思维得到了很好的提升。

2. 通过对表达式的分析和理解，发展学生的关系性思维

关系性思维被认为是代数的基础，学生从中学会"有联系地"进行思考，并能够合理利用"关系"来解决问题，这将有效促进儿童从算术到代数的过渡。教师应适时提供一些情境素材，引发数学思考。而对表达式的分析和理解不失为一种好的方式。

例如，对三年级学生可提出如下的问题："小彼得在计算 $41-6$ 时，是这样思考的：$41-6=41+4-10$，你认为有道理吗？为什么？你能像他这样写一个类似的算式吗？"或者："小明的计算器上数字按键'6'坏了，你能想办法帮他用计算器计算 $102-56$ 吗？你是怎么想的？"

还有一些数学问题也能很好地发展学生的关系性思维。在执教三年级"体育中的数学"一课时，教师引导学生探索和发现规律之后，提出了一个发散性思维的问题："参加乒乓球比赛的小朋友每 2 人之间都握了一次手，一共握了 28 次手。一共有多少名小朋友参赛？"

而学生的精彩发言让我们感触颇深："我发现如果是 5 名小朋友，就会握手（$1+2+3+4$）次；如果是 6 名小朋友，就从 1 加到 5，就是说最大的加数总比人数少 1。所以，我算了一下，用 $1+2+3+4+5+6+7$ 正好等于 28，人数就比 7 多 1，所以一共有 8 名小朋友。"当学生能够从关系的角度来分析问题，并能做到逆向思考，他们的思维已经得到了很好的发展。

3. 在解决问题的过程中，感受两种不同思路的联系与区别

算术与代数本来就不分家，教学中应注意两种思维方式的有机衔接。尤其要关注学生在解决问题中的思考方式，如果进行的是一般化的思考，即使没有使用代数符号，也属于代数思维。

在学习了式与方程之后，我们可以引导学生分别用算术和代数的方法去解决同一个问题。例如，小红有 34 张邮票，比小明邮票的张数多 10 张。小明有多少张邮票？

当学生展示了两种不同的解题方法时，教师应让学生寻找两种思维方式的联系与区别。引导学生逐渐认识到在算术方法中未知数处于特殊地位，不能直接参与运算，面对较复杂的问题便有困难；而代数方法中，用字母代替未知数，使得未知数一开始便与已知数处于同等地位，能更方便建立题目中的等量关系，从而利用方程解决问题。

这样的对比训练，可以使学生逐渐感悟到用代数方法解决较复杂的问题的优越性，并在获得了一般化的解题方法的过程中，思维得以提升。

七 结论与建议

1. 结论

（1）虽然从调研的结果来看，小学生的代数思维状况不够理想，但其实这是一个正常现象。应该说，中国学生的代数思维还是比较好的。蔡金法教授在《中美学生数学学习的系列实证研究——他山之石，何以攻玉》中提到："当美国学生和中国学生都用符号表征来展示问题的解答过程时，美国的学生是基于算术的，而中国学生更多的是基于代数这种被认为是更先进的表征。"现行的课程改革所强调的义务教育的整体性和一贯制，以及北师大版小学数学教材中系统而又螺旋式上升的知识结构，使得教师们在教学中能更较好地发展学生的符号意识。而当学生有了一定的符号意识，初步认识了用字母表示数和方程，就能够较好地用代数的视角来思考问题。

（2）通过对学生思维状况的调查统计也表明，不同的问题设计对促进学生代数思维的发展会有不同的学习效果。好的问题模型有助于促进学生能够"代数"地思考问题。

（3）在算术的情境中发展学生的代数思维，既是可行的，也是有价值的。

2. 建议

（1）教师应充分认识到代数思想对学生思维发展的重要性，并能充分挖掘教材内容中关联代数思维的一些算术情境，在进行算术知识教学的同时渗透代数的思想，使学生尽可能多地得到"早期代数思想"的熏陶，为今后步入中学系统学习代数知识奠定基础。

（2）在小学低年级的教学中，教师要重视培养学生利用图形或符号表征的意识，这也符合新课标中强调要重视"几何直观"、发展"符号意识"的思想。因为形式化的表征是代数思维的主要特征之一。还要关注学生的语言表达，期间也可能会闪现珍贵的代数思想，教师要善于发现并引导进一步提升。

（3）在教学过程中应重视对学生关系性思维的培养，例如，让学生多角度理解关系式中的符号，促进学生超越算术思维去识别出算式是隐含的结构关系的能力；整体分析和理解表达式；或者通过设计一些富含代数思维的数学问题来引发学生的思考，像前面提到的"小彼得做减法""计算器按键失灵"等问题，都能很好地促进学生关系性思维的发展。

（4）教师还应注意，在算术的情境中发展小学生的代数思维虽然很有必要，但也要考虑学生的年龄特点和已有的知识基础。有些知识不是教师教了，学生就会了，有些知识的习得更需要"心理成熟"才起作用。因此，教师不要操之过急，并且短期内未必有明显的效果，但潜移默化地长期渗透必将促进学生代数思维的良好发展。

总之，以上的研究表明，在小学数学教学中，结合算术情境发展学生代数思维的研究是有价值的，并且值得继续深入探究下去，我们将更好地探索和整理研究成果并加以推广。

简评

此文在探索发展小学生代数思维上有所突破。中国学生的代数思维渗透做得不错，可参考蔡金法教授等人[①]的文章。本文首先通过借鉴别人的测试分析了解学生的代数思维，同时比较分析三年级和五年级两个年级的学生的答题情况，结果显示五年级学生以混合型思维者居多并且对结构关系有一定的感知能力。其次研究了代数思维在算术情境中的渗透及发展，详细分析了学生的解题过程，判断哪些学生的思维方式属于算术思维，哪些学生的思维方式属于代数思维。像万老师这样对学生思维做深层次的质性研究在教育研究中是非常重要的，它不仅能够帮助教师深入了解学生的学

---

① 蔡金法，江春莲，聂必凯．我国小学课程中代数概念的渗透、引入和发展：中美数学教材比较．课程·教材·教法，2013，33（6）：57—61．

习情况，更能帮助教师改进教学方式，做到对症下药，有助于培养学生早期的数学结构概念的建立。

这篇文章一开始所提出的两个问题，一是分析小学三年级学生及五年级学生的代数思维现状，二是通过结合算术情境进行教学设计以培养学生初步代数思维是非常有研究价值和实践价值的。万老师在这两个方面都做了大量细致的研究工作，首先，研究设计合理，研究结论可信，值得教育研究者借鉴学习。但是对于这两个研究问题其实还可以更深入一步分析。例如，本文中通过问卷考查学生的代数思维能力这一点值得肯定，可是问卷中的测题主要关注的是学生的关系性思维能力。关系性思维仅仅是代数思维的一个重要层面，但却不能完全刻画出学生的代数思维状况。其次，文中比较研究实验班学生和非实验班学生代数思维情况，得出实验班优于非实验班的结论。如果不同班级学生的比较研究能结合两者的前测和后测，通过对比分析得出结论，那么文章就更有说服力。关于这样的比较研究可以参见本书黄辉琳老师的方法。如果时间和精力有余的话，可以在若干年后再做一次类似的实验，这样就能对于不同年份的三年级学生和五年级学生做比较分析，看看教育对学生的思维发展有何不同的影响。再次，文章后半部分对数学教学提出了相应的教学设计方案，这些想法很好，可是就如其他文章一样，教学建议和先前调查结果之间的关系稍显薄弱，如果两者能更加紧密一些，则文章更显说服力，理想的现状是一方面以调查结论作为教学设计的前提，另一方面对教学设计的效果进行测试。当然在算术中看代数这一教育理念是值得肯定的，目前所需要的是用具体的教学案例加以说明，对于不同年级的学生如何在算术情境中渗透代数思维，若能有详细的教学方案相信会对其他教师的教学有更大帮助。

计算成绩好，计算品质如何

侯英敏（河南省郑州市惠济区教研室）

问题的提出

　　数的运算一直是小学数学学习的重要内容之一，涉及数的概念、运算意义、运算法则、运算性质、运算律等多方面的知识，是整个数学教学的基础，历来被小学数学教育所重视。长期以来，我们的计算教学过于注重计算速度和正确率的要求，多偏重于计算技能（指能按照计算规则进行的常规计算）的训练，而忽视了计算能力（指能灵活运用运算律和运算规则进行简便、合理的运算）的培养。自 2001 年推行课程改革之后，小学数学的计算内容与要求有了较大的调整，删去了大量烦琐的计算内容，适当降低了计算的要求。《全日制义务教育数学课程标准（实验稿）》（以下简称《标准（实验稿）》）对计算也有具体的要求，如"能熟练地口算 20 以内的加减法和表内乘除法"，"能应用运算律进行一些简便运算"，"提倡计算方法多样化"等。课程改革几年后，围绕"数的运算"出现了很多议论，尤其是对"课程改革后小学生计算能力下降"的质疑更是风生水起，有来自一线教师的，更有来自专家学者的。

　　在使用新教材十年后的今天，我区小学生计算能力到底如何呢？北京教育科学研究所研究员陶文中老师在"计算教学的新理念：以计算品质的培养贯穿计算教学的全过程"一文中提出：计算不是机械地按照计算规则进行的程序操作，而是灵活运用计算规则、运算律等知识求值的思维过程。同时，计算也是一种推理，是依据数的概念、运算意义、运算法则、运算性质、运算律等知识所进行的数值关系的推理。通过推理，将算式（数与数之间的运算关系式）最后演绎为一个数。与其他形式的数学推理相比，乃是"至精至简的推理"。陶文中老师指出，计算品质包括计算的准确性、熟练性、灵活性及简捷性。其中，计算的准确性是基础，是计算的最基本的品质。准确性和熟练性主要反映了计算的技能品质，灵活性和简捷性则体现了计算的能力品质。

我认为这样的界定科学、清晰、合理，有助于我们从多个维度来审视学生的计算水平。为此，本文试图通过调查分析来反映我区第一学段学生在计算技能品质和能力品质方面的现状。

调查设计

1. 课程标准对于计算能力的要求

了解学生计算能力最直接的方法就是按《标准（实验稿）》的要求进行测试，所以，我们有必要先了解一下《标准（实验稿）》对学生在第一学段计算方面的具体要求。《标准（实验稿）》对于计算能力的要求如表1。

表1 《标准（实验稿）》对于计算能力的要求

学习内容	速度要求/（题/分）
20以内的加减法和表内乘除法口算	8～10
三位数以内的加减法	2～3
两位数乘两位数	1～2
除数是一位数、被除数不超过三位数的除法	1～2

2. 设计评价样题

根据《标准（实验稿）》对第一学段计算的具体要求，我们组织全区数学中心组成员共同对第一学段计算方面的内容进行了梳理和归类，设计了一套评价题。题目涵盖了《标准（实验稿）》中要求学生在第一学段掌握的所有内容，并且尽可能涉及各种类型，力求能考查出学生计算的准确性、熟练性和简捷性。这套题的具体情况为：20以内的加减口算中，不进位加、不退位减、进位加、退位减各5题；表内乘除口算中，表内乘法10题，表内除法10题；三位数以内的加减口算中，不进位加、不退位减、进位加、退位减各5题；三位数以内的加减笔算中，不进位加、一次进位加各1题，连续进位加2题（含1题可以简算的）；不退位减、一次退位减各1题，连续退位减2题（含1题可以简算的）；混合运算2题（含1题可以简算的）；两位数乘两位数笔算中，不进位、进位、乘数末尾有0、积末尾有0的各1题；除数是一位数、被除数不超过三位数的除法的笔算中，两位数除以一位数1题，三位数除以一位数商是三位数1题，三位数除以一位数商是两位数1题，被除数中间有0的1题，被除数末尾有0的1题，商中间有0的1题。（详见附录。）

3. 调查样本

惠济区位于郑州北部，黄河南岸，是郑州市市内五区之一。辖区内共有成建制小学38所，其中城市小学1所，城乡结合部学校3所，其余为镇办学校和农村学校。《标准（实验稿）》中所提出的具体要求是学段标准，允许学生在学段结束前逐步达到。考虑到我区特殊的学校分布（以农村学校为主），我们在选择样本对象时，遵循点面结合、城乡兼顾的原则，确定了以东风路小学、老鸦陈小学、大河路中心小学、苏屯小学、古荥小学、花园口小学、固城小学部分三年级的学生为样本。样本选取时尽可能兼顾辖区内不同区域、不同规模学校，各学校学生和教师的组成属自然条件下产生，未对学生和教师进行选择和调配。这样测试数据能较客观地反映我区学生第一学段计算水平的整体情况。我们选取的样本如表2。

表 2　样本选取情况分布表

编号	学校	样本班及人数		备注
1	东风路小学（城市）	三(1)班(68 人)	三(5)班(68 人)	1. 样本 1,2 选取的学校均有 6 个平行班，属较大规模学校，从中随机抽取 2 个班作为样本。
2	老鸦陈小学（结合部）	三(3)班(65 人)	三(6)班(64 人)	
3	大河路中心小学（镇中心校）	三(1)班(42 人)	三(2)班(41 人)	2. 样本 3,4,5 选取的学校均有 2 个平行班，属中等规模学校。
4	花园口小学（农村）	三(1)班(35 人)	三(2)班(35 人)	
5	古荥小学（农村）	三(1)班(32 人)	三(2)班(31 人)	
6	苏屯小学（农村）	三年级(29 人)		3. 样本 6,7 选取的学校均为单班，属自然行政村办小学。
7	固城小学（农村）	三年级(28 人)		

调查结果分析

2011 年 6 月 15 日，我们对样本班级的共计 538 名学生进行了测试。测试结束后，我们组织中心组的教师对测试卷进行了认真的批改和统计。

1. 口算部分

口算部分测试结果如表 3。

表 3　测试结果统计——口算部分

指标＼内容	20 以内加减口算（满分 20 分）	表内乘除口算（满分 20 分）	三位数以内加减口算（满分 20 分）
得分率/%	96.75	98.2	95.7
标准差	2.45	2.06	3.78
平均速度/（题/分）	9.4	11.5	4.2
《标准（实验稿）》要求/（题/分）	8～10	8～10	3～4

从表 3 中的统计数据可以看出，在学生结束第一学段的学习时，学生的基本口算正确率平均达到了 96.88%，20 以内加减口算达到 9.4 题/分，符合《标准（实验稿）》中 8～10 题/分的要求；表内乘除口算和三位数以内加

减口算分别达到了 11.5 题/分和 4.2 题/分，符合《标准（实验稿）》中 8～10 题/分和 3～4 题/分的要求。

2. 笔算部分

笔算部分测试结果如表 4。

表 4 测试结果统计——笔算部分

序号	题目	考查点		得分率/%	平均速度/（题/分）	备注
1	532＋235	不进位加		98.3		
2	39＋755	一次进位加		95.7		
3	258＋146	连续进位加		95.4		
4	499＋587	连续进位加	三位数加减	93.5	3.7	可简算
5	748－322	不退位减		97.2		
6	562－234	一次退位减		93.3		
7	512－324	连续退位减		90.5		
8	632－299	连续退位减		88.5		可简算
9	500－（132＋225）	加减混合运算		93.1		
10	691－88－112	连减		84.8		可简算
11	21×14	不进位		94.2		
12	36×84	进位	两位数乘两位数	92.6	2.6	
13	30×28	乘数末尾有 0		95.4		
14	44×25	积末尾有 0		90.1		可简算
15	84÷7	两位数除以一位数		97.2		
16	372÷6	商是两位数		97.2		
17	864÷4	商是三位数	三位数除以一位数	95.1	1.7	
18	306÷6	被除数中间有 0		92.1		
19	650÷5	被除数末尾有 0		90.5		
20	824÷8	商中间有 0		87.5		
平均得分率/%				93.11		

从统计结果可以看出，笔试部分的成绩也是相当好的，平均得分率达到了 93.11%。速度方面也都达到或超出了标准的基本要求。其中，三位数以内加减达到了 3.7 题/分，高于《标准（实验稿）》中 2～3 题/分的要求；两位数乘两位数达到了 2.6 题/分，超过《标准（实验稿）》中 1～2 题/分的

要求；两三位数除以一位数除法笔算达到了 1.7 题/分，符合《标准（实验稿）》中1～2题/分的要求。

根据以上统计结果和分析，我区学生在第一学段不论是计算的准确性还是熟练性方面都是达标的，并且部分内容的掌握情况还超过了《标准（实验稿）》的基本要求，学生计算成绩是好的，不存在计算能力下降的问题。

3. 关于计算能力品质的分析

测试结果显示，学生在计算的技能品质方面（正确性和熟练性）已经达到了《标准（实验稿）》的要求，成绩是相当好的。那么，学生在计算的能力品质方面也能如此优秀吗？计算作为数学课程的一个重要内容，不应只满足于学生会算、算得快，更重要的是使学生学会思考，能够根据算式的特点，寻求合理、简捷的运算途径和方法，发展思维能力。我们试图通过对部分的测试题目的进一步分析得到更多的信息。

需要说明的是，在测试题目中因没有设计出恰当的考查"会用不同方法进行计算"的题目，因而我们侧重了解计算能力品质中的简捷性。在测试题目的笔算部分中第 4，8，10，14 小题是可以简算的，当然我们没有提出"能简算的要简算"或"用简便算法计算"的要求，旨在了解学生是否能根据算式的特点，主动寻求合理、简捷的运算途径和方法。为了更便于观察和分析，我们将 1～14 题的得分率情况制成了统计图（如图1、图2）。

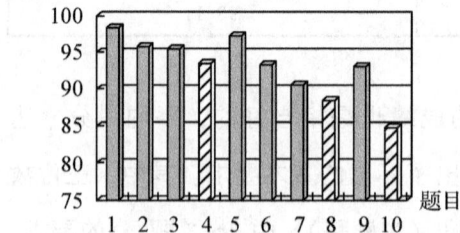

图1

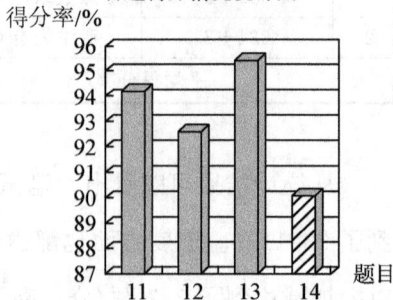

图2

从图1、图2可以看出，能简算的4道笔算题得分率普遍较其他题偏低。在这些题中，有多少学生能自觉运用简便算法呢？我们对538份学生试卷进行了分类统计，结果如表5。

表5　分类统计表

类别题目	做对				做错			
	没简算		简算		没简算		简算	
	人数	占总人数比例/%	人数	占总人数比例/%	人数	占总人数比例/%	人数	占总人数比例/%
499＋587	425	79.00	78	14.50	32	5.95	3	0.55
632－299	401	74.54	75	13.94	62	11.52	0	0
691－88－112	408	75.84	48	8.92	82	15.24	0	0
44×25	466	86.62	19	3.53	47	8.74	6	1.12

可以看出，虽然笔算成绩整体优秀，但在没有事先告知"能简算的要简算"的情况下，平均仅有10.22％的同学能根据算式的特点尝试运用运算律、性质等进行简便运算。经过对部分学生的访谈，发现多数学生在做题时基本没有先观察题目特点，再进行计算的习惯。所以，在遇到可以简算的题目时，多数学生仍机械地依常规方法和步骤去算，使计算变得既费事又易错。可以看出，学生计算的"简捷性"不容乐观，即学生计算的能力品质并不高。

四 学生对计算的态度

学生对于数学和计算的态度又是如何呢？我们对样本学生进行了一份问卷调查。本次问卷面对样本对象的学生发放，发放问卷共538份，收回有效问卷538份。问卷主要围绕学生是否喜欢数学、学好数学的信心、数学课上感兴趣的内容、对数学老师的评价等方面进行设计，问卷及统计结果如表6。

表 6　问卷及结果统计表

学生问卷	学生问卷结果统计/%				
	A	B	C	D	E
1. 你喜欢上数学课吗？ A. 非常　B. 比较　C. 一般　D. 不太　E. 很不	13.9	20.5	23.7	22.3	19.6
2. 你对自己学好数学有信心吗？ A. 非常有　B. 比较有　C. 一般　D. 不太有 E. 很没有	15.2	13.4	32.5	20.6	18.3
3. 数学课上你最感兴趣的内容可能是？ A. 数与计算　B. 图形　C. 解决问题　D. 统计 E. 综合实践活动	0	32.6	16.4	31.4	19.6
4. 你喜欢你的数学老师吗？ A. 非常　B. 比较　C. 一般　D. 不太　E. 很不	11.4	22.3	40.3	12.4	13.6
5. 你认为老师对你学好数学有信心吗？ A. 非常有　B. 比较有　C. 一般　C. 不太有 E. 很没有	7.8	15.5	32.6	25.6	18.5

从统计数据可以看出，数学课上学生最不感兴趣的内容是数与计算；有 22.3％和 19.6％的学生不太喜欢和很不喜欢数学；有 20.6％和 18.3％的学生对自己学好数学不太有信心和很没有信心；有 12.4％和 13.6％的学生不太喜欢或很不喜欢数学老师；有 25.6％和 18.5％的学生认为老师对自己学好数学不太有信心和很没有信心。

在对部分学生进一步的访谈中我们了解到，学生不喜欢计算的主要原因有教师在课堂中过多强调算法的记忆和强化操练，而忽视了算理的理解；一味追求计算的正确和熟练，而忽视了计算过程中的数学思考，使计算成了一项单纯的技能训练，为了提高计算的熟练性和准确性大搞题海战术；计算题缺乏趣味性和针对性。

五　研究结论和思考

1. 学生计算成绩很好，计算的技能品质（准确性和熟练性）不错，能达到或超过《标准（实验稿）》的要求。

2. 学生计算的能力品质（灵活性和简捷性）不高，绝大多数学生不能根据算式的特点，主动寻求合理、简捷的运算途径和方法。课堂教学中的哪些因素导致了学生计算的能力品质不高？如何提高学生计算的能力品质？等等，都是我们要深入研究的问题。

3. 学生虽然计算成绩很好，但普遍不喜欢计算，并对自己学好数学的信心不足。这是一个很有意思的现象，也是一个值得我们深思和进一步研究的问题。

附录：小学生第一学段计算水平检测题

口算A	12＋5＝ 15－4＝ 6＋9＝ 16－7＝	16＋3＝ 19－8＝ 8＋4＝ 13－4＝	4＋13＝ 17－6＝ 4＋6＝ 15－7＝	8＋11＝ 18－12＝ 7＋4＝ 13－5＝	15＋3＝ 16－11＝ 9＋5＝ 12－5＝
口算B	8×1＝ 18÷3＝ 7×7＝ 36÷9＝	6×6＝ 2÷2＝ 2×8＝ 21÷7＝	7×8＝ 10÷5＝ 7×8＝ 8÷6＝	3×9＝ 63÷9＝ 8×8＝ 15÷5＝	6×9＝ 54÷6＝ 6×7＝ 12÷2＝
口算C	10＋50＝ 88－6＝ 28＋24＝ 45－7＝	90＋10＝ 76－30＝ 21＋9＝ 70－5＝	30＋40＝ 100－80＝ 56＋9＝ 77－8＝	60＋40＝ 69－5＝ 17＋35＝ 84－17＝	27＋40＝ 60－30＝ 34＋8＝ 100－13＝
笔算A	(1) 532＋235 (5) 748－322 (9) 500－(132＋225)	(2) 39＋755 (6) 562－234 	(3) 258＋146 (7) 512－324 (10) 691－88－112	(4) 499＋587 (8) 632－299 	
笔算B	(11) 21×14	(12) 36×84	(13) 30×28	(14) 44×25	

笔算C	(15) 84÷7	(16) 372÷6	(17) 864÷4
	(18) 306÷6	(19) 650÷5	(20) 824÷8

简评

本文反映了当今数学教育的一个热点现象：学生具有优秀的笔算成绩，但却缺乏计算的灵活性。侯英敏老师从两个侧面探讨小学生的计算能力：一是计算的技能品质，关注计算的准确性和熟练性；二是计算的能力品质，侧重于计算的灵活性与简捷性。这样的分类研究不仅从量的层面上做了分析，更是从质的层面上做了深入探讨，使得研究结果更为可靠。像这样的研究分类方法具有相当的新颖性，可供其他教学研究者做参考。题目设计得不错，文章条理清晰。然而，对于数据的分析可以更深入一步，比如，学生的口算能力与笔算能力之间有没有联系？可以通过相关分析来考查。通过相关性分析，能更直接地回答本文提出的问题："计算成绩好，计算品质如何？"侯老师也可以根据自己的教学经验，对所得的结果做深入讨论。

文章中所提到的学生的负面情绪为现今的教育打上了一个问号。学生为何会对于数与计算这两方面产生如此矛盾的心理？这个问题值得每一位教育工作者深思。教育应当点燃学生的强烈求知欲，激发学生的兴趣，而不是压抑学生的本性，让学生对学习失去信心。诚然，对小学生计算能力的培养一直是传统数学教育中的关键环节，我国学生的计算能力与其他国家学生的计算能力相比要更具优势。但是我们是否需要继续强化学生的计算准确率的训练呢？我们认为学生对计算怀有的负面情感很可能是由于重复性、强化性的反复操练式教育引起的。那么，以学生的学习兴趣为代价而获得的"达标"，这样的交换是否很不值得？

　　义务教育课程标准对口算和笔算提出了具体要求，但是我们对这样"标准"的要求持保留态度。对我们国家的小学生来说，有没有必要存在这样的规定呢？从许多跨文化研究中可以发现我国学生在计算方面所花时间远远高于世界平均水平，相对来说学生在其他方面所花时间就少了。那么，究竟有没有必要在计算上花如此多的精力和时间呢？这个问题值得大家深思。

我为什么不讲"单位1"①

华应龙（北京第二实验小学）

在三年级初步认识分数之后，不同版本的教材都会在五年级再次安排认识分数的相关内容。比如，新世纪小学数学教材五年级上册第34～36页"分数的再认识"；人教版小学数学教材五年级下册第60～64页"分数的意义"；苏教版小学数学教材五年级下册第36～37页"认识分数"；西南师大版、青岛版、河北版小学数学教材五年级下册中也都安排了"分数的意义"这一学习内容。

不讲 "单位1" 就体现不出分数的再认识吗？

除新世纪小学教学教材外，其他版本教材几乎都有差不多的表达："一个物体、一个计量单位或由许多物体组成的一个整体，都可以用自然数1来表示，通常我们把它叫作'单位1'。"

新世纪小学数学教材不讲"单位1"，但我们使用新世纪小学数学教材的教师在教学时还是补讲了"单位1"。我们觉得"单位1"是一个重要的概

① 本文发表于《新世纪小学数学》2011年第1期。

念，"1"从表示数量上的"1 个"到看作"一个整体"，对学生甚至对数学来说，都发生了质的飞跃。这也应该是分数的意义或者分数再认识要体现的重要内容。分数的初步认识是将"1 个"平均分为若干份，而分数的再认识则是将"一个整体"平均分为若干份。如果不讲"单位 1"，怎么体现出是分数的再认识？

分析起来好像就是这样。我们教学分数问题时，常常让学生先去找"单位 1"，事实上是有助于学生解决分数问题的。

我作为新世纪小学数学教材的编委，应该做些什么？在教材编委会多位老师的指导、帮助下，我开始了探索。

在一年级认识数"1"的时候，是只讲 1 个萝卜是"1"，不讲 1 筐萝卜是"1"吗？退一步说，一年级老师没有讲，三年级学生看到 3 筐萝卜还不知道用"筐"来回答有多少萝卜，一定是一个一个地去数吗？一定要等到五年级老师讲了才明白？学生在三年级初步认识分数的时候，会不会根据小组内男、女生人数，进而说出一个分数呢？

是学生本来就没有，还是我们压根就没有放手？

学生是天生的学习者，学习本来像呼吸一样的自然。学生顺其自然就可以认识的，我们为什么要人为地截成几段呢？是为了构建严密的学科课程体系，还是为了彰显教师的不可或缺？

教育是解放，不是压迫。

"分数的再认识"究竟应该认识什么？

"单位 1"的概念究竟要不要揭示？"1"是重要的计数单位，是学生所熟悉的。分数，从本质上说是表示两数相除的结果，使得四则运算以及法则畅行无阻；在生活中，分数主要的是表示"部分"与"整体"的关系。而"整体"这个概念，学生是熟悉的，也是非常容易接受的。教材中，用"单位 1"的地方基本上都可以用"整体"来表达。

⧉ "单位 1"和"单位"孰轻孰重？

我专程请教了北京大学附属中学张思明博士。他告诉我，初中、高中都没有这个概念,重要的是学生没有分数单位的思想,这一点妨碍了学生对有关分数问题的圆满解答。这样,我们就可以理解为什么询问大学生的时候,他们都不知道"单位1"这个概念了。

我们是否也该思考:学生不能很好地解答分数问题,是不懂"单位1",还是不明白分数的具体意义?是不具有单位意识,还是没有分数思维?以前的先找"单位1"的解题步骤,表面上是找到了"单位1",实质上是不是在让学生回头再看看题目,去理解分数的意义?

我查找《辞海》,没有找到"单位1"这个词条,而从"单位""单位制""单位能耗""单位吸水量""单位面积产量"等词条,深深感受到"单位"意识的重要。

我幡然醒悟:单位其实就是"1"。因此教材上的那句话可以改为——"一个物体""由许多物体组成的一个整体,都可以用自然数1来表示",都可以看作是"一个计量单位"。

当然,作为教材,这句话也可以不出现。只要设计出合适的问题情境让学生体验到"由许多物体组成的一个整体",如果要用自然数1来表示,那么1的后面就要换上一个新的单位。比如,3"只"变成3"筐",单位不同,数量就不一样。

看来,"单位"是重要的,"1"是重要的,"单位1"是不重要的。可以不讲"单位1",但要重讲"分数单位"。

"把'单位1'平均分成若干份,表示这样1份或者几份的数,叫作分数。表示其中1份的数,叫作分数单位。"这是教材中对"分数单位"的表述。我们以往对"分数单位"的教学往往轻描淡写、一笔带过,满足于学生能够解答"一个分数的分数单位是什么,它有几个这样的分数单位"一类填空题。

如何加重分数单位的教学分量呢?

单位,是度量中规定的标准量。那么,如何加重分数单位的教学分量呢？怎样的问题可以承载？哪些环节可以"回眸一笑"？

在教学"分数初步认识"的时候，我创造出了"大头儿子的难题"的情境，那么，在教学"分数的再认识"时，是否可以"朝花夕拾"呢？

华罗庚先生曾经说过："数起源于数，量起源于量。"度量可以很好地将分数理解为分数单位的累积。怎样发展一下，更好地体现有单位才有度量，才有沟通与交流？从非标准单位到标准单位，反映了人类的进步与统一。如果我把这节课定位在认识分数单位的基础上，进而认识分数的意义，那么，用领带度量沙发的长可能是比较合适的选择。

学生已经学过分数，这样的领带量沙发的问题情境是否没有难度？是否是从"三楼"退到"二楼"，再上"四楼"呢？这样的问题学生都会知道用分数表示，可是什么分数呢？需要思考：分母是多少呢？是 7 个 $\frac{1}{3}$，还是 7 个 $\frac{1}{8}$ 呢？既可以用上已学的知识——写一个分数，要考虑分母和分子分别是多少，又提出了今天这节课需要解决的问题——7 个 $\frac{1}{8}$ 是多少呢？这是一个结合点，也是一个生长点。同时，这个环节可以解决学生关于对折 3 次是平均分成多少份的错误认识，并揭示解决这样问题的方法。"顺手一投枪"的事情，一石三鸟，何乐而不为呢？

那么，学生到了五年级，已经长大了，是否不再需要故事情境，不再喜欢动画表达了呢？我们记住的往往是故事，是画面，而不是条文。即使地老天荒，我们仍然喜欢听故事，何况他们还是儿童？儿童都是生活在童话世界中的。

可能有人会质疑：这个情境是人为编造的，生活中不可能像这样用领带去量某个东西的长。真是这样的吗？没有尺的时候，人们怎么测量？怎么交流长度？建造金字塔时法老的"腕尺"就是测量的工具，买履的"郑人"把一根草绳就当成一把尺。

可能有人会质疑：这个情境用的时间太长了吧？是的，这个情境的播放费时 2 分 5 秒。那么，我们要思考：评价一个情境的优劣，是要考量它的思维含量和育人价值，还是要计量它的时间长短和话语多少？我们为什么要急急匆匆地直奔知识目标，而不能让学生慢慢地欣赏、慢慢地长大？

四 教学是重在体会分数的意义，还是重在体会分数形式化的"概念"？

学生会背诵——"把'单位 1'平均分成若干份，表示这样 1 份或者几份的数，叫作分数"这句话，或者会依样画葫芦地说出有关一个分数的一句话，是否意味着学生理解并掌握了分数的意义？我们的教学是重在体会分数的意义，还是重在体会分数形式化的"概念"？2010 年 10 月 19 日凌晨 5 点左右，我梦醒后设计的"猪八戒吃西瓜"的题，是否能很好地检测学生对分数意义的理解？

过重的数学的理性，是否让学生不堪承受数学之重，妨碍数学的学习？选择"密位"，而弃用学生熟悉的"时分秒"就是基于这样的考虑。那么，会不会有教师质疑"有必要找这个我们教师都不懂的素材吗"？选择电影《集结号》的片段，完全是巧合、幸运。我在网上搜索"炮兵、目标、方向"，碰巧看到一条说《集结号》中炮兵的说法非常专业……我的目的，当然不是想让学生掌握"密位"，而是借助这样的学生感兴趣的陌生题材，让学生真正思考起来，最终明白：第一，不同的需要产生不同的单位，我们可以根据需要创造单位，方便我们去数；第二，同一个整体，平均分的份数不同，单位就不同；第三，单位的背后往往有个分数。

"分数的再认识"的教学，当然是在"分数的初步认识"的基础上，那是否就该在原有的基础上进一步加深？三年级"知其然"，五年级"知其所以然"，可能是应该追求的。三年级时，知道了用分数表示需要"平均分"，可是为什么呢？三年级时说分数要强调是"谁的"几分之几，可是为什么呢？

分数是相对于"1"的概念。弗赖登塔尔说，"分数"是个代数概念。

这一点，我们当然不用讲给学生听，但是否可以在游戏中渗透给学生呢？

为什么要有分数？生活中为什么比较少地见到分数？从单位的角度来看，分数很好玩，很有智慧。既然分数这么好玩，这么可爱，为什么生活中很少看到分数呢？

一支铅笔的长是 8 厘米，没有分数啊？原来，是先定义一个单位，比如"厘米"。什么是厘米，就是 $\frac{1}{100}$ 米。如果只以"米"作单位，铅笔的长度，我们只有说是 $\frac{8}{100}$ 米。看来，生活中不是没有分数，而是单位把分数藏了起来。要看到分数，需要一双慧眼。

什么是分数？我们能否给学生一个简单而通俗的说法？2010 年 10 月 19 日午饭前，我悟出的一句话——分数就是先分后数的数，是否合适？是否自恰？

……

经过一段时间的思考，我确定的教学目标是进一步认识分数，认识分数单位，感受到单位的价值，理解分数的意义，体会到数学好玩，进一步喜欢数学。

五　单位，让分数更好玩！

施教之后，我询问学生的收获，不少学生说道："学了这节课，我明白了生活中需要测量的时候不一定都要用尺子。"当时的我是欣欣然的，因为这是我设计时就追求的"副产品"。

……

上海世界博览会的主题是"城市，让生活更美好"，通过这节课的思考和实践，我觉得是"单位，让分数更好玩"！

这样的教学，很有些"不走寻常路"的感觉。不过，鲁迅先生说过："其实世上本没有路，走的人多了，也便成了路。"

我不需要说："走自己的路，让别人说去吧！"因为我们都在路上，没有看客，大家都在思考；我也不需要说："走自己的路，让别人无路可走！"因为教学研究没有最好，只有更好；我更不需要说："走自己的路，让别人跟着自己走！"因为我们没有办法保证自己所走的，就是一条唯一的、正确的道路；我需要说的是："走自己的路，让别人走得更舒服！"因为我的课可能会失败，也可能会不完美，但我的课一定会引起大家的思考，思考我们做出的选择，思考我们的价值判断，思考我们的功力提升，从而，让我们的学生觉得数学真的很好玩。

"沉舟侧畔千帆过，病树前头万木春"的景致虽说有些凄美，但我很是向往。

简评

正如作者文末所指的"我的课一定会引起大家的思考"，华应龙老师的文章确实引起了读者的思考。为了激发读者思考，研究者从标题到文末使用了50多个问题。这是我们迄今为止读过的提问最多的论文。对于有些问题，研究者提供了自己的回答，同时，研究者也将一些问题抛给了读者，让读者去思考和探索自己的答案。而对于这50多个问题，不管作者是否给出答案，都表明研究者一直在思考，教师做研究的一个重要标志是一直思考一些新的问题，无论是否给出了答案。

本研究是作者对分数教学的丰富而深入的反思。例如，从北师大版小学数学教材中略去了"单位1"，到实际课堂教学中教师又补充讲解"单位1"，作者发现了课堂教学与课程材料的冲突，通过自己的反思，确立了研究的问题：我为什么不讲"单位1"？

除了研究者自己的独立反思，华应龙老师还与其他一些教育研究者讨论与分数教学有关的问题，并从文献中寻求问题的突破口或答案。例如，关于"单位1"和"单位"孰轻孰重的问题，作者"专程请教了北京大学附属中学张思明博士"，从《辞海》中寻求答案。

论文的语言生动有趣，体现作者很好的语言功底。例如，"哪些地方可以'回眸一笑'？""单位，让分数更好玩！"以及一些诗词典故的引用，都给人以美感。同时，整篇文章似乎在给自己和读者讲一个妙趣横生的故事，情节起伏跌宕，时而峰回路转，时而柳暗花明，引人入胜，让读者有一口气读完的冲动。

本研究在关注分数教学时，特别提及了现实情境的使用，提出了一些很有启发意义的观点。例如，"学生到了五年级，已经长大了，是否不再需要故事情境，不再喜欢动画表达了呢？""评价一个情境的优劣，是要考量它的思维含量和育人价值，还是要计量它的时间长短和话语多少？我们为什么要急急匆匆地直奔知识目标，而不能让学生慢慢地欣赏、慢慢地长大？"这些与问题情境有关的思考，大大扩展和加深了本研究的教学意义。

值得特别指出的是本研究的另一大亮点：文中所有结论性的说法要么来自于自己的教学实践，要么来自于文献，或来自于与教育研究者的讨论，论述严谨；而对于华老师自己未能给出答案的问题，让读者去思考，绝无任何信口开河之论断。总的来说，本文完全无愧于教师做研究的典范。

同时，我们也建议本研究做以下的改进或进一步的拓展。

本研究从"单位1"不重要的论点，得出了"分数单位"很重要的结论。作者的论点是不需要单位"1"，但是要强调"分数单位"。在突出"分数单位"时，真的不需要讲单位"1"吗？对作者来说，单位"1"与"分数单位"中的"整体"是什么关系？作者所指的不需要单位"1"，是否指淡化单位"1"，而且要动态地看分数中的整体的意义？本书中姜国明老师的文章也谈到了分数的学习和理解，有兴趣的读者可以参考其中的一些观点。

文中引用研究者自己先前教学中使用的问题情境或术语，读者可能不一定熟悉它们，因而也不了解它们的背景和意义。例如，对于"大头儿子的难题"的情境和"密位"，文中应包括简要的解释。还有，对于引用华罗庚先生的话语"数起源于数，量起源于量"，最好在前后的两个"数"和"量"之后分别标注名词和动词的词性。

　　本文的最后两个段落，作者试图说明自己的研究风格、教学风格或者思考风格，或者对其他问题的思考，读起来虽然非常生动，但如果不是这两段，而是对本研究做一个简短的回顾和小结，会使本研究论文显得更为完整。

利用多元表征发展学生分数概念的实验研究

黄辉琳（广东省惠州市惠阳区实验小学）

问题的提出

（一）概念的界定

一般地，在认知心理学、教育心理学等研究领域中，多元表征泛指信息或知识的多元外在表征，即指提供多样化的、弹性的信息呈现方式：同一知识点或学习对象可以分别使用文本、图片、声音、动画、多媒体等方式显示出来，从而最小化学习障碍，最大化学习机会。也因此，多元外在表征叫多元表征显示，现在一般用多元表征来称呼。

（二）现状及研究意义

1. 教学现状

就多元表征与分数概念教学这两个问题，我利用教研会议的机会对我区 8 所学校（城乡各 4 所）曾执教过此内容的 42 位教师进行了访谈，访谈内容如下。

（1）你认为分数概念的教学重点是什么？学生主要会在哪出问题？

（2）你认为什么是多元表征？

（3）你认为学生对于分数概念的多元表征主要通过哪些形式来体现和

实现？（文本、图片、声音、动画、多媒体等。）

（4）你是否有考虑借助多元表征来帮助加深（发展）学生对分数概念的理解？

（5）你是怎样借助多元表征来发展学生的分数概念的？

通过访谈我们发现了如下一些问题。

（1）将概念的接受等同于概念的理解。

访谈的教师中有 37 人认为对于分数概念的教学，只要学生能说出分数的意义，会读会写就可以了，不必太在意学生是不是真正理解，随着学习的深入，学生自然就会明白。所以，在"分数认识"的教学中，都是从生活中的分东西中引起认知冲突，体会到整数无法表示，从而引入分数，而在表示"一半"的方法选择上，教者无一例外地都让学生用涂与折的方法来表示，学生没有思考，也只是这样浅层次地表征分数的概念，所以，只有被动地接受 $\frac{1}{2}$ 这个分数。无独有偶，五年级"分数的再认识"的概念教学中，教者也是通过操作直接得出相关概念，学生对其意义与图形、语言没有形成统一的认识。

（2）多元表征的理解有偏差。

对于是否有考虑"借助多元表征来帮助加深学生对分数概念的理解"这个问题，受访的 42 人中，有 8 人认为有考虑，但不知如何操作（我们教师总是觉得课堂上给学生时间、空间就难以调控，总是把一切掌控在自己手中才放心）；有 5 人认为通过涂、折的教学，再加上多媒体的演示，就已经是最好的教学方法了；有 29 人（最大的群体）认为，要理解分数的概念，只要认真听讲就可以基本掌握了，要想理解得更好些，只要适当增加一些涂、折的演示，重点是学生会说出意义。他们都认为只有学生的多元表征分数概念，教师没有分数的表征。至于"你觉得对于分数概念，学生会有哪些表征"这一问题，全部的回答基本上是学生动手涂、折，语言表达，多媒体演示这三种方式就是多元表征。学生能用其中一种就已经不错了，要多种表达只有在公开课上才会出现，也就是说，只用单一表征分数概念就可以了，没有必要多元表征分数的概念。

2. 理性思考

(1) 访谈思考。

我们的教师也许一直在应试教育的重压下教学（我们地区现在小学教学质量的评价体系是与中考、高考相一致的，所以，统考就是一种必然)，因此，对于学生的"双基"教学（显性的基本知识、基本技能）还是特别看重的，而对于隐性的基本思想、基本活动经验就显得不在意了，毕竟考查的是显性知识。另外，对于教师而言，抛开功利的一面，教师本身的素质也让他们无法对"四基"之间的相互作用有一个理性认识和考量，从而在思想和能力上无法利用多元表征来促进学生分数概念的学习。也就是说，教师还不清楚对于分数概念的多种表征是通过文本、图片、声音、动画、多媒体等多种活动来体现和实现的，或者是有这样初步的认识但不知如何来引导学生，进而发展和完善学生的分数概念。事实上，我们的学生对于分数的概念不是不会多种表征，也不是没有这方面粗浅的生活经验，而是我们教者忽略了关注学生的学习实际，忽视了激发学生的内在情感，只是以显性的知识层面为出发点和归宿点，不愿为此给予时间与空间，往往只是站在自己的角度去评判学生的表现水平，按成人的观点设计活动内容与形式，使学生始终处于被动的接受者的地位，学生只是在机械的模仿与记忆的低水平中学习，因而教师也就不愿意或不可能聆听到学生的多元表征。

(2) 现状思考。

我们访谈的只有 42 位教师，虽然人数不多，但也基本上反映了教师在分数概念教学时的思想现状和教学现状，从中也可以看出教师的教育行为是存在问题的，特别是对于表征，教师基本都有以下的误区：首先是教师大都认为表征只是相对于学生而言的，并没有认识到在分数概念的平常教学中，教师本身也在运用着多元表征，如教师的言语表征、手势表征等；其次是认为多元表征学习只会对分数概念的学习（认知与非认知因素）具有促进作用，而对于教学、学习环境、学生的已有知识与经验等因素的影响不加考虑或考虑很少；再次是教师对于表征形式的重要性认识不够，如相比单一表征而言，多元表征更有利于激发学生自我解释策略和情感因素，也就更有利于提高学生对分数概念的理解与掌握。

3. 研究意义

在分数概念的教学里，初步理解分数的意义，能用分数简单表示图中的几分之一或几分之几，可以利用教师的讲授来完成，也可以借助单一的表征来帮助理解。但要学生在达到此要求的基础上，能进一步理解分数的意义，进而灵活运用，如分数"整体"意义的拓展，在分数的表示上发现比较大小的规律与加减的方法，进而与意义相统一（具体标准没有确定，只能以测试的方式粗浅划分），则需要学生自己或教师通过动作、图像和符号等多元表征来进行（帮助）感悟、内化、提升。教师不太清楚学生多种表征体现和实现的活动形式，更不清楚如何借助多元表征来丰富、发展学生的分数概念。而教学行为是教学理念的具体反映，追本溯源，教师教学理念与行为的脱节是影响教师利用多元表征发展学生分数概念的一个重要问题。要解决这样的问题，教师除了在理念上要不断加以更新之外，还应将教学理念与教学行为进行链接。如何促使教师在新教学理念背景下不断反思与熟悉多元表征，特别是如何关注学生分数学习的多元表征，在丰富环境的支撑下发展学生的分数概念，如何优化多元表征学习的数学教学设计，改善学生的学习过程与结果，正是本课题着力研究和解决的关键问题。研究的结果不仅可以让教师更好地运用多元表征来发展学生的分数概念，对于其他概念教学也同样具有借鉴意义。

课题研究的内容、目标和思路

（一）研究内容

对于同一个分数概念，利用不同的教学设计，重点是多元表征（动作、形象、语言、符号）的使用。

（二）研究目标

同一个分数概念，研究运用不同的教学设计所产生的教学效果的差异，形成利用多元表征促进分数概念发展的教学建议。

（三）研究思路

对于同一个分数概念，运用不同的教学设计（单一表征教学设计与多元表征教学设计；不同多元表征的教学设计），由同一位教师在两个认知水平、知识基础相当的班级进行教学实践，检测所产生的教学效果的差异，进而对课题实施过程中教师的教学行为（表征的不同运用）和学生分数概念的掌握情况进行剖析与研究。

教学实践对象为我校同一水平（以前测成绩、平时检测成绩和课堂表现为依据）的三年级（2）班、（5）班，其中三（2）班为实验班，三（5）班为对比班。

课题研究分析与实验

（一）教材分析

1. 教材内容的重点

北师大版小学数学教材三年级下册第五单元"分数的认识"这一教学内容属于"数与代数"领域，是让学生在掌握一些整数知识的基础上初步认识分数的意义。从整数到分数是数的概念的一次扩展，本节课重点是认识分数，知道只有在平均分的情况下才能产生分数，难点是理解分数的意义，"分数的认识"无论是从意义上还是读法和写法上与整数相比都有很大的差异。

2. 教材内容的编排

教材从最常见的"一半"引入"$\frac{1}{2}$"，并通过探索来理解$\frac{1}{2}$的意义；再在理解$\frac{1}{2}$的基础上，扩展到难度更大的几分之一和几分之几。内容层层递进，环环相扣，这有利于内化为学生自己的知识和能力。教材设计的形式有观察、动手操作（涂一涂、折一折），利用多种形式帮助学生理解分数的意义，目的也是希望教师能够通过多元表征来建构学生的分数模型，体现了分数的认识形成过程是一个科学的完整的过程。

3. 课程内容的呈现

教材内容在呈现分数之前，首先创设了 2 个小朋友分苹果的情境，因为这个情境在学生生活中经常出现，所以学生并不陌生，感觉就像置身生活中，非常贴近学生的生活实际。由 2 个人分 2 个苹果到 2 个人分 1 个苹果，1 个人分到一半，引发学生的问题意识，思考用什么方式来表示"一半"，有利于引起学生学习分数的兴趣，也潜移默化地引导学生感受数学来源于生活，服务于生活。"一半"表示为 $\frac{1}{2}$，再通过"涂一涂"的练习，分别涂出图形的 $\frac{1}{2}$，加深学生对 $\frac{1}{2}$ 的理解，也经过涂的过程知道什么是平均分，涂出图形的 $\frac{1}{2}$ 是一个简单而好玩的游戏，就像画画一样，可以让学生在玩中学。

（二）学生的生活经验、认知水平和心理特点

1. 生活经验

三年级的学生已经经常经历分物的过程，而且他们也会进行简单的有意识的平均分，但他们从没有想过，什么是平均分，也没有平均分的概念，这就需要教师的引导与强调，为理解分数的意义打下基础。

2. 认知水平

三年级学生已经熟练地掌握了整数的概念和意义，对于较小整数的平均分配也并不觉得困难，但面对只有一个整体时，便会引发不够分的认知冲突，过渡到把实物看作"单位 1"平均分，就自然而然地为认识分数提供了条件。

3. 心理特点

三年级的学生好奇心强，他们不像一二年级的学生那样对生活和知识都懂得比较少，没有必要的知识和经验储备，问题的提出和解决也就比较困难。三年级的学生经过两年多的学习已经有了比较多的知识和经验，对

于新的知识他们探索求知的欲望要更加强烈，而且他们也具备了初步的能力，这里关键就是要引导他们由感性认识上升为简单的理性认识，形成数学模型，理解几分之几的意义。

（三）教学实验研究

1. 多元表征分数概念教学过程

一、创设情境

课前谈话：猜老师年龄，说自己的年龄。生活中还有哪里用到数？

师：丁丁和当当在数学活动中也遇到了一些数的问题。

（出示：4个苹果，2瓶水。）

师：把它们平均分，每份是多少？

生1：把4个苹果平均分成2份，每份是2个。

生2：把2瓶水平均分成2份，每份是1瓶。

师：数学上把物体分得一样多，叫作——

生：平均分。（板书：平均分。）

二、自主探究

1. 认识 $\frac{1}{2}$

（1）把1个蛋糕平均分成2份，怎样分？每人分得多少？

生：平均分切成两半，每人分到一半。

师：把1个蛋糕平均分成2份，每1份是这个蛋糕的一半，这一半该用什么样的数来表示呢？

生：$\frac{1}{2}$。

师：像 $\frac{1}{2}$ 这样的数就是分数。我们这节课一起来认识分数。

师：把1个蛋糕平均分成2份，（同步演示分数的书写，分数线、分母、分子）这1份就是这个蛋糕的 $\frac{1}{2}$，另1份呢？

生：也是这个蛋糕的 $\frac{1}{2}$ 。

师：你能说说我们是怎样得到这个蛋糕的 $\frac{1}{2}$ 的吗？

……

(2) 拿一张长方形纸，先折一折，把它的 $\frac{1}{2}$ 涂上颜色。

学生涂色作品。

师：折法不同，为什么涂色的部分都是长方形的 $\frac{1}{2}$ 呢？

生1：都是一半。

生2：都是把长方形平均分成2份，涂色的是其中的1份。

小结：折法不同没关系，只要折的是这个长方形的一半，每1份都是它的 $\frac{1}{2}$ 。

(3) 判断：下面哪些图形里的涂色部分是这个图形的 $\frac{1}{2}$ ，在（ ）里画"√"。

小结：无论是1个蛋糕，还是1个图形，只要把它平均分成2份，每1份就是它的 $\frac{1}{2}$ 。

2. 认识几分之一

(1) 你还认识几分之一？

生： $\frac{1}{4}$ ， $\frac{1}{8}$ ， $\frac{1}{3}$ ， $\frac{1}{6}$ ，…（教师板书。）

(2) 拿一张纸折一折，并涂出它的几分之一。

师：你把这个图形平均分成几份？涂色部分是它的几分之一？

生1：我把它平均分成8份，涂了其中1份，涂色部分是它的 $\frac{1}{8}$ 。

生2：我把它平均分成4份，涂了其中1份，涂色部分是它的 $\frac{1}{4}$ 。

小组内交流，展示作品。

长方形、正方形、圆形表示的 $\frac{1}{4}$。

(3) 形状不同，为什么涂色部分都是它的 $\frac{1}{4}$？

生：因为它们都平均分成 4 份，涂色的是其中的 1 份。

(4) 不同的图形，能表示出相同的分数吗？

(5) 相同的图形，能表示出不同的分数吗？（请操作圆形的学生发言。）

3. 比较分数大小

(1) 展示作品：圆形表示的 $\frac{1}{2}$，$\frac{1}{4}$。

师：比较它们涂色的部分，你能说出哪个分数大吗？

生 1：$\frac{1}{4}$。

生 2：$\frac{1}{2}$。

师：$\frac{1}{2}$ 表示哪一部分？（1 大块）$\frac{1}{4}$ 呢？（1 小块）中间用什么符号？
（小于号。）

(2) 用完全相同的圆，表示出它的 $\frac{1}{8}$，和 $\frac{1}{2}$，$\frac{1}{4}$ 比，想象一下怎么样？

用学生作品验证。

(3) 同样大小的长方形、正方形能表示出不同的分数吗？老师给每组中
发的图形大小相同，谁表示的分数大？谁表示的分数小呢？组内比较。

4. 分数的书写及意义

(1) 教师教写 $\frac{1}{2}$。

(2) 你能用分数表示下面每个图里的涂色部分吗？（教材中练习题 1。）

(3) 分数各部分的名称是怎样的？

阅读教材。

三、实践应用

1. 先看图估一估，再填上合适的分数。

师：你是怎么一下子就估对的？有什么窍门？

生1：$\frac{1}{3}$是下面的2倍。

借助观察比较估计，这是多好的学习方法。

2. 把1块巧克力平均分，每人吃1份，可以给几个人吃？你能联想到几分之一？

生：把1块巧克力平均分成2份，每人吃1份，可以给2个人吃，我想到了$\frac{1}{2}$。

生：把1块巧克力平均分成4份，每人吃1份，可以给4个人吃，我想到了$\frac{1}{4}$。

师：同样1块巧克力，观察的角度不同，得到的分数也就不同。

3. "科学天地""艺术园地"大约占黑板报版面的几分之一。

生："艺术园地"大约占黑板报版面的$\frac{1}{4}$。

师：版面不是分成了3份吗？

生：把"科学天地"再分，黑板报版面就平均分成了4份。

4. 人体中有趣的分数。

课件演示：把1岁儿童的身高平均分成4份，其中头长占身高的$\frac{1}{4}$。

把现在的我的身高平均分成7份，其中头长占身高的$\frac{1}{7}$。

估计：8，9岁孩子的头长占身高的几分之一？

学生估计，教师提供资料：10岁儿童头长约占身高的$\frac{1}{6}$。

5. 东东想把1个蛋糕平均分成4份，一看来了8个人，刚解决这个问题，又来了第9个人，你想到几分之一？

生：把 1 个蛋糕平均分成 4 份，想到 $\frac{1}{4}$。

生：把 1 个蛋糕平均分成 8 份，每人吃到 1 份，想到 $\frac{1}{8}$。

生：把 1 个蛋糕平均分成 9 份，每人吃到 1 份，想到 $\frac{1}{9}$。

四、总结提升

这节课你有什么收获？

说明：本课中，教师创设了一个个生动有趣的探究环节，让学生通过多元表征在不知不觉中理解并掌握分数。如组织学生折长方形纸并表示其中的 $\frac{1}{2}$，把 $\frac{1}{2}$ 拓展到不仅是一个物体（蛋糕），还可以是图形的范围，实现了知识由理解向表达，由内化到外化的过渡，并由此展开求同思考（图形一样，折法不同，为什么都是图形的 $\frac{1}{2}$），剥离 $\frac{1}{2}$ 的非本质属性，凸显了本质属性。而后让学生自由说出想表示的几分之一。学生又动手折长方形、圆形或正方形，并把其中的 1 份涂上颜色。再围绕学生自己折的各种 $\frac{1}{4}$ 进行比较，感受分数的本质意义。这充分体现出数学知识不是教师直接给予的，而是在学生一步步的操作、交流、感受、体悟的多元表征中动态生成的，从而达到有效的数学学习的目的。知识内化时，教师出示了一块巧克力，让学生说出能联想到什么分数，并引导学生把巧克力分给不同的人，联想到 $\frac{1}{4}$，$\frac{1}{2}$，等等。教师还安排了学生寻找身高中的分数，出示一张 1 岁孩子的照片，引导学生直观看出头部的长度占全身的 $\frac{1}{4}$，随着年龄增大，大人的头部的长度占全身的 $\frac{1}{7}$，再由学生来估计自己的头部的长度占全身的几分之一。有机地拓展了学生的认识视野，切实体验到分数的价值。课末，教师让学生观察画面联想分数。这一系列问题，给学生提供了多元表征的思考空间，必将引导学生的思维不断走向深入，知识的后续性和连贯性得到了很好的体现。

2.单一表征分数概念教学过程

一、创设情境，引出问题

讲述：老师想问同学们一个问题，在生活中，你分过东西吗？看来同学们都有分东西的经历，现在，老师想请你们帮我分分东西。请看大屏幕。

1.（课件出示6个苹果和3个盘子）从屏幕上你知道了什么？你能提出什么数学问题？如何解答？你是怎样分的？我们把这种分法称为什么分法？

2.（课件出示4个苹果和2个盘子）4个苹果平均分装在2个盘子里，每盘装几个？用击掌的方法告诉老师好不好？

学生击掌。

3.（出示1个苹果和2个盘子）把1个苹果平均装在2个盘子里，每盘装几个？用击掌的方法告诉老师好不好？

（教师应观察学生的表情，灵活处理。）

师：怎么不拍了？

生1：半个怎么拍？

师：用我们以前学的数能表示吗？

生2：不能。

师：那么，用一个什么样的数来表示呢？这就是我们今天要认识的一个新朋友——分数。

（揭示课题：分数的初步认识。）

二、动手操作，探索交流

（一）认识 $\frac{1}{2}$

1.师：请同学们看大屏幕（课件），电脑博士是怎样分的？（平均分。）

师：把这个苹果平均分成了——

生：2份。

师：这样的分法也就是——

生：一半。

师：这样的一半怎样表示呢？

生：……

师：想一想，还可以如何表示？（教师强调：只有平均分，每份才是它的 $\frac{1}{2}$。）

2. 大家弄清了"$\frac{1}{2}$"的意义，怎样写？怎么读呢？

教师边示范边解读："—"表示平均分，叫分数线；"2"表示把 1 个苹果平均分成 2 份，表示总份数，叫分母；"1"表示任取其中的 1 份，叫分子。这个数读作：二分之一。

3. 动手操作

（1）从小组长那儿领取不同的图形，试着折出它的 $\frac{1}{2}$，并涂出来。

（2）小组交流讨论：拿的是什么图形？是怎样折出这个图形的？哪部分是这个图形的 $\frac{1}{2}$？

（3）汇报成果。

（4）你知道了什么？发现了什么？

（二）发现分数

师：刚才，小精灵悄悄地给我提了一个建议，让我们比一比，看谁能利用手中的材料，发现一个新的分数。（把学生的作品在黑板上展示出来，并让学生把发现的分数写下来。）

（1）展示作品。

（2）交流成果：这个分数，你是怎么发现的？（与众不同的折法，教师不仅要给予鼓励，还可以用学生的名字命名为"××折法"。）

师：同学们发现了这么多分数，都是把一个物体平均分成若干份，任取其中的 1 份，就是几分之一。

三、巩固练习，拓展深化

练一练：教材第 66 页。

1. 用分数表示涂色部分，并读一读。

2. 按分数涂色。

3. 让学生仔细观察思考：涂色部分的表示方法对吗？为什么？

4. 拓展与延伸。

师：我们今天认识了这么多的分数，其实，只要你留心，生活中处处有分数。把你知道的告诉大家好吗？

四、总结反思，评价体验

这节课你们有哪些收获？还有什么疑问？

说明：本节课体现出了数学课程标准的新理念，教师在教学过程中，结合教学实际，创造性地运用教材。如教师让学生联系生活情境感知"把 1 个苹果平均分成 2 份，每份是它的 $\frac{1}{2}$"，再有目的地放手让学生以小组合作的形式，按要求折出不同图形的 $\frac{1}{2}$，这一环节的设计为学生创设了主动参与活动的情境，提供了探究的材料，把学生推到了学习的主体地位。后面设计的巩固练习，再次让学生感受到分数的产生离不开平均分，帮助学生准确理解几分之一与几分之几的意思。教学过程中有学生之间、小组之间的交流，也有师生之间的交流；学生也做到了动手、动口，动脑，但学生对于分数概念的表征还是相对单一的，所以对于分数意义的理解与内化就弱化了。

四 利用多元表征进行分数概念教学的结论与建议

（一）结论

为了更加清楚地看到教学实验前后的变化，我们分别在教学之前和教学之后对学生进行了测试。测试题目和情况如下。

1. 分数概念教学的前测试卷和测查结果

(1) 用分数表示下图中的阴影部分。

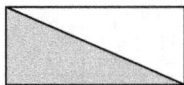

（　　）　　　　　　（　　）

测查结果如下。

实验班错误人数 13 人，约占全班人数的 28.9％；

对比班错误人数 13 人，约占全班人数的 31％。

(2) 用分数表示下图中的阴影和空白部分。

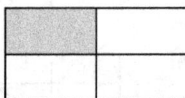 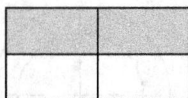 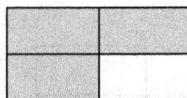

（　　）（　　）　（　　）（　　）　（　　）（　　）

测查结果如下。

实验班错误人数 21 人，约占全班人数的 46.7％；

对比班错误人数 20 人，约占全班人数的 47.6％。

(3) 比较下列分数的大小；在（　　）里写上"＞""＜"或"＝"。

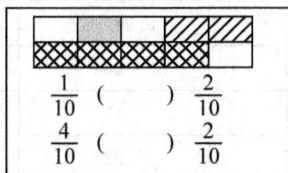 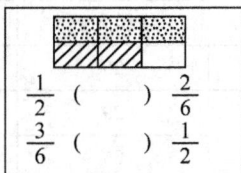

$\dfrac{1}{10}$（　　）$\dfrac{2}{10}$　　　　$\dfrac{1}{2}$（　　）$\dfrac{2}{6}$

$\dfrac{4}{10}$（　　）$\dfrac{2}{10}$　　　　$\dfrac{3}{6}$（　　）$\dfrac{1}{2}$

测查结果如表 1。

表1　第（3）题测查结果

题目	实验班（45人）		对比班（42人）	
	错误人数	百分比/%	错误人数	百分比/%
$\frac{1}{10}$（　）$\frac{2}{10}$	11	24.4	9	21.4
$\frac{4}{10}$（　）$\frac{2}{10}$	25	55.6	26	61.9
$\frac{1}{2}$（　）$\frac{2}{6}$	29	64.4	27	64.3
$\frac{3}{6}$（　）$\frac{1}{2}$	25	55.6	22	52.4

（4）阴影部分是这个图形的几分这几？

①　　　　　　　　　②　　　　　　　　　③

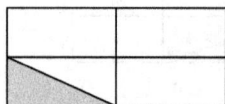 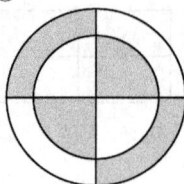

（　　）　　　　　　（　　）　　　　　　（　　）

测查结果如表2。

表2　第（4）题测查结果

题号	实验班（45人）		对比班（42人）	
	错误人数	百分比/%	错误人数	百分比/%
①	25	55.6	26	61.9
②	29	64.4	32	76.2
③	25	55.6	22	52.4

（5）关于分数，你还知道些什么？请你写一写。（这面写不下，可以写
在背面。）

测查结果如下。

实验班：有分子和分母（12人，约占全班人数的26.7%）；分母比分子
大（9人，占全班人数的20%）。

对比班：分数有分子、分母、分数线（9 人，约占全班人数的 21.4%）；会用图表示 $\frac{1}{2}$（11 人，约占全班人数的 26.2%）。

2. 分数概念教学的课后书面问卷内容及结果

（1）听了这节课后，你觉得学习分数是：①容易的；②一般；③困难的。（结果如表 3。）

表 3

	容易的	一般	困难的
实验班/人	26	17	2
对比班/人	24	11	7

（2）上这节课，你觉得时间过得：①特别快；②与平时一样；③特别慢。（结果如表 4。）

表 4

	特别快	与平时一样	特别慢
实验班/人	29	15	1
对比班/人	24	13	5

（3）在课中，你对老师和同学提出的问题：①全部都能回答；②有一些不能回答；③多数不能回答。（结果如表 5。）

表 5

	全部都能回答	有一些不能回答	多数不能回答
实验班/人	19	23	3
对比班/人	10	25	7

（4）你觉得这节课：①有趣；②一般；③没有趣。（结果如表 6。）

表 6

	有趣	一般	没有趣
实验班/人	38	7	0
对比班/人	29	10	3

（5）在这节课中，你觉得你们班同学学习时：①很投入；②一般；③不够投入。（结果如表7。）

表 7

	很投入	一般	不够投入
实验班/人	36	4	5
对比班/人	27	12	3

（6）你愿意再上这样的课吗？①愿意；②无所谓；③不愿意。（结果如表8。）

表 8

	愿意	无所谓	不愿意
实验班/人	35	10	0
对比班/人	27	14	1

（7）通过学习，对分数的知识你觉得掌握得如何？①好；②一般；③不够好。（结果如表9。）

表 9

	好	一般	不够好
实验班/人	36	8	1
对比班/人	29	11	2

（8）请写一写你对这节课的感受。（纸不够可以写在背面。）

实验班：喜欢上这样的课，因为多媒体动画好玩（6人）；可以自己动手折、涂、画（9 人）；可以随自己的想法说或做分数，老师不批评（24人）；其他（6 人）。

对比班：喜欢，不用总是听老师讲，总是做题目（8 人）；老师态度好（10 人）；其他（24 人）。

3. 分数概念教学的后测试卷与结果

（1）用分数表示下图中的空白部分。

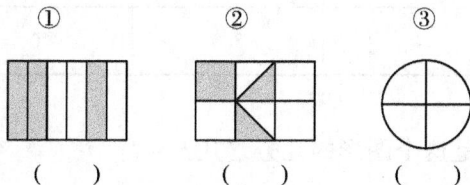

①　　　　　　②　　　　　　③

（　　）　　　　　（　　）　　　　　（　　）

测查结果如表 10。

表 10　第（1）题测查结果

题号	实验班（45 人）		对比班（42 人）	
	错误人数	百分比/%	错误人数	百分比/%
①	2	4.4	2	4.8
②	25	55.6	15	35.7
③	5	11.1	6	14.3

（2）比较下列分数的大小；在（　　）里写上"＞""＜"或"＝"。

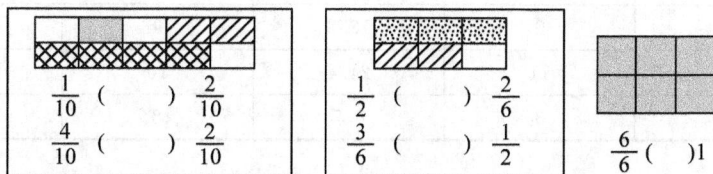

$\frac{1}{10}$（　　）$\frac{2}{10}$

$\frac{4}{10}$（　　）$\frac{2}{10}$

$\frac{1}{2}$（　　）$\frac{2}{6}$

$\frac{3}{6}$（　　）$\frac{1}{2}$

$\frac{6}{6}$（　　）1

测查结果如表 11。

表 11　第（2）题测查结果

题目	实验班（45 人）		对比班（42 人）	
	错误人数	百分比/%	错误人数	百分比/%
$\frac{1}{10}$（　　）$\frac{2}{10}$	3	6.7	7	16.7

题目	实验班（45人）		对比班（42人）	
	错误人数	百分比/%	错误人数	百分比/%
$\frac{4}{10}$（　）$\frac{2}{10}$	4	8.9	7	16.7
$\frac{1}{2}$（　）$\frac{2}{6}$	15	33.3	22	52.4
$\frac{3}{6}$（　）$\frac{1}{2}$	5	11.1	9	21.4
$\frac{1}{6}$（　）1	4	8.9	6	14.3

（3）阴影部分是这个图形的几分之几?

①　　　　　　　　　②　　　　　　　　　③

（　　　）　　　　　（　　　）　　　　　（　　　）

测查结果如表12。

表12　第（3）题测查结果

题号	实验班（45人）		对比班（42人）	
	错误人数	百分比/%	错误人数	百分比/%
①	6	13.3	9	21.4
②	11	24.4	10	23.8
③	3	6.7	8	19.0

（4）

①　　$\frac{1}{5}$

②　　$\frac{1}{3}$

①号纸条长度的 $\frac{1}{5}$ 与②号纸条长度的 $\frac{1}{3}$ 一样长，你认为①号纸条长还是②号纸条长？在正确的答案上画"√"（①号长 ②号长）。

测查结果如下。

实验班错误人数 8 人，约占全班人数的 17.8%；

对比班错误人数 10 人，约占全班人数的 23.8%。

（5）现在你认为分数是怎么样的数？与你以前学过的数有什么不一样？请你写一写。（这面写不下，可以写在背面。）

实验班：①整数不够分时就要用到分数（37 人）；分数要有分子、分母和分数线（10 人）；平均分之后才有分数（4 人）。

②整数与分数写法不同（42 人）；整数与分数的意义也不同（8 人）。

对比班：①有分子分母的就是分数（27 人）；分数有分数线（11 人）。

②整数与分数的写法不同（36 人）。

对比学生的前、后测情况，很明显教学中表征的多元与单一与否对学生分数概念的理解、掌握有显著影响，师生运用多元表征在分数概念学习中的教学效果明显优于单一表征的教学。

（二）建议

1. 教材的使用要与多元表征活动连接

在解读教材的基础上，应大胆灵活地使用教材，多考虑教材与师生多元表征活动的结合，注意教材中不同分数表征间的互动关系。

2. 教学的设计要提供多元表征的平台

教学活动是师生积极参与、交往互动、共同发展的过程。数学教学应根据具体的教学内容，充分考虑如何改善教学策略以激活和调动学生原有的知识经验，使其投入到学习过程中，使学生在获得间接经验的同时也能够有机会获得直接经验，即从学生实际出发，创设有助于学生自主学习的问题情境，引导学生通过实践、思考、探索、交流等，获得数学的基础知识、基本技能、基本思想、基本活动经验，促使学生主动地、富有个性地学习，不断提高发现和提出问题的能力、分析和解决问题的能力。教师在分数的教学设计上，尽量以学生的经验为中心，让学生能够有意义的学习。教具的使用上应该更多元化，善于运用多元表征设置题目，以培养学生选择及运用表征的能力和时机。

3. 教学的实施要引导学生表征的多元

在数学教学活动中，教师要把基本理念转化为自己的教学行为，处理好教师讲授与学生自主学习的关系，注重启发学生积极思考；发扬教学民主，当好学生数学活动的组织者、引导者、合作者；激发学生的学习潜能，关注学生的个体差异，有效地实施有差异的教学，使每个学生都得到充分的发展。也就是说教师在进行分数教学时，不应该只是注重应对考试的策略与方法，更应该强调学生的理解与思维能力的发展，引导学生运用多元表征的方式，帮助学生从各种不同的角度理解内化知识。

4. 教学的评价要关注情感态度的发展

无论是教学过程还是教学结果，教师应对学生的不同想法给予理解与信心，教师的民主与自由是学生不同表征的基础与土壤，只有在轻松的状态下，生生、师生的相互交流才能听到不同的声音，也只有在这样的状态下，不同层次的学生才能在他人的意见与自己的反思中形成自己的见解与策略，最终形成自己的知识构建。

参考文献

1. 唐剑岚. 数学多元表征学习及教学 ［M］. 南京：南京师范大学出版社，2009.

2. 郑毓信. 多元表征理论与概念教学 ［J］. 中学数学教学参考，2011（5）.

3. 刘加霞. 利用学习的多元表征方式，促进学生对算理的"真理解"［J］. 小学教学：数学版，2010（3）.

4. 唐剑岚. 概念多元表征的教学设计对概念学习的影响 ［J］. 数学教育学报，2010（2）.

5. 朱乐平. "分数的初步认识"课堂教学案例的比较研究 ［J］. 小学教学设计，2006（32，35）.

6. 雷上志. 分数概念多元表征的认知模型的解读与教学 ［J］. 新课程研究，2012（9）.

简评

　　运用多元表征的教学对于促进学生的数学理解和概念掌握是有积极影响的，可是具体落实到某一个数学概念的教学中其效果会是怎样呢？这是个值得探究的问题。黄辉琳老师选择了分数概念的教学，并就这个问题进行了教学实验研究。黄老师首先考查了42位曾经执教分数概念教学的教师在教学理念和对多元表征理解程度上的异同。通过访谈发现，教师在对于分数概念教学的目标把握上较为相似，但是对于分数概念的多元表征教学的理解却存在较大的差异。为了进一步了解多元表征对于教学的影响，黄老师就分数这一概念教学的两种不同教学理念分别进行了教学设计，其教案设计合理、目标清晰、教学手段特色鲜明。随后对实验班学生和对比班学生分别施教，最后通过测试检验学生的掌握程度。

　　很显然这是一篇典型的小范围实验研究。黄老师以不同的多元表征教学作为两个班级的教育控制因素，同时还用到教学前测和教学后测来作为评判教学效果的指标。这样的教育实验研究尝试很不错，因为它可以从量的角度来证实自己的观点。但是在数据的处理和分析方面还有值得改进的地方。我们先来说教学前测，教学前测的目的是比较实验班和对比班之间是否存在本质差异，因此在收集数据之后，不仅要比较他们之间分值的高低，更需要对两个班级之间的差异做推断统计，看看在统计的意义上有没有显著性差异。在这个研究中，我们可以用独立样本的 t 检验对两个班级的前测成绩做分析，如若在统计上没有显著性差异的话，我们可以说两个班级学生的原始水平相对一致，后测所体现的显著差异并不是因为两个班级学生原始水平的差别而引起的。更进一步可以将学生的成绩分档，然后看看两个班级的成绩在分布上有无显著差异。

　　再来谈一下后测。一般而言后测的目的是检验教学效果，也就是说我们不能单单从实验班学生后测的成绩来评判，而是应该通过对比来分析。常用的办法有两种，一是实验班学生的后测成绩和其前测成绩作比较，这

样可以考查学生知识的掌握情况，可以通过相关样本的 t 检验来实现；二是
实验班学生的后测成绩和对比班学生的后测成绩作比较，而这个正是这篇
文章的实验重点，因为这样才能从学生知识的掌握程度上来探究不同教学
手段的差异，所用的统计方法是独立样本的 t 检验。

我们发现黄老师除了用成绩测试学生的掌握程度之外，还使用问卷分
析学生的数学情感，这个想法很好。大致看来两个班级学生对这堂课的感
受是不同的，到底有没有显著差异就要让数据来说话了。例如 B1 题考查学
生对学习分数难易程度的想法，我们可以通过 χ^2 检验得到这两个班级的学
生的感受是有显著差异的，也就是说实验班学生认为分数的学习更容易。
如果能够结合两个班级学生的后测成绩差异作进一步分析的话，我们相信
一定能得到不少有意思的结论。

除了前面提到了定量分析，从定性的角度分析学生的错误原因也是今
后可以继续深入研究的方向。

"小数的再认识"认识什么

——教学前测、反思和实践

涂俊珂（江西省九江市双峰小学）

美国教育心理学家奥苏贝尔曾说过："影响学习的最主要原因是学生已经知道了什么，我们应当根据学生现有的知识状况去进行教学。"数学课程标准也强调数学教学活动必须建立在学生的认知发展水平和已有的知识经验基础之上。的确，了解学生的认知起点，读懂学生，课堂才有根，课堂才有实效。在小学数学教学中，尊重学生的学习起点，正确把握学生的探究起点，需要我们教师走在前面，而教学前测正是帮助教师找准教学起点的有效手段。

如何进行前测？如何前测才能准确把握学生的认知起点？下面我们将以北师大版小学数学教材四年级下册第一单元第一课"小数的意义"为例来探讨这个问题。同时我们还将探讨在这个基础上如何合理地进行教学设计。

课前思考

从教材编排来看，"小数的认识"在小学数学教学中主要分两个阶段进行，第一阶段小数的初步认识安排在三年级下册，这一阶段主要在元、角、分背景下，把元、角、分作为一种生活原型，帮助学生初步认识和学习小数的读、写以及一位小数的大小比较等知识。第二阶段"小数的再认识"安排在四年级下册，这一阶段小数的认识是在三年级下册"元、角、分与小数"及"分数的初步认识"基础上进行的，脱离元、角、分背景，从实际情境的数量中抽象出小数的意义，借助直观模型使学生体会到小数与十进分数之间的关系。

数学教学活动应该建立在学生的认知发展水平和已有的知识经验基础之上。对于小数的意义，四年级的学生已经知道什么？能做什么？已有的知识链上可能出现什么样的错误？这些错误有什么可利用之处？学生的起点究竟在哪里？如何确定我们的教学起点？为了弄清这些问题，我们对学生进行了前测。

教学前测

前测对象：四年级 3 个班的学生，本文中分别称作 A 班、B 班、C 班。

前测方法：题目测试。

（一）第一次前测

我们首先对 A 班的 56 名学生进行了前测。前测题目如表 1。

表 1　第一次前测题

测试题	测试目的
1. 把 1 元平均分成 10 份，每份是 1 角，1 角可以写成 $\dfrac{(\ \ )}{(\ \ )}$ 元，也可以写成（　　）元。	了解学生对"元、角、分以元为单位用分数和小数表示"的掌握情况。
2. 0.6 和哪个数有联系？0.06 和哪个数有联系？为什么？请用自己喜欢的方法解释。	了解学生在自己现有的知识结构中对小数意义的理解情况。

第一次前测结果如表 2、表 3。

表 2　第 1 题测试结果统计

测试题 1	填写分数的错误率/%	填写小数的错误率/%
把 1 元平均分成 10 份，每份是 1 角，1 角可以写成 $\frac{(\ \ )}{(\ \ )}$ 元，也可以写成（　）元。	21.4	10.7

表 3　第 2 题测试结果统计

测试题 2	学生思考角度	人数	百分比/%	典型例子
0.6 和哪个数有联系？0.06 和哪个数有联系？为什么？请用自己喜欢的方法解释。	与 0.6 和 0.06 有联系的分数。	6	10.7	
	与 0.6 和 0.06 相邻的小数。	14	25	
	从相加凑十的角度去找。	7	12.5	
	0.6 和 0.06 的若干倍。	5	8.9	
	与 0.6 和 0.06 大小相等的小数（末尾添 0）。	3	5.4	
	在元、角、分的背景中去找。	12	21.4	
	其他。	7	12.5	
	没有做。	2	3.6	

　　观察前测的数据，测试题 2 中从"与 0.6 和 0.06 相邻的小数"、"元、角、分"的角度去思考的学生偏多，分别占 25％和 21.4％。能从"与 0.6 和 0.06 有联系的分数"的角度去思考的学生仅占 10.7％，而且还有人出现

了 $0.06 = \frac{6}{20}$ 这样错误的认识。我们不禁反思：这次测试题的设置是否存在问题？测试题 1 所提供的样本是否太少，不能在后面的测试题 2 中为学生提供思维支撑？我们决定调整测试题，进行第二次前测。

（二）第二次前测

我们接着对 B 班的 56 名学生进行了前测。前测题目如表 4。

表 4　第二次前测题

测试题	测试目的
1. 把 1 元平均分成 10 份，每份是 1 角，1 角可以写成 $\frac{(\ )}{(\ )}$ 元，也可以写成（　）元；3 角可以写成 $\frac{(\ )}{(\ )}$ 元，也可以写成（　）元。	了解学生对"元、角、分以元为单位用分数和小数表示"的掌握情况；同时为测试题 3 提供思维支撑。
2. 把 1 元平均分成 100 份，每份是 1 分，1 分可以写成 $\frac{(\ )}{(\ )}$ 元，也可以写成（　）元；9 分可以写成 $\frac{(\ )}{(\ )}$ 元，也可以写成（　）元。	
3. 0.6 和哪个数有联系？0.06 和哪个数有联系？为什么？请用自己喜欢的方法解释。	了解学生在自己现有的知识结构中对小数意义的理解情况。

第二次前测结果如表 5、表 6。

表 5　第 1，2 题测试结果统计

测试题	填写分数的错误率/%	填写小数的错误率/%
1. 把 1 元平均分成 10 份，每份是 1 角，1 角可以写成 $\frac{(\ )}{(\ )}$ 元，也可以写成（　）元；3 角可以写成 $\frac{(\ )}{(\ )}$ 元，也可以写成（　）元。	26.8	10.7
2. 把 1 元平均分成 100 份，每份是 1 分，1 分可以写成 $\frac{(\ )}{(\ )}$ 元，也可以写成（　）元；9 分可以写成 $\frac{(\ )}{(\ )}$ 元，也可以写成（　）元。	46.4	15.7

表6 第3题测试结果统计

测试题	学生思考角度	人数	百分比/%	典型例子
3.0.6和哪个数有联系？0.06和哪个数有联系？为什么？请用自己喜欢的方法解释。	与0.6和0.06有联系的分数。	8	14.3	
	与0.6和0.06相邻的小数。	14	25	
	从相加凑十的角度去找。	6	10.7	
	0.6和0.06的若干倍。	5	8.9	
	与0.6和0.06大小相等的小数（末尾添0）。	7	12.5	
	在元、角、分的背景中去找。	12	21.4	
	其他。	3	5.4	
	没有做。	1	1.8	

　　通过这次前测我们发现，测试题1和测试题2中，填写分数的错误率较高。测试题3中，能从"与0.6和0.06有联系的分数"的角度去思考的学生还是仅占14.3%。我们很想知道：如果指明要求，学生能不能正确找出与小数相联系的十进分数？如果能找出来他们的思维轨迹又是怎样的？于是我们再次调整测试题，进行了第三次前测。

（三）第三次前测

　　我们对C班的54名学生进行了前测。前测题目如表7。

表7　第三次前测题

测试题	测试目的
1. 把1元平均分成10份，每份是1角，1角可以写成 $\frac{(\quad)}{(\quad)}$ 元，也可以写成 （　　）元；3角可以写成 $\frac{(\quad)}{(\quad)}$ 元，也可以写成 （　　）元。	了解学生对"元、角、分以元为单位用分数和小数表示"的掌握情况；同时为测试题3提供思维支撑。
2. 把1元平均分成100份，每份是1分，1分可以写成 $\frac{(\quad)}{(\quad)}$ 元，也可以写成 （　　）元；9分可以写成 $\frac{(\quad)}{(\quad)}$ 元，也可以写成 （　　）元。	
3. 0.6和 $\frac{(\quad)}{(\quad)}$ 有联系，0.06和 $\frac{(\quad)}{(\quad)}$ 有联系，请用自己喜欢的方法解释。	了解学生对"小数与十进分数之间的联系"的理解情况。

第三次前测结果如表8、表9。

表8　第1，2题测试结果统计

测试题	填写分数的错误率/%	填写小数的错误率/%	两题全对的人数
1. 把1元平均分成10份，每份是1角，1角可以写成 $\frac{(\quad)}{(\quad)}$ 元，也可以写成 （　　）元；3角可以写成 $\frac{(\quad)}{(\quad)}$ 元，也可以写成（　　）元。	29.6	9.3	31
2. 把1元平均分成100份，每份是1分，1分可以写成 $\frac{(\quad)}{(\quad)}$ 元，也可以写成 （　　）元；9分可以写成 $\frac{(\quad)}{(\quad)}$ 元，也可以写成（　　）元。	44.6	14.9	

表9　第3题测试结果统计

测试题3	正确人数	全对人数
0.6和 $\frac{(\quad)}{(\quad)}$ 有联系。	25	24
0.06和 $\frac{(\quad)}{(\quad)}$ 有联系。	24	

测试题 3 中"请用自己喜欢的方法解释",我们把在题 3 两处填空全部填对的 24 人的解释方法进行了整理,学生思考的角度大致可以分为以下几种情况(如表 10)。

表 10　学生的思考角度及典型例子

学生思考的角度	人数	典型例子
抽象出分数的意义加以解释。	3	答:因为0.6和$\frac{6}{10}$是10份里的6份,0.06和$\frac{6}{100}$都是100份里的6份。
用元、角、分的情境解释。	11	答:把1元平均分成10份,每份是1角,0.6和$\frac{6}{10}$都是表示6角。 答:再把1元平均分成100份,每份1分,0.06和$\frac{6}{100}$都表示6分。
认为数值相等。	3	$\frac{6}{10}=0.6$　　$\frac{6}{100}=0.06$
其他(表达不清晰,比较含糊)。	4	
不会解释。	3	

在本次前测第 1,2 两道题全对的 31 人中,有 24 人在后面的第 3 题里全部填对。可以看出,当指明要求:写出和 0.6,0.06 有联系的分数时,前两道测试题对帮助学生发现小数与十进分数的联系还是起到了一定的思维支撑作用,有 47.1%(24 人)的学生能自己找到与 0.6 和 0.06 有联系的十进分数。在这 24 人中有 11 人是用元、角、分的情境去解释的,仅有 3 人能抽象出分数的意义加以解释。

从三次前测中发现的问题

1. 学生对小数的认识主要还是依托在元、角、分的生活原型中

三年级下学期,学生在元、角、分背景下,把元、角、分作为一种生活原型,初步认识和学习小数。为了唤起学生的记忆,我们在前测中设置了填空题组,综合三次前测的数据,可以看出:学生在用元为单位的小数表示几角、几分时,正确率较高;在寻找与 0.6,0.06 有联系的数时,学生

喜欢把 0.6，0.06 放在元、角、分的情境中去找；解释 0.6 与 $\dfrac{(\ )}{(\ )}$、0.06 与 $\dfrac{(\ )}{(\ )}$ 的联系时，较多的学生用元、角、分的情境去描述。学生对小数的认识主要还是依托在元、角、分的生活原型中，这也正是学生学习"小数的意义"的大众化认知起点。

2. **脱离直观图，不少学生用分数表示以元为单位的数有困难**

通过三次前测，我们发现：学生在用元为单位的分数表示几角、几分时，错误率较高，例如，

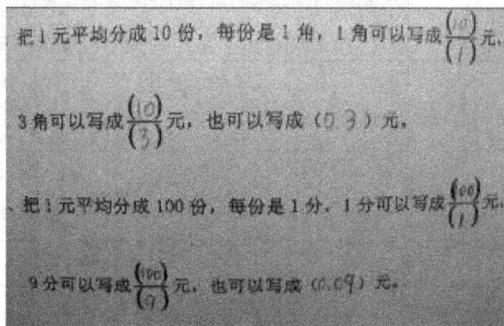

分析错误原因：学生对分数的知识有遗忘。另外，在三年级下册第五单元"分一分"一课中，学生主要是通过把分数与形象的直观图形建立联系，在具体情境与直观操作中初步认识分数意义的。我们的测试题虽然有"把 1 元平均分成 10 份、100 份"这样用语言描述的情境，但脱离了直观图的支撑，不少学生用分数表示以元为单位的数时就出现了困难。

3. **在大多数学生的头脑中分数与小数没有联系，是两种独立的数**

对于"0.6 和哪个数有联系？0.06 和哪个数有联系"这个问题，在第一次前测中仅有 10.7% 的学生能从"与 0.6 和 0.06 有联系的分数"的角度去思考，第二次前测虽然在前面的填空中增加了范例，但仍只有 14.3% 的学生从"与 0.6 和 0.06 有联系的分数"的角度去思考。学生更习惯在小数的范畴中去找"与 0.6 和 0.06 有联系的数"，所以，更多的是从"与 0.6 和 0.06 相邻的小数""与 0.6 和 0.06 大小相等的小数"等角度去找。这说明，

在大多数学生的认知体系中分数与小数是两种独立的数，在没有教学干预的情况下，学生很难自主发现小数与分数的联系。

四 由问题带来的思考

三次前测之后，我们不禁反思：前测中的问题能带给我们哪些启示？如何根据前测把握"小数的意义"这一课的教学起点？如何在读懂学生的基础上设计教学？

1. 链接学生已有的认知基础，把小数意义扩展到更广泛的生活情境

"认识一位小数的意义"环节，教材是这样处理的（如图1）

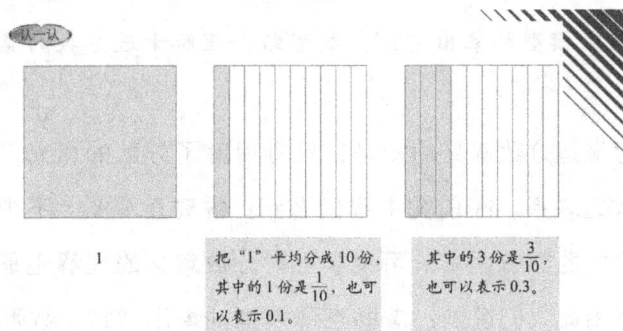

图1

教材直接出示一个正方形，把一个正方形看作"1"，其中的1份是 $\dfrac{(\quad)}{(\quad)}$，然后告诉学生"也可以表示0.1"。通过前测我们看到学生对小数的认识主要依托在元、角、分的生活原型中，看图得到 $\dfrac{(\quad)}{(\quad)}$，学生完全能理解，可是看图得到0.1，如果不直接告诉学生，站在学生的认知起点上能理解吗？于是我们思考：认识一位小数的意义时能否从学生的认知起点——"元、角、分与小数"切入？把学生已有的认知基础与直观模型链接上后，再把从以元、角、分为背景的学习扩展到更广泛的生活情境中去。具体设计思路如图2。

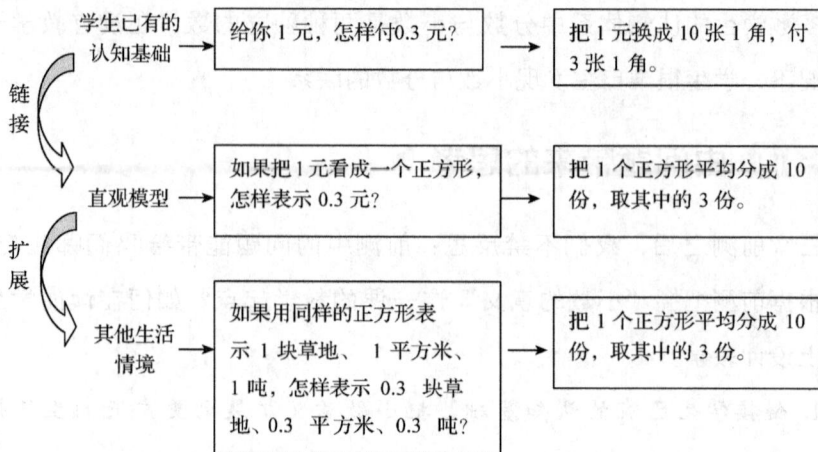

链接

扩展

学生已有的认知基础 → 给你1元，怎样付0.3元？ → 把1元换成10张1角，付3张1角。

直观模型 → 如果把1元看成一个正方形，怎样表示0.3元？ → 把1个正方形平均分成10份，取其中的3份。

其他生活情境 → 如果用同样的正方形表示1块草地、1平方米、1吨，怎样表示0.3块草地、0.3平方米、0.3吨？ → 把1个正方形平均分成10份，取其中的3份。

图 2

2. 借助直观模型抽象出"1"，数形结合理解十进分数的意义和小数的意义

小数的意义是分数意义的一环，只有理解了分数的意义，才能沟通小数与十进分数的联系。在前测中我们看到：脱离直观图，不少学生用分数表示以元为单位的数有困难。可见学生对分数意义的理解还是建立在直观图的基础上。由此我们想到：借助直观模型抽象出"1"，数形结合进一步理解十进分数的意义、体会小数的意义。具体设计思路如图3。

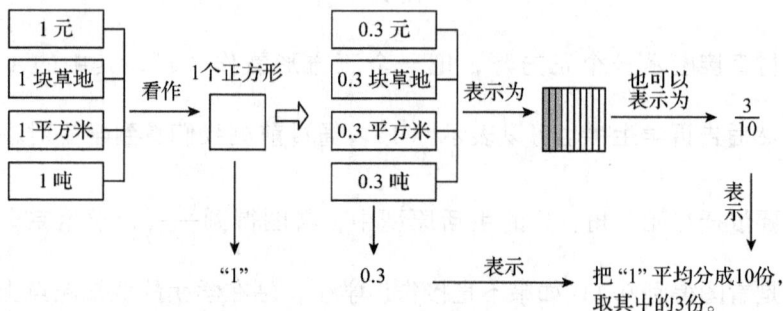

1元
1块草地
1平方米
1吨
→ 看作 → 1个正方形 →

0.3元
0.3块草地
0.3平方米
0.3吨
→ 表示为 → （图） → 也可以表示为 → $\frac{3}{10}$

"1"   0.3 → 表示 → 把"1"平均分成10份，取其中的3份。

表示

图 3

3. 借助直观模型沟通小数与十进分数的联系

小数意义的本质，可从分数的意义入手。当一个整体被等分后，其中一部分的量称为"分量"，而分数就是用来表示或记录这个"分量"。当整体被分成十等份、百等份、千等份……此时的分量，就可使用另外一种记

录的方法——小数。可见小数是十进分数的另一种表示形式。从前测中我们看到：在大多数学生的认知体系中分数与小数是两种独立的数。因此，沟通小数与十进分数之间的本质联系应该是这节课的主线，而直观模型应是沟通小数与十进分数联系的桥梁。例如，认识一位小数的意义时，由 $\frac{3}{10}$ 的阴影部分既可以用 0.3 表示，也可以用 $\frac{3}{10}$ 表示，进而发现 0.3 与 $\frac{3}{10}$ 的联系。

五 基于前测的教学实践

"小数的意义"课堂教学实录片段。

片段1

师：1支铅笔 0.3 元，给你 1 元，你能直接拿出 0.3 元吗？

生：不能。

师：怎么办？

生：可以付 1 元，找回 7 角。

生：可以把 1 元换成 10 张 1 角，拿出 3 张 1 角，就是 0.3 元。

师：如果用 1 张正方形纸表示 1 元，怎样表示 0.3 元呢？

生：把这个正方形平均分成 10 份，取其中的 3 份。

师：如果用同样的正方形表示 1 块草地，怎样表示 0.3 块草地呢？

生：把正方形平均分成 10 份，取 3 份。

师：如果用正方形分别表示 1 平方米、1 吨，想一想，0.3 米、0.3 吨应该怎样表示呢？

生：还是把一个正方形平均分成 10 份，取其中的 3 份。

师：1 元、1 块草地、1 平方米、1 吨、1 个正方形都可以看成 1 个整体，在数学中用"1"来表示。如果把 0.3 后面的单位都去掉，你能发现 0.3 表示什么意思吗？

生：把"1"平均分成 10 份，取其中的 3 份。

师：阴影部分除了用 0.3 来表示，还可以用哪个数来表示？

生：还可以用 $\frac{3}{10}$ 表示。

师：同样的阴影部分为什么既可以用小数又可以用分数来表示？

生：0.3 与 $\frac{3}{10}$ 的大小是一样的。

生：0.3 与 $\frac{3}{10}$ 表示的意思也是一样的。

师：对，$\frac{3}{10}$ 与 0.3 的大小相等，表示的意义也相同。都表示把 1 个整体平均分成 10 份，取其中的 3 份。

师：这幅图中你除了能看到 0.3，还能发现其他的小数吗？

生：0.7，正方形平均分成 10 份，空白部分占其中的 7 份，因此，空白部分是 0.7。

师：0.7 与哪个分数表示的意义相同呢？

生：$\frac{7}{10}$。

师：学到这儿，你们有什么新的发现吗？

生：小数可以写成分数。

生：小数与分数有联系。

片段 2

师：像这样有联系的分数和小数在我们课本上就藏着许多，想不想把它们找出来？

师：请先听要求，再动笔。

出示自学要求：

①填——完成课本 P3（如图 4）的所有填空。

②找——从 P3 找出有联系的分数和小数，把它们圈出来。

认一认

1

把"1"平均分成10份，其中的1份是$\frac{1}{10}$，也可以表示0.1。

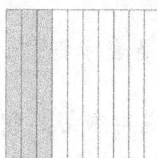

其中的3份是$\frac{3}{10}$，也可以表示0.3。

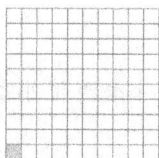

把"1"平均分成100份，其中的1份是$\frac{1}{100}$，也可以表示（　　）。

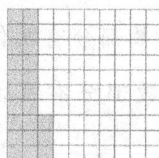

其中的23份是$\frac{(\quad)}{(\quad)}$，也可以表示（　　）。

想一想

把"1"平均分成1000份，其中的1份是$\frac{(\quad)}{(\quad)}$，也可以表示（　　）。

其中的59份是$\frac{(\quad)}{(\quad)}$，也可以表示（　　）。

③

图4

（学生按要求自学，教师巡视指导。）

师：谁来说说，你找到了哪些有联系的分数和小数？

生：我找到了$\frac{1}{10}$和0.1。

师：你能说出0.1的意义吗？

生：0.1表示把"1"平均分成10份，取1份。

生：我找到了$\frac{1}{100}$和0.1。

生：不对，$\frac{1}{100}$应该和0.01有联系。

师：能说说理由吗？

生：和 0.1 有联系的分数应该是 $\frac{1}{10}$，$\frac{1}{100}$ 和 0.01 有联系。

生：0.01 是表示把 "1" 平均分成 100 份，取 1 份。

师：大家说得很好。把 "1" 平均分成 100 份，其中的 1 份是 $\frac{1}{100}$，数学上用 0.01 来表示。

质疑：0.01 与刚刚几个小数有什么不同呢？

生：0.01 的小数点后面多了一个 0。

生：0.01 的小数部分有两位。

师：我们把小数部分有两位的小数叫作两位小数，刚刚认识的 0.1 和 0.3 都是一位小数。

师：你还发现了哪些有联系的分数和小数？能说出它们的意义吗？

生：$\frac{23}{100}$ 和 0.23，它们都表示把 "1" 平均分成 100 份，取其中的 23 份。

生：我找到了 $\frac{1}{1\,000}$ 和 0.001，它们表示把 "1" 平均分成 1 000 份，取其中的 1 份。

生：还有 $\frac{59}{1\,000}$ 和 0.059，表示把 "1" 平均分成 1 000 份，取其中的 59 份。

师：0.001 和 0.059 都是几位小数？

生：它们都是三位小数。

师：0.059 小数部分少写一个 0 行吗？

生：不行，那就变成两位小数了。

生：如果少了一个 0 那就表示把 "1" 平均分成 100 份，而不是 1 000 份了。

师：刚刚我们在书上找到了许多对有联系的分数与小数，你能自己想一组像这样有联系的分数与小数吗？

生：我想到了 $\frac{6}{100}$ 和 0.06。

师：如果要画图来表示这个小数，想一想，你会选择哪幅图来表示，为什么？

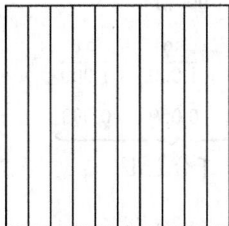 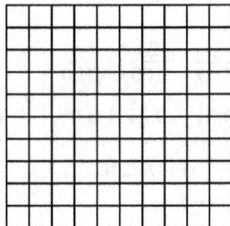 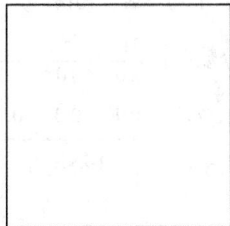

①　　　　　　　　②　　　　　　　　③

生：我选②号图，因为 0.06 表示把 "1" 平均分成 100 份。

……

片段3

师：刚才我们把 "1" 平均分成了 10 份、100 份、1 000 份，写出了许多有联系的分数与小数，我们还可以把 "1" 平均分成多少份呢？

生：还可以平均分成 10 000 份。

生：还可以平均分成 100 000 份。

师：分得完吗？

生：可以一直分下去，分不完。

师：这样有联系的分数与小数写得完吗？

生：写不完。

（板书：……）

师：仔细看，小数到底与什么样的分数有联系？

生：小数和分母是 10，100，1 000，10 000 的分数有联系。

生：一位小数表示十分之几，两位小数表示百分之几，三位小数表示千分之几。

师：大家说得非常好。所以像这样的十分之几的分数我们可以写成一位小数，百分之几可以写成两位小数，千分之几可以写成三位小数。

（根据学生的回答完成板书。）

附　板书。

小数的意义

把"1"平均分成：10份			100份			1 000份			···
分数： $\frac{1}{10}$	$\frac{3}{10}$	$\frac{7}{10}$	$\frac{1}{100}$	$\frac{23}{100}$	$\frac{6}{100}$	$\frac{1}{1\,000}$	$\frac{59}{1\,000}$	$\frac{93}{1\,000}$	···
小数： 0.1	0.3	0.7	0.01	0.23	0.06	0.001	0.059	0.093	···
表示：	十分之几		百分之几			千分之几			

简评

涂俊珂老师的这篇文章很有新意，他不仅仅设计教学前测来考查学生的知识掌握情况，更是三易其稿从多个角度来探索学生的思维结构。教学前测是个非常重要的问题，但却往往被教师忽略，又或是仅仅被用来评估学生的学业掌握情况。而本文探讨了一个很有意义的问题：如何设计教学前测以帮助教师了解学生的认知发展水平，同时在前测的结果上设计课程教学以达到因材施教的目的。这堂课是小数再认识，学生在上这堂课之前已经对小数形成了一个基本概念，那么学生到底掌握到什么程度、在知识点上可能出现哪些错误，以及如何确定教学起点等问题都是课堂教学设计者所关注的。文中所提供的几组试题设计意图都非常清晰，试题本身也前后呼应，解答形式多样。通过对学生答题的言语分析初步掌握了学生的思维模式以及所欠缺的知识点。像这类目的性明确的教学前测试题可以为教学设计提供一个对学生较为深入的评估，这种探索方法很值得在教学研究中推广，同时也非常适合一线教师应用。读者也可参考姜国明老师一文。

文章读完却有点意犹未尽的感觉，"小数的再认识"到底认识什么？什么才算是理解了小数？不理解小数的学生与理解小数的学生间的最大区别是什么？这是后续研究中可以继续探讨的。

　　另外，文中有教学前测，有教学构思，也有教学实践，但却没有教学效果的评估。这样的教学设计是不是成功的？学生是否了解小数与分数之间的本质联系？对于小数的意义学生是否还存在盲点？文章可以继续延续教学前测的思路设计教学后测，也可以通过学业成就测试和学生答题的言语分析来进一步了解学生的掌握情况。同时还可以深入探讨新设计的教学方案有何特色？它与传统的教学设计相比有何不同？课堂上学生的反响如何？涂老师可以就这些研究问题继续研究下去，成为一位有特色的研究型教师。

基于集体教研的"认识方程"
单元教学的行动研究[①]

闫孔哲　纪艳华（安徽省亳州市利辛县实验小学）

一　问题的提出

小学数学中最大的学习领域是数与代数（张奠宙，2009），代数是由算术演变来的，解方程则是初等代数的核心内容。史宁中教授提出："学生学习方程的意义在于，第一，学习是在生活错综复杂的事情中，将最本质的东西抽象出来；第二，将复杂问题简单化，这个有价值的训练，对于学生思维训练的影响是深远的。"在方程教学的起始阶段如何把学生已习惯的算术思维引向代数思维，如何解决"认识方程"单元教学中学生出现的问题，如何实现用"天平平衡道理"解方程的有效教学是摆在我们面前的一个现实问题。

本研究涉及的方程内容属于九年义务教育第二学段（4～6年级）代数的范畴。《标准（实验稿）》指出："方程是研究数量关系和变化规律的数学模型，可以帮助人们从数量关系的角度更准确清晰地认识、描述和把握现

———————

① 本文系安徽省教育科研规划课题（JG14082）"开发利用班班通资源提高小学数学教学有效性研究"阶段性成果。

实世界。"在学习方程知识之前，学生一直在学习如何用算术法解决问题，他们已经熟练掌握了四则运算的意义及相关的运算顺序和运算定律，学生已经养成了用算术法解题的思维定式，许多时候学生更习惯于用算术方法来解决问题。①

研究的准备与过程

（一）明确研究阶段和任务——行动研究的准备

为了实现本次校本研究的目标，我组织了实验小学 26 名数学教师参加这次校本教研。我们把活动分为活动方案的制订、活动实施、活动反思三个阶段。我们还把活动任务进行了合理的分解：细化、具体化教学目标；编写教学设计与组织课堂教学；实施课堂观察；学生作品分析等。每一项活动任务都安排具体的教师小组来负责。

（二）细化教学目标——迈出行动研究的第一步

1. 对教学目标形成的思考

教学目标要依据课程标准的根本性与兼顾学情的实际性而确立。依据课程标准的根本性是说在制订教学目标时，要以数学课程标准作为首要和根本的依据，包括"在总体目标中寻找依据；在分类目标中寻找依据；在内容标准中寻找依据"。同时，教学目标的制订要适应教学内容所实施对象的实际情况。学科课程标准是相应学段的最低学业水平要求。学科课程标准不能代替考纲，不同的学校有不同的办学定位与不同的生源，因此，必须有适合本校实际的系列化的学科课程教学目标。以学科课程目标细化的研制为载体，确定学段、学年、学期、单元、课时的教学目标，确定的依据是学科课程标准、学科考纲、学生实际和学校的办学定位。②

基于以上考虑，我们研究小组集体学习了课程标准中有关方程的内容

① 徐青松. 浅谈小学数学"方程内容"教学的有效性 [J]. 数学学习与研究（教研版），2009（14）.
② 李文萱. 课程的校本化开发与实施 [J]. 现代教学，2006（12）.

标准，阅读了"认识方程"的单元教学内容，并设计了问卷，对学生进行了教学前测，了解了当前学生的思维方式和已有经验水平。问卷内容如下。

（1）我们经常见到 $20+30=50$ 这样的式子，你知道什么是"等式"吗？请用自己的语言对其意义进行描述。

（2）你知道什么是方程吗？你心目中的方程是什么样的？

（3）我在天平的一侧放上 10 克砝码，另一侧放上 5 克糖果和另外几个不知质量有多少的巧克力，这时天平正好平衡，你能用数学式子来表示这种平衡关系吗？

（4）你最喜欢哪些学习方式？在你喜欢的学习方式后面画"√"。

①小组合作交流（ ）；②个人自学（ ）；③探究式学习（ ）；④动手操作（ ）；⑤死记硬背（ ）；⑥你喜欢的其他学习方式也可以写在下面的括号里（   ）。

（5）你能回忆出以前我们学过的数量关系式吗？请把它们写下来。

我们在选取的一所小学四年级学生中随机取样，对 60 名学生进行了问卷调查。通过调查了解到学生的情况如下。

（1）学生已有的知识经验：有 68％的学生能用自己的语言正确表述对"等式"意义的理解。

（2）学生已有的认知水平：有 93％的学生不知道什么是方程，但有 22％的学生能用" $x+5=10$ "表示天平的平衡现象。

（3）学生喜欢的学习方式：有 93％的学生喜欢以"动手操作""自主探索"与"合作交流"的方式学习。

于是我们制订了以下教学目标。

（1）给予学生以具体情境，使学生能够正确找出简单情境中的等量关系，并会用方程表示简单情境中的等量关系。

（2）通过观察、分类、分析、归纳等数学活动，让学生经历从具体到抽象的过程，初步感受方程思想，发展学生的思维能力。

（3）通过介绍数学史料中方程的发展史，激发学生学习数学的兴趣，建立学好数学的信心。

课堂中教师围绕两条主线组织教学——明线是知识目标的达成；暗线则是学生对方程思想的初步感受。

2. 教学目标形成过程中的问题与思考

通过研讨我们认为教学目标至少应分出两个层面：一层是总目标，即课程目标；另一层是具体目标，即课时目标。在细化教学目标时我们有两个疑惑：教学目标的确定有没有一般性规定？所谓兼顾学情实际性的教学目标是否因学生的不同而存在虚无性？对于第一个疑惑，随着研究的深入我们逐渐明晰，教学目标的确定具有一般性。课程标准是制订教学目标首要的根本依据，一切具体教学目标的设定，都应该考虑课程目标的要求，从这一点上来说，教学目标是确定的。同时教学的具体目标是生成性的。所谓生成性就是说既定目标要在教学实际过程中动态变化，是教师和学生在教学过程中相互交流逐步形成的。因为教学是一个动态过程，因此，随着课堂教学的进展情况对教学目标进行适当的调整是完全正常的，其正确与否取决于是否符合学生实际，取决于有没有最大限度地调动学生自主探究的兴趣与热情。兼顾学情的实际性而确立的教学目标虽是动态的，但也是真实存在的。

3. 明确教学目标的意义和组成结构

有关怎样确定教学目标的问题，经过讨论后我们认为：教学目标是教学的出发点和归宿，是教师对学生达到的学习成果或最终行为的明确阐述。一切教学活动都是围绕教学目标来进行和展开的。就其本身而言，它具备支配教学实践活动的内在规定性，起着支配和指导教学过程的作用，也是教师进行课堂教学设计的基本依据。教学目标的分析与确定是教学设计的起点，首先它确定教学对学生学习内容所达水平程度的期望，使教学有明确的方向；其次它给教学任务是否完成提供测量和评价的标准。教学目标有三个领域，在这三个领域中，知识是指事实、概念、原理、规律等；技能是指动作技能以及观察、阅读、计算、调查等；过程与方法是指认知的过程和方法，科学探究的过程和方法，认知过程中人际交往的过程和方法。特别强调在过程中获得和运用知识，学习和运用方法；情感态度与价值观，一般包括对己、对人、对自然及其相互关系的情感、态度、价值判断以及做事应具有的科学态度、科学精神。确定教学目标的内容范围时，一定要全面考虑三个领域，不可有所偏废，而在具体的每节课中，教学目标又要有不同的侧重点。

这样我们将课程标准中对各课题的具体目标的要求与学生已有的学习基础、生活经验结合起来，将目标细化到每一课时，为目标在课堂内的有效达成，提供了基础，也为教师在课后审视自己制订的目标的适切性，提供了可量化、可测评的依据。经过集体研讨，我们对本单元的教学目标进行了细化和具体化（如表1）。

表1 "认识方程"单元各课的教学目标

教学内容	知识与技能	过程与方法	情感、态度与价值观
用字母表示数	能根据具体情境，用字母表示数、运算律和有关图形的计算公式等。通过发现、对比、体验、尝试等方式，探索用字母表示数的过程。	在动手实践、自主探索与合作交流的探索过程中，学会用字母表示数的方法。在探索数量关系的过程中，感受到符号的简洁美和符号化思想。	培养用数学符号来表示生活中常见的数量关系的意识和兴趣，体验用字母表示数的优越性，渗透符号化思想。
方程	能判断一个等式是不是方程，会按要求用方程来表示简单情境中的等量关系。	通过观察、比较、分析天平的不同状态，经历从具体生活情境中寻找等量关系并用数学语言表达，再到用含有未知数的等式表示的过程。学会用方程表示等量关系的方法。	培养观察能力、分析能力、提出问题的能力和解决问题的能力。使学生获得数学是可以运用他们自己的经验去发现和再创造的积极的情感体验。
天平游戏（一）	通过天平游戏，探索等式两边都加上（或减去）同一个数，等式仍然成立的性质。会利用发现的等式性质1解形如 $x \pm a = b$ 的方程。	通过天平游戏，经历从生活情境到方程模型的建构过程。	通过探索等式的性质，进一步感受数学与生活之间的密切联系，激发学生学习数学兴趣。

教学内容	知识与技能	过程与方法	情感、态度与价值观
天平游戏（二）	通过天平游戏，发现等式两边都乘同一个数（或除以同一个不为 0 的数），等式仍然成立。会利用发现的等式性质 3 解形如 $ax=b$ 的方程。	通过探索活动，发现等式的两边同时乘同一个数（或除以同一个不为 0 的数），等式仍然成立，探索等式的性质 4。完成生活情境到方程模型的建构过程。	在用数学解决问题的过程中，体会数学的价值，激发学习数学的兴趣。
猜数游戏	会用等式性质解形如 $ax\pm b=c$ 的方程，并会简单的应用。	在猜数游戏等活动中，体验解方程的思路，并掌握方法。	通过游戏，训练学生的数学思维能力，养成善于思考的习惯。
邮票的张数	能综合应用方程的知识解决含有两个未知数的问题。能借助线段图分析数量关系，找出等量关系。培养学生收集处理信息、作图的能力。	通过解决姐弟二人邮票的张数，学会解答形如 $ax\pm x=b$ 的方程。	在解决问题的过程中体会数学的价值，增强学习的兴趣。

（三）研究新教材，理解编写意图；对比旧教材，把握新教材的编写特点

1. 对教材编写意图的理解

"字母表示数"一课，教材设计了三个情境，让学生体会字母表示数的作用。第一个是说青蛙儿歌的情境，通过学生熟悉的儿歌，引出用字母表示数。第二个是妈妈和淘气年龄关系的情境，如果用 a 来表示淘气的年龄，那么妈妈的年龄用 $a+26$ 来表示。第三个是用小棒摆三角形的情境，引导学生用字母 a 表示三角形的个数，用 $a\times 3$ 表示小棒的个数，让学生进一步体会字母表示数的意义。第一个情境是直接用字母表示数；"年龄"情境和"摆小棒"的情境不仅用字母直接表示一个量，同时又用含字母的式子表示另一个量。

"方程"一课，教材用三个实例引导学生找出这些含有未知数的等式的共同特点，并用自己的语言进行描述，在此基础上概括出"像上面这样含有未知数的等式叫方程"。第一个实例是用天平平衡来找出"樱桃的质量＋5＝10"的等量关系；第二个实例是利用盘秤来找出"每块月饼的质量×

4＝380"的等量关系；第三个实例是通过"一壶水倒入两个热水瓶多200 mL"找出"两个热水瓶的盛水量＋200＝2 000"的等量关系。

"天平游戏（一）"一课，教材利用天平这一直观教具，让学生观察天平两侧都加上或减去相同的质量，天平仍然平衡，引导学生发现等式两边都加上（或减去）同一个数，等式仍然成立。教材上面呈现3幅图，左面的2幅图是具体的数，通过天平使学生清楚地感知两边加上2克砝码后天平仍是平衡的，也就是在等式的两边都加上2，等式仍然成立。右面的2幅图是含有字母的等式，通过天平使学生能清楚地看到两边加上5克砝码后天平仍是平衡的，也就是在等式的两边都加上5，等式仍然成立。由此得出结论"等式的两边加上同一个数，等式仍然成立"。教材的下面4幅图的设计与上面4幅图的设计类似，也是通过天平两侧都减去相同的质量，得出"等式两边都减去同一个数，等式仍然成立"。"天平游戏（二）"是在"天平游戏（一）"的基础上直接提出问题："等式两边都乘同一个数（或除以同一个不为0的数），等式还成立吗？"教材的4幅图中左面的2幅图通过天平使学生能清楚地感知天平两边的质量都是原来的3倍后天平仍是平衡的，也就是在等式两边都乘3，等式仍然成立；右面的2幅图通过天平使学生能清楚地看到天平两边的质量都除以2后天平仍是平衡的，也就是等式的两边都除以2，等式仍然成立。最后得出结论"等式两边都乘同一个数（或除以同一个不为0的数），等式仍成立。

"猜数游戏"分三个部分。一是通过笑笑和淘气做猜数游戏，利用等量关系"心里想的数×2＋20＝80"，列出方程"$2x＋20＝80$"。二是呈现解方程的过程，教材一侧展示思考过程，另一侧则同时介绍书写格式。三是呈现解方程的检验方法，让学生养成检验的习惯。

"邮票的张数"呈现一家人交流姐弟集邮情况的情境，提供三个数学信息和一个问题。我们可以选用两个信息："姐姐邮票的张数是弟弟的3倍"和"我和姐姐一共180张邮票"。利用这两个信息找出等式关系列出方程。这里出现了两个未知数，需要先设一个未知数x，再根据两个未知数之间的关系，用字母表示另一个未知数。教材还利用"想一想"展现学生多种解题思路。

2. 读懂教材行动研究案例

我们校本教研小组逐一阅读每节课教学内容，下面是对"猜数游戏"的内容理解：本课教材呈现下面三方面的学习内容。一是通过笑笑和淘气做猜数游戏，利用等量关系"心里想的数×2＋20＝80"，引出方程"$2x+20=80$"。解方程的思考过程是：如果淘气想的数为 x，那么 $2x+20=80$。

$$2x+20-20=80-20,$$
$$2x=60,$$
$$2x \div 2 = 60 \div 2,$$
$$x=30。$$

同时教材还呈现书写格式。

解：设这个数为 x。（在教学的初始阶段，教师适当强调书写格式是必要的，但此时的教学重点并不在此。寻找问题中暗含的等量关系才是教学的关键。）

$$2x+20=80,$$
$$2x=60,$$
$$x=30。$$

最后呈现检验过程：$2 \times 30 + 20 = 80$。

教学时，教师一边和学生做游戏，一边引导学生列方程，并进行解方程教学，让学生自己想一想怎么解，依据是什么。设问的目的是引导学生寻找等量关系，只有找到等量关系，才有可能列出正确的方程。教材同时引导学生养成检验的意识和习惯，当然开始时学生仅仅用口头的检验也是许可的。

教材的练习一共有两个部分，它们是"试一试"和"练一练"。

"试一试"有3题：

第1题是两道基本题，数量明显是少了些，教师可适当补充一些同类型的习题，其数量要根据学生的掌握情况来定。练习的重点是让学生说说解决的过程、方法和依据。

第2题是用方程解决实际问题，是让学生先看懂图意和找出图中暗含的信息，找出等量关系"4听饮料的价钱＋3.6＝11.40"。

第3题是引导学生利用学过的猜数游戏，自己设计游戏并自己解决。

"练一练"有2题：

第1题是模拟计算机的输入和输出原理，列方程，再解方程。

第2题是引导学生观察线段图理解数量关系，并列出方程解答。第一个等量关系是"3天修的米数＋200＝2 000"；第二个等量关系是"太湖的面积的4倍＋1 400＝11 000"。列方程并解方程 $4x + 1\ 400 = 11\ 000$，$x = 2\ 400$。

3. 读懂教材研讨中遇到的问题

如何认识和利用教材成了我们研讨的中心问题。一些教师认为新世纪小学数学教材是集专家和一线著名教师的智慧为一体，所选例题具有典型性和权威性，我们应该严格按照教材来教，实践已证明按照教材教一定能取得一定的效果，教学即为教教材。也有些教师认为新教材也并不作为"经典"而包罗所有学习内容，新课程改革要求教师既可以利用教材中提供的案例和活动，也可以开发身边的教育资源，及时更新教学内容，使教学贴近社会、贴近生活，体现选择性。这部分教师强调用教材教，因为这样有利于实现因材施教、因人而异的教育。这些争论的实质是课程实施中的三种价值取向问题，即"忠实取向""相互调试取向""创生取向"。在后面的教学实践中一些教师对教材提供的教学内容采用了下面的方法进行处理，取得了较好的效果。①比较——比较学习材料和学生已有经验之间的关联；②还原——把抽象的数学知识还原成具体、可感的形象；③转化——将课堂中的随机事件转化为教学资源；④开发——开发周边资源，对教材内容进行个性化、生活化、活动化再加工；⑤调整——运用更换、增删、归并、修改等手段对教材内容进行调整。"更换"，就是把不适合学生与教师自身特点的素材更换为适合的素材；"增删"，就是为了有利于学生的后续学习适当增加一些内容或删除机械重复的、难度过大的又不会影响课程标准落实的一些素材；"归并"，就是归并学习内容；"修改"，就是把教材中欠合理之处加以修改；⑥挖掘——充分挖掘教材内含，发现教材新意义。

4. 通过研读新教材并和旧教材进行对比，发现新教材具有以下特点

(1) 用字母表示数的教材编排更贴近小学生的认知特点

用字母表示数，对小学生来说，是比较抽象的。特别是用含有字母的式子表示数量关系，更感困难一些。例如，已知父亲年龄比儿子大 26 岁，用 a 表示儿子岁数，那么 $a+26$ 既表示父亲岁数总是比儿子岁数大 26 的年龄关系，又表示父亲的岁数。这是学生初学时的一个难点。首先，他们要理解父子年龄之间的关系，把用语言叙述的这一关系改用含有字母的式子表示；其次，他们往往不习惯将 $a+26$ 视为一个量，常有学生认为这是一个式子，不是结果。而用一个式子表示一个量恰恰是学习列方程不可或缺的一个基础。因此，为了保证基础、突破难点，教材对用字母表示数的教学内容作出了更贴近学生认知特点的安排。

(2) 以等式的基本性质为基础，而不是依据逆运算关系解方程

课程改革前的小学方程教学中，方程变形的依据总是加减运算的关系或乘除运算之间的关系。这实际上是用算术的思路求未知数。可到了初中又要另起炉灶，引入等式的基本性质或方程的同解原理，然后重新学习依据等式的基本性质或方程的同解原理解方程。调查显示，小学的思路及其算法掌握得越牢固，对中学代数起步教学的负迁移就越明显。现在，根据课程标准的要求，从小学起就引入等式的基本性质，并以此为基础导出解方程的方法。这就较为彻底地避免了同一内容两种思路、两种算理解释的现象，有利于加强中小学数学教学的衔接。同时，等式基本性质所反映的数学事实比较浅显，小学生凭借自己的知识经验不难发现其变化规律。教学实践证明只要处理得当，把等式的性质作为解简易方程的依据是切实可行的。

（3）调整简易方程的教学内容，凸显利用等式基本性质解方程的优势

引进等式基本性质作为解简易方程的认知基础之后，一个相应的措施就是调整简易方程的基本内容，教学内容暂不出现形如 $a-x=b$ 和 $a\div x=b$ 的简易方程。这是因为小学生还没有学习正负数的四则运算，利用等式的基本性质解 $a-x=b$，方程变形的过程及其算理解释比较麻烦。至于形如 $a\div x=b$ 的方程，本质上是分式方程，依据等式的基本性质解需要先去分母，同样不适合在小学阶段学习。事实上，新教材回避这两种类型的简易方程，并不影响学生列方程解决实际问题。因为当需要列出形如 $a-x=b$ 或 $a\div x=b$ 的方程时，总可以根据实际问题的数量关系，列成形如 $x+b=a$ 或 $bx=a$ 的方程。这也体现了列方程解决问题，常常可以化逆向思维为顺向思维的优势。教学内容调整后，利用等式基本性质解方程的优越性就比较容易显现出来了。例如，解形如 $x+a=b$ 与 $x-a=b$ 的方程，都可以归结为等式两边减去（加上）a，得 $x=b-a$ 与 $x=b+a$；解形如 $ax=b$ 与 $x\div a=b$ 的方程，都可以归结为等式两边除以（乘）a，得 $x=b\div a$ 与 $x=ab$。显然比原来依据逆运算关系解方程，思路更为统一。

（4）新教材实现解方程与解决实际问题的教学有机整合

课程改革前，解方程的教学与列方程解应用题的教学是分开进行的，前者属于计算，后者属于应用。新教材的编写恢复了计算与应用的天然联系，体现在本单元中（邮票的张数），由实际问题引入方程，在现实背景下求解方程并检验。这样处理有助于学生理解解方程的过程，也有利于加强数学知识与现实世界的联系，有利于培养学生的数学应用意识。

（四）课堂教学实践

明确教学目标，读懂教材编写意图后，我们分别对 6 个课题编写教学设计并实施教学，下面是教学实录的片段。

课题：用字母表示数。

118 路公交车上有乘客 30 人，到西街小学站有一些人下车，又有若干人上车，现在车上有（　）人。

师：你们能不能用刚才学到的用字母表示数的本领，用式子把车上的人数表示出来？

生1：$30-x+x$。

生2：$30+a-b$。

师：同意哪一种？

生：第二种。

师：为什么？

生2：下车的人和上车的人不一定一样多，我用 a 来表示上车的人数，用 b 来表示下车的人数。

师：你们想想 a 可能是几？它的范围是多少？

说明：这段教学设计不仅仅是一个基本练习，是对学生"用字母表示数"解决问题的一个考查，同时教师还别具匠心地将字母的取值范围也渗入到教学中。教师选取"乘车"这一学习素材，让学生用学到的新知识解决身边的、熟悉事物中蕴含的数学问题，是对"有价值数学"最直接的、最有效的体验方式之一。

课题：方程。

师：天平的指针如果指向刻度表的中间，表示什么？我们可以用一个什么数学符号来表示天平两边的质量关系？如果指针偏向同学们的左边呢？这时用什么数学符号？如果指针偏向同学们的右边呢？

（天平左盘放两个 250 克的苹果，右盘放一把 500 克的香蕉。）

师：这时天平怎么样？谁能用一个数学式子表示出来？

生：$250+250=500$。

师：左右两盘交换一下物体再观察天平的指针。你能用一个数学式子表示它们之间的关系吗？

生：$500=250+250$。

将天平左盘放一个 250 克苹果和一个 x 克梨，天平仍能保持平衡。

师：这个天平图该用什么数学式子表示？

生：$250+x=500$。

教师出示多幅天平图，让学生写出多个式子。将所有的式子通过分类和比较，揭示提出方程的概念：含有未知数的等式是方程。

师：从方程的定义上看，用方程表示以上等式时，关键是什么？

生：寻找数量之间的相等关系。

说明：方程的本质在于对已知数和未知数一样看待，通过建立起已知数和未知数之间的等式关系，从而求得未知数。在这里我们首先要求学生理解等式的意义。例如，$250+250=500$ 和 $250+250=300+200$ 虽然都是等式，但是两个"＝"却是有着完全不同的意义。多数学生认为，前一个"＝"表示的是求取答案的过程，它的方向是从左到右，等号两边的地位并不相同，这就是所谓的等式的"程序性观点"；后者表示两边的结果相等，两边的地位相等，它们是"$250+250=300+200$"这一整体性数学结构的一部分，这是等式的"结构性观点"。学生认识方程的本质时受"程序性观点"的影响较深，受制于具体的运算，而没有把方程看成一个两边相等的整体结构。上述课堂教学有力地克服了学生的这些认识缺陷，实现了学生由等式的"程序性观点"向"结构性观点"的转变，对方程的认识达到一个更高的水平。

课题：天平游戏（一）。

师：天平左右两边都放了 10 克的砝码，这时天平的指针在中间，说明什么？（两边的质量相等）你能用一个式子来表示天平现在的状态吗？

生：$10=10$。

师：现在在天平的两边各加放 1 个 5 克的砝码，你们发现了什么？怎样用式子表示呢？

生：$5+10=10+5$。

师：如果在天平左边放 x 克砝码，右边放 10 克砝码，这时天平的指针在中间，说明什么？（说明了天平平衡）你能用一个式子表示天平现在的状态吗？

生：$x=10$。

师：现在在天平两边各加放 1 个 5 克的砝码，这时天平的指针在中间，说明什么？你能写出一个等式吗？

生：$x+5=10+5$。

师：通过刚才的游戏，如果我们把天平作为一个等式，你们发现了什么数学规律？小组交流。

生：等式两边都加上同一个数，等式仍然成立。

师：同学们想一想，如果等式两边都减去同一个数，等式还会成立吗？请同学们尝试用天平验证一下。

······

说明：在实际教学中，由于教学设备有限，教学时常常无法为每个小组提供一台天平，所以，教师通过自画图及自制简易天平演示，加上许多学生都有坐跷跷板的生活经验，很容易总结出规律。由天平平衡道理到等式的性质，借助学生的生活经验实现了两者之间的转化。在这个过程中，猜测、观察、说算式、概括规律几个环节均依托于操作活动来完成。

课题：天平游戏（二）。

1. 猜想。

师：等式两边都乘同一个数（或除以一个不为 0 的数），等式还成立吗？

学生有两种猜测：成立；不成立。

2. 验证。

师：既然我们有两种不同的答案，那我们就来做个实验验证一下。请以小组为单位拿出天平。左侧放的砝码的质量用 x 表示，右侧放 5 克的砝码，天平两边平衡，用等式表示为 $x=5$。左侧加 2 个 x 克砝码，右侧也加 2 个 5 克砝码，你们发现了什么？怎样用等式表示？

生：天平仍然平衡，用等式表示为 $3x=3\times5$。

师：如果左侧加 6 个 x 克砝码，右侧也加 6 个 5 克砝码，天平还平衡吗？（平衡。）

师：通过你们的实验和所列的算式，谁能用一句话概括以上的规律？

生：等式两边都乘同一个数，等式仍然成立。

师：同学们想一想，如果等式两边都除以同一个数，等式还会成立吗？请同学们尝试用天平验证一下。

……

说明：这次探索与发现比上一次难度有所增加，但上一次的活动为这次活动积累了经验。此次探索过程遇到了"0"这一特殊数出现的场景，教师还是要关注探索过程的巧妙设计。这个环节教师变换了平铺直叙的线性教学方式，改由学生小组讨论到猜测可能的答案，继而实验验证、观察与口答、说算式，最后完整地概括出规律。这是一个完整的数学发现过程，探索过程一波三折，学生在不断地探索中锻炼了自己的思维。

课题：猜数游戏。

师：刚才我用的武器很厉害吧，我能猜出你们想的数。现在我也想好了一个数，你能猜出来吗？

生：你想的数乘2，再加上20，算一算，等于多少？

师：哦，你也学会了用我的武器呀！等于100。你暂时先别说出来，让其他同学也猜一猜。

生：40。

师：真不错。还有几个同学还没猜出来，我想他们也有自己的想法，现在把你猜的过程记录下来，好吗？

生1：$(100-20) \div 2 = 40$。

生2：……

说明：教学这一节内容时，我问学生"把我心里想的数乘2，再加上20，等于80，这个数是多少"，列方程为 $2x+20=80$，学生的第一反应就是运用"一个加数＝和－另一个加数"的关系进行解答。直到课末进行课堂作业，全班50人，只有3人（占％）选择用等式的性质解方程。由此可以看出学生的算术思维很强势，并且也形成了习惯。

课题：邮票的张数。

师：今天我们学习用方程解决实际问题。（出示情境图，让学生理解信息，发现信息之间的关系。）

师：教材中主题图向我们提出了一个什么样的问题？

生：姐姐和弟弟各有几张邮票？

师：从情境图中你发现了哪些数学信息？

生1：姐姐的张数是弟弟的3倍。

生2：姐姐和弟弟一共有180张邮票。

生3：姐姐比弟弟多90张邮票。

师：现在我们看前面的两个信息，尝试用方程解决问题。前面老师用什么方法表示姐姐的张数是弟弟张数的3倍？（线段图）现在你们想不想画线段图表示题中的数量关系。

师：你能在线段图上表示姐姐和弟弟一共有多少张邮票吗？

师：仔细观察线段图，你能根据它写出一组等量关系吗？

（弟弟的张数＋姐姐的张数＝180。）

师：列方程解决问题找等量关系很重要，而借助线段图找等量关系是比较好的一个方法。

说明：列方程的关键是找到等量关系，怎样才能找出等量关系？总结教材上的例题。常用的方法有以下几种：（1）根据四则运算的意义找出等量关系，如"原有的质量－卖出的质量＝剩下的质量"。（2）根据计算公式找等量关系，如用三角形面积公式。（3）借助直观图找等量关系。（4）根据题中的关键句找等量关系，如根据"姐姐的邮票张数是弟弟的3倍，两人一共有180张邮票"。

人三 "认识方程" 单元教学效果与分析

(一)学生的典型错误分析及教学建议

完成本单元教学任务后，我们对学生作业中常见的错误进行整理和分析，发现学生主要有以下错误产生。

1. 学生对等式基本性质不理解

这种情况如图1。

从图1可以看出：虽然这种解方程的方法没有错（注：该学生解答中有计算错误），但从中看出学生不是用"等式的性质"而是用"倒推"来解方程的。这种是比较聪明的学生的解法，至少他的逆思考能力较强。这些学生解方程方法的选择，反映了学生对等式性质的遗忘或不理解。（教学建议：让学生真正理解等式的性质3和性质4，并自觉应用其解方程，对于出现遗忘现象的学生应及早提醒他们复习。）

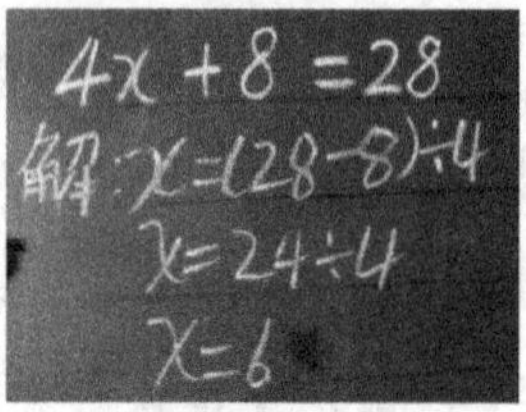

图 1

2. 方程变形过繁

图2是学生错误中极具代表性的一种。

课程标准要求在学生用等式基本性质解方程时，方程的变形过程应该要写出来，等到熟练以后，再逐步省略。因为用等式基本性质解方程，每两步才能完成一次方程的变形。这相对于简单的方程没什么，但对一些稍复杂的方程，其解的过程就显得太

图 2

烦琐了。学生的注意力集中时间短，对数量过多的信息处理能力弱。在方程变形中，等式长、步骤多、数字多的特点，使学生顾此失彼，抄错数字、简单计算出错、格式出错等现象接踵而来。这种错误也反映了学生对等式的性质认识比较肤浅。（教学建议：加深对等式性质的理解，等学生熟练后合理省却部分步骤，但跨度不能太大。）

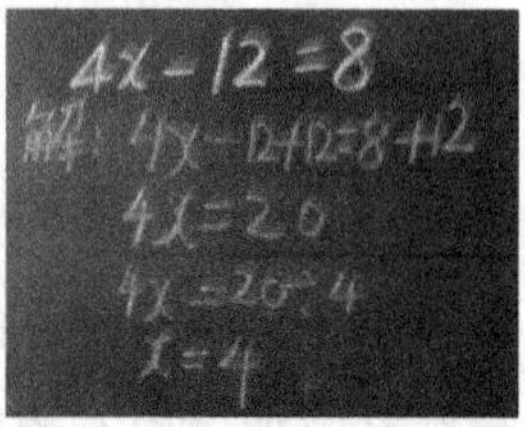

3. 书写格式错误

学生由于书写格式受算术格式的影响，易出现错误，原因是对方程变形理解的不透切（如图3）。

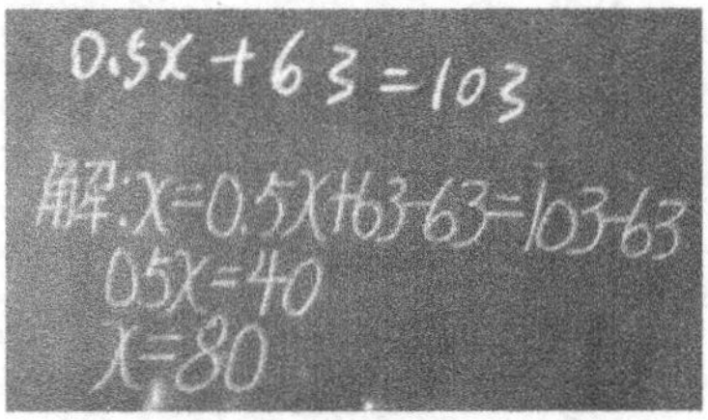

图 3

从学生解方程的过程可以看出，学生的算术思维非常强，一直像原先的递推等式一样进行运算，错误连等式的出现是因为在他的意识中，先考虑的就是要求出 x。怎么去求呢？当然是通过"$0.5x+63-63=103-63$"这样一步步算下来，习惯性用"＝"将两者连接。这种现象从教学初期就存在，甚至到教学后期仍然存在。（教学建议：强势算术思维是学生的优势，但在这里却成了错误的根源，引导学生用代数思维体现了教师的教学智慧。）

4. 根据题意列方程错误

如图4。

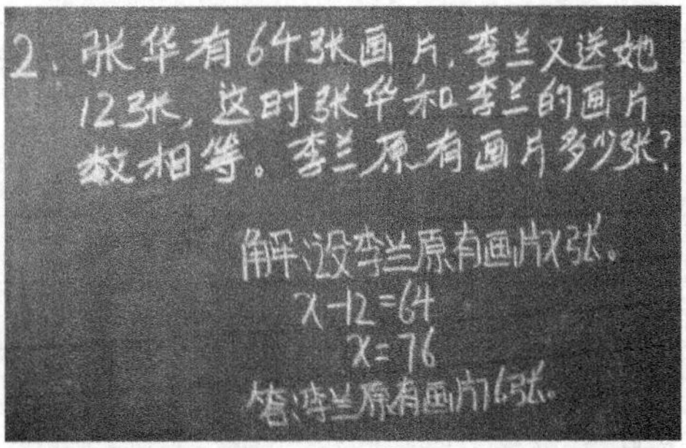

图 4

分析：李兰送12张画片给张华后，两人的画片数才相等。也就是说，李兰减少12张，张华增加12张之后，他们的画片数才同样多。上面的解法把等量关系弄错了，误认为李兰的画片减少12张，张华与李兰原有的画片数相等。（教学建议：针对这种情况我们要加强学生"读题—理解题意—找数量间的相等关系—列方程"的训练。）

（二）"认识方程"单元教学实施后学生学习状况

1. 学生强势算术思维状况

还是在刚刚进入解方程的教学实施环节时，我们发现部分学生发生以下错误。

$0.7x+60=130$。

解：$x=0.7x+60-60=130-60$，

　$0.7x=70$，

　　　$x=100$。

从学生解方程的过程可以看出，学生的算术思维非常强，一直像原先的递推等式一样进行运算，错误连等式的出现是因为在他的意识中，先考虑的就是要求出"$x=$"。怎么去求呢？当然是通过"$0.7x+60-60=130-60$"这样一步步算下来，习惯性用"$=$"将两者连接。这种现象从教学初期我们就发现了它的存在，但直到教学后期我们意外地发现它仍然存在着。为了调查清楚这一现象，等到这一单元结束时，我们研究小组从教材上挑选 13 道已经用等式的性质与算式中关系分别求解过的习题进行解方程练习题，其中不包括形如 $a÷x=b$，$a-x=b$ 两种类型的方程。在不对学生进行暗示的情况下要求学生不限时进行解答，学生的解题结果统计如表 2。

表 2　学生解方程结果统计

顺序号	方程	用等式性质解的人数	求解错误的学生人数
1	$8.8+x=12.8$	7	0
2	$x-7=4$	8	1
3	$x÷6=0.5$	7	0
4	$1.8x=7.2$	8	0
5	$8+x=2$	0	6
6	$5x+5=21$	11	3
7	$3x-9.5=5.5$	10	3
8	$12+6x=30$	10	2
9	$3x-1.2×5=12$	9	5

顺序号	方程	用等式性质解的人数	求解错误的学生人数
10	$5x+3.8×5=29$	8	7
11	$7.8x-3.3x=9$	5	10
12	$3（x+2.5）=15$	13	12
13	$（2x-3）÷5=4$	12	6
合计		108	55
约占总人数 $50×13$ 的百分比/%		16.6	8.5

由于本单元只是学习方程的开始，对于解方程或用方程解决问题，课标的要求相对简单些。最后我们将本单元要求学会的解方程的类型总结如表 3[①]。

表 3

简单方程	示例 1	解形如 $x±a=b$ 的方程。
	示例 2	解形如 $ax=b$ 或 $x÷a=b$ 的方程。
	示例 3	列方程解加减计算问题。
	示例 4	列方程解乘除计算的问题。

2. 学生单元测试情况

在学校实施集体教研完成本单元教学后的第二周，我们对全校 5 个班级的 332 名四年级学生进行单元测试。我们设计了以下测试题。

一、认真思考，仔细填空。（每空 1 分，共 14 分）

1. 含有未知数的（　　　　　　），叫作方程。

2. 求方程解的过程叫作（　　　　　　）。

3. 方程 $0.6x=3$ 的解是（　　　　　　）。

4. $ac+bc=$（□＋□）□。

5. a 与 b 的和的 5 倍是（　　　　　　）。

6. 用字母表示梯形面积计算公式（　　　　　　），用字母表

---

① 沈力丰．强势算术思维下的解方程教学初探 [J]．小学数学教师，2011 年第 7，8 合期．

示三角形面积计算公式（   ）。

7. 一个三角形的面积是 4.8 平方米，它的底边长是 1.2 米，高是 x 米，写出含有 x 的等量关系式是（   ）。

8. 当 $a=2$，$b=5$ 时，$8a-2b=$（   ）。

9. 正方形的边长为 x 厘米，$4x$ 表示（   ），x^2 表示（   ）。

10. 仓库里有 x 吨水泥，运走 10 车，每车 a 吨。仓库还剩水泥（   ）吨。

（1，2 题是考查对方程和方程的解的理解，4～10 题是考查用字母表示数。）

二、判断对错，可别大意哟！（对的画"√"，错的画"×"）（16 分）

1. $a×b×8$ 可写成 $ab8$。   （   ）

2. $x+5=12×3$ 是方程。   （   ）

3. 方程 $6x+20=50$ 的解是 5。   （   ）

4. 一个数是 a，与它相邻的两个数是 $(a+1)$ 和 $(a-1)$。   （   ）

5. 方程是等式，等式也是方程。   （   ）

6. $a÷b$ 中，a，b 可以为任何数。   （   ）

7. $a+a=a^2$ （   ）

8. a^3 表示 3 个 a 相乘。   （   ）

（1，4，6，7，8 题侧重于用字母表示数的书写规则的考查。）

三、精挑细选。（10 分）

1. 方程 $5.5+x=5.5$ 的解是（   ）。

①$x=5.5$ ②$x=11$ ③$x=0$ ④$x=1$

2. 三角形的面积为 S，底边上的高为 h，底边长是（   ）。

①$S÷h$ ②$S÷2÷h$ ③$2S÷h$ ④$S÷2h$

3. $x=1$ 是方程（   ）的解。

①$1.3x=1.3$ ②$x-2=0$ ③$3+x=3$ ④$2x-1=0$

4. 下面各式中是方程的是（　　）。

①$x-1>2$　　　　②$7+x$　　　　③$3x-3=0$　　　④$3\times12=4\times9$

5. $x^3=$（　　）。

①$3x$　　　　　②$x+x$　　　　③$x\cdot x\cdot x$　　　　④$3+x$

（1，3题侧重对学生解方程能力的考查，4，5题是对相关概念的重复考查。）

四、试一试你的本领。（18分）

1. $3+x=5.5$　　　　　　$2x+3.7=4.4$　　　　　　$10.2-5x=2.2$

$3\times1.5+6x=33$　　　　$5.6x-2.8+1.8=1.8$　　　$(x+2.5)\times4=15$

（本题涵盖了要求学生应掌握的所有类型方程的求解并增加了 $a-x=b$ 形式的方程。）

五、列式计算（一），你第一。（15分）

1. 29.8 减 x 的差是 5.8，求 x。

2. 一个数的 4 倍与它 5 倍的和是 135，求这个数。

3. x 的 4 倍被 4.5 与 7.5 的和除，商是 2，求 x。

4. 15 加一个数的 2 倍，等于 34 的一半，求这个数。

5. 甲数是乙数的 5 倍，两数的和是 4.8，甲、乙两数各是多少？

（本大题主要考查学生根据数量的关系写出代数式和解决问题的能力。）

六、列式计算（二），你最棒。（12分）

1. 一个平行四边形底是 1.8 分米，高是 2.5 分米，它的面积是多少？

2. 一个三角形的面积是 135 平方米，底是 18 米，它的高是多少米？

3. 一个梯形的上底是 3.8 米，下底是 2.6 米，高是 1.8 米，求它的面积。

4. 一列火车以一定速度从甲站驶向乙站，从甲站到乙站所用的时间是 3 时，甲、乙两站之间的路程是 165 千米。它的速度是每时多少千米？

（本大题是在第五题基础上类型的扩充和难度的增加，主要考查学生根据数量关系列代数式或方程解决问题的能力。）

七、解决问题你能行。（15分）

1. 汶川大地震，甲、乙两人共向灾区捐款 180 元，甲捐的钱数是乙捐的 2 倍，两人各捐款多少元？（列方程解。）

2. 实验小学环保小志愿者 5 月回收废纸 480 千克，比 4 月的 5 倍还多 30 千克。4 月回收废纸多少千克？（用方程解。）

3. 张情和李晨共同打一份 6 840 字的稿件，张情先打 2 时，然后两人再一同打，张情每时打 450 个，李晨的速度是张情的 1.2 倍，两人同时再打几时才能打完？（用算术和方程两种方法解答。）

（本大题主要考查学生用方程解决实际问题的能力。）

测试完成后我们对试卷进行分析，各题完全正确率和标准差如表 4。

表 4　完全正确率和标准差统计

题号	一	二	三	四	五	六	七
完全正确率/%	91.2	81.7	92.6	82.4	89.2	93.2	85.2
标准差	0.23	0.39	0.19	0.35	0.26	0.21	0.35

编制这份试卷是围绕着方程单元的主要教学目标来设计的，它涵盖了课程标准中对本单元教学的所有要求，并在课程标准的基础上有所提高。从学生的得分和正确率上来看，实施集体教研后，发挥了所有教师的智慧，教学效果明显提高，更重要的是在集体教研中促进了教师的专业成长。

四 对 "认识方程" 单元教学的反思

（一）前期教学"用字母表示数"时就要关注学生对数量关系的理解

用字母表示数是学生学习代数初步知识的起点。在算术里，人们只对一些具体的、个别的数量关系进行研究，引入字母表示数后，就可以表达、研究更具有普遍意义的数量关系。对小学生来说，从具体事物的个数抽象出数是认识上的一个飞跃，而从具体的、确定的数过渡到用字母表示抽象的、可变的数更是认识上的一个飞跃。在用字母表示数的基础上，让学生解决实际问题，从列算式解发展到列方程解，这又是数学思想方法认识上的一次飞跃。在这一阶段教学中，部分教师更多地关注和强调用方程解题的格式。事实上注重对数量关系的理解更重要，通过集体教研，我们采取加强用含有字母的式子表示数量的训练的措施，也就是写代数式训练，效果明显，同时这样做也为后面列方程的教学打下良好的基础。

（二）中期要重点加强对"方程的意义"的教学

含有未知数的等式叫作方程，这只是从方程的表现形式来给方程下的定义。也就是说，从表象上来说，如果一个式子是一个等式，并且含有未知数，这个式子就是方程。在列方程解决问题时，我们抓住的核心是等量关系。方程最本质的数学意义应是同一量（或相同量）用不同的形式来表达。教师在实际教学中抓住这个本质来实施教学，教学效果就好得多。

（三）后期"解方程"教学勿受老教材编排体制的影响

在老教材中我们是依据四则运算各部分之间关系来解方程的。现在教材的编排是根据"天平平衡道理"来解方程的。对于新教材呈现的特点在研究初期读懂教材中已有论述，这里不再详述。教师要果断地引导学生利用等式的性质来解方程，实现中小学数学教学的顺利衔接。

总之，在"认识方程"单元教学中，只要学生在初始阶段打好用字母或含有字母的式子表示数的基础，再加上对方程本质意义的理解，知道怎样解方程，就会为后面列方程解决问题打好基础。实践证明经过这次集体教研，我们提高了课堂教学效率，促进了学生思维水平的提升。

简评

本文就如何在方程教学的起始阶段引导学生的代数思维发展进行了细致的探索研究。闫孔哲和纪艳华老师组织 26 位数学教师参加"认识方程"单元教学的集体校本教研活动，并详细阐述此次教研活动的三个阶段：活动方案的制订阶段、活动实施阶段以及活动反思阶段。在整个集体教研过程中，涉及了集体研究教学目标、集体研究教材、集体备课（包括对其中重要的 6 个教学片段分别进行设计)、授课与考查学生的掌握情况。教研过程脉络清晰，教研目的明确，教研过程可信，同时对于教学效果进行了测评与反思。可以说通过这篇文章我们可以全面地了解到整个集体教研地实施过程，文中所提及的教学设计过程为广大的教研工作者，特别是一线数学教师在今后的方程教学中提供一个教学方法。特别是论文提供的教研思路和具体做法，都可以作为我们教师将来深入研究教学的参考。

纵观全文，整个集体教研活动中教师们对新课标的理解深入，对新教材特点的把握、教学目标的细化和教学案例的设计，以及新课堂的教学实施这一切都跃然纸上。而更难能可贵的是，集体教研活动不仅包括了教师的探索过程，更是将学生的表现分析贯穿其中：从课前的问卷调查学生的思维方式和经验水平，到课堂上学生的表现以及典型错误分析，再到课后的单元测试了解学生的掌握情况。我们可以看到通过集体教研，不仅教学效果提高了，学生正确率提高了，更促进了教师的专业成长。但是，作为读者可能更感兴趣的是相对于传统教学研究的结果，集体教研的结果有何明显的不同？学生的代数思维是否有明显的发展？希望闫老师今后在这些方面能开展更深入的比较研究。像这样类型的研究最好通过前测与后测把教学效果反映出来。

本文的重点在于集体教研。集体教研在中国有很好的传统。现在是时候了，一线教师与高校的数学教研研究者合作，共同探讨最有效的"集体教研"的模式。这种集体教研实际上与"设计研究"相当一致。另外在看集体教研的效果时，也应观察教师的学习及专业发展。

教材使用图示的种类与数学学习

——以二年级"倍的认识"为例

谢玉娓（福建省泉州师范学院附属小学）

研究问题的背景

图示在数学和数学教学中有着广泛的应用，在数学中，图可以用来表征数学对象和数学关系。从认知的角度"一图值千言"，不仅有助于数学问题的有效解决，而且有助于大脑中信息的处理。从教学的角度，图可以成为有效的教学辅助工具，使数学对象或关系直观化，促进学生的数学学习。

尽管国外已有一些研究考查了图示在教材中的体现，但在文献查阅中，目前国内对教材中图的分析研究很少，因此，对于图在种类及性质上是如何促进学生学习的，我们知道得非常少。认知心理学研究表明（蔡金法，2007），图能促进学生的信息处理，从而达到有助于解决问题的目的。在数学问题解决中，"画图表达关系"是解决问题的有效策略之一。正因为画图在学生学习中的作用，各国的教育工作者纷纷把合适的图示的使用编写于教材中。

教材与教材中的图示

在数学教育界，课程教材往往看成三种：预期的、执行的和获得的，教材是预期的课程的体现。教材分析作为一个广泛接受的研究分支，是分析预期的课程，从而不仅帮助我们从各个方面理解课程设计者在决定数学概念的引入、展开时的想法，也同样帮助我们理解详细的课程特征，最重要的是，我们可以通过教材分析了解如何在数学教学中促进学生建立概念、理解概念。

很多教育研究把教与学看成是一种文化的实践活动。最近，许多跨国比较研究的研究者认为，课程是影响不同国家学生的数学学业成绩的相似与差异的重要因素之一，因此，包括 TIMSS 研究在内的许多比较研究通过研究不同国家的数学教材来了解"教什么和如何教"。不过，他们主要集中在文本元素，如内容覆盖、问题的类型、内容的编排体系与教材结构体系。他们通常很少获得对数学教材中非文本元素的特征和角色理解的重要意义。在考查教材中非文本元素的用途上，韩国的 Rae-Young Kim 做了相关的分析研究，她以美国和韩国的中学数学教材为例，分析教材中非文本元素的特征和作用。她将教材中的非文本元素分为两大类：图像表征和数学表征。图像表征又分为照片与数学有（无）关联、插图/图片与数学有（无）关联；数学表征分为图表、图表以外的数学图形。通过分析，她发现如果数学中的非文本元素过于具有吸引力会对学生数学思维的严谨性和逻辑性造成影响，不恰当的数学表征方式反而会阻碍学生的数学思维理解能力的发展。研究表明数学表征在辅助学生对学习理解方面并非总是多多益善，而是应当要认真考虑数学非文本元素作为学习数学的一种辅助手段的有限作用。

尽管图在数学与教学中的作用是非常广泛地被认知了，但数学教育界仍在探索图的种类与功能如何能最大限度地促进学生的学习。本研究关注的问题是教材使用了哪些种类的图示。我们不仅希望能对图示的种类提出一个详细分析的框架，更希望通过这些图示的种类看学生的数学学习。通过教材分析能更具体地了解预期的学生学习的机会，例如，一套教材包含数据分析的内容，但另一套教材没有，那么，前一套教材提供的机会就比后一套教材来得多，分析教材中的图示，有助于我们了解图示所提供的学习机会。

研究的准备和结果

（一）教材的选择

选定两套小学数学教材（分别称为教材 1 和教材 2），分析它们是如何运用图示促进二年级学生对"倍的认识"这一内容的学习的。在本研究中，进行两套教材的比较，研究的重点并不在价值的评判和教材优劣的比较上，而是通过比较，研究所使用的图示的种类，从而希望考查图示在哪种情况下，能够最大限度地促进学生的学习。

本研究以"倍的认识"为例，从图的种类、功能两个维度切入，分析教材，从以下几个方面进行比较研究。横向比较两套教材在"倍的认识"这个主题中，分别用了多少图？这些图可以分为哪些类型？其功能是什么？通过对图的类型和功能的研究，我们讨论这些图是否能促进学生的数学学习？图的编排合理吗？

（二）注重"倍"的概念

在本研究中，基于小学数学中的一个基本概念"倍"来探讨在小学数学课程中，图示是如何促进学生数学学习的。之所以集中在"倍的认识"这一主题，是因为其重要和独特的功能：理解这一概念是至关重要的，"倍"是从"加法关系"到"乘法关系"的过渡（刘加霞）；它也是学生理解分数、百分数、比和比例这些概念的基础。

"倍"的本质属性是什么？"倍"是两个量比较的结果，以一个量为标准，另一个量有这样相同的几份就是它的几倍。

什么才算理解了"倍"？我们认为有以下三类理解。

1. 当学生看到"6 是 3 的几倍"或"2 的 3 倍是多少"这样具有乘法结构的描述时就能在脑海中呈现一幅结构表象图；或者学生能用画一画、说一说等举例说明"什么是几倍"。总之学生能明白以谁为 1 份，即以谁为单位（标准量），另一个量有这样的几个单位，就是它的几倍。

2. 学生能表示出数量间的"加法关系"和"乘法关系"。如笑笑与淘气练习折千纸鹤，在练习前后他们在相同时间内折的千纸鹤数量如表 1。

表 1　笑笑、淘气折千纸鹤的数量

	笑笑	淘气
第一次/只	5	8
第二次/只	10	13

分别比较笑笑与淘气两次折的千纸鹤的数量，学生不仅能知道虽然笑笑和淘气第二次都比第一次多折了 5 只，但是通过画图能发现：笑笑第二次折的数量是第一次的 2 倍，而淘气第二次折的数量还不到第一次的 2 倍（如图 1）。当学生不仅能表达出数量间的"加法关系"，还能表达出数量间的"乘法关系"时，我们就说学生已经建立并理解了"倍"的概念。

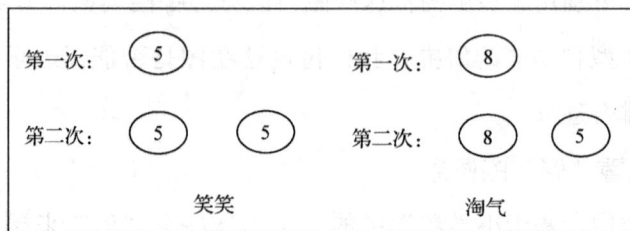

图 1

3. 在"变化"中能抓住"倍"的本质。第一类变化：标准的量不变而被比较的量发生变化（两个量之间成正比例关系），如图 2，把 3 个草莓蛋糕看成 1 份，增加或减少爱心蛋糕的份数，学生能归纳出爱心蛋糕有这样的几份就是草莓蛋糕的几倍。第二类变化：标准的量变化而被比较的量不变（两个量之间成反比例关系），如爱心蛋糕始终是 12 个，当草莓蛋糕分别是 1，2，3，4，6，12 个时，学生依然能通过圈一圈的形式发现、说明倍数发生变化的原因，感受"单位"的重要性。

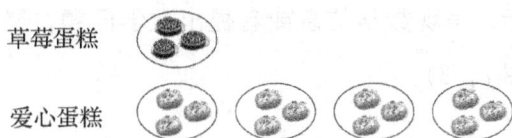

草莓蛋糕

爱心蛋糕

图2

（三）图示的种类与功能

为了统计的需要，必须将"一幅图"进行界定。如教材1的第46页，我们把联系较为紧密、能起到某个特定作用的图作为"一幅图"。因此，将本页教材中的图分为3幅，如图3，4，5。

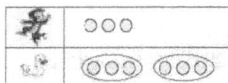
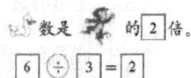

图4

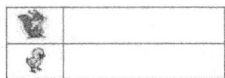

图3

图5

1. 按种类，可以将教材中的图分为五类

（1）情境图

用图片或连环画的形式呈现生活中的情境，并将问题融入情境中，或是模拟真实情境，展现整个活动过程（如图4，6）。

摆1个正方形用4根小棒。

我摆了2个正方形。

我摆了3个正方形，是3个4根。

图6

（2）对话图

通过人物对话，呈现数学信息或者提出数学问题，展示思考过程，点明学习内容（如图 7，8）。

图 7　　　　　　　　　　**图 8**

（3）实物图

以卡通画、平面图形或实物图、照片图等方式呈现数学信息（如图 9，10，11）。

图 9　　　　　　　　　　**图 10**

☆ ☆ ☆ ☆
○○○○○○○○○○○○○○○○
○的个数是☆的□倍。　　　□○□＝□

图 11

（4）线段图/象形线段图

以线段图/象形线段图的形式呈现关系（如图 12）。

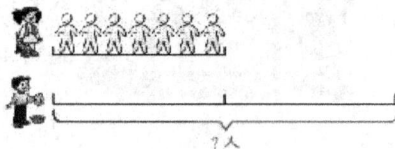

图 12

（5）图表

以图表的形式呈现信息（如图 13，14）。

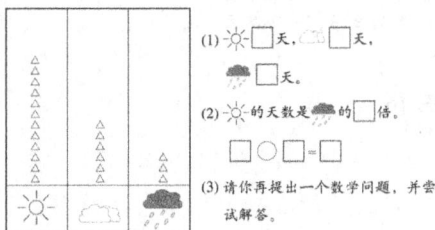

图 13

图 14

2. 按功能，可以将教材中的图分为五类①

（1）呈现信息

这类图呈现了数学信息（如图 3，8）。

（2）代表对象

把要叙述的对象直接用图表示，减少学习者的文字阅读量（如图 9）。

（3）可操作

可以直接图示，让学生在动手操作中获得知识、解决问题（如图 15）。

图 15

（4）用多项表征呈现关系

同一幅图里具有多项表征，如图形表征、文字表征 、符号表征等，用多项表征呈现倍数关系（如图 4，5，7，10，11，13）。

（5）其他类

这一类图起着"装饰"的作用，与学习内容本身联系不大，可有可无（如图 16）。

---

① 有的图具有多种功能，在这里，笔者按其主导功能进行分类、描述。在将图进行分类统计时，将分两次统计，第一次是按该图的主导功能进行分类、统计，第二次则分别统计其各个功能。

一辆小汽车最多可乘5人，一辆大客车最
多可乘的人数是小汽车的9倍，大客车最
多可乘多少人？

图 16

四 研究结论

两套教材包括了相似的学习目标，如结合具体情境，通过感知活动，理解"倍"的含义（两个量作比较，用其中一个量作标准，另一个量包含了几个它就是它的几倍），会解决"一个数是另一个数的几倍"和"一个数的几倍是多少"等问题。

但也存在一些差异，例如，教材1更侧重对"倍"的概念的理解和问题解决，而教材2则稍微侧重解题。

研究结果从概念的引出与发展、图的种类和功能的分布两个方面来报告。

本研究分析了两套教材中涉及"倍"的概念理解与应用的所有页面。教材1中，14页使用了32幅图，平均每页约2.3幅图；教材2中，21页使用了37幅图，平均每页约1.8幅图。

（一）概念是何时引出和发展的

两套教材都在小学二年级上册引入"倍"的概念，教材2在下册继续学习。二者都是以一幅具有"呈现信息"功能的情境图引入"倍"的概念，之后教材1以两幅具有"多项表征呈现关系""可操作""呈现信息"功能的图，让学生在画一画、圈一圈、填一填等活动中充分感知"倍"的意义，帮助学生从"一个数里含有几个另一个数"这个角度理解"求倍数关系，涉及两个量之间的比较，实际上是等分活动的扩展"。教材2则以一幅具有"可操作""呈现信息"功能的对话图，让学生在充分操作中，从"几个几"这个角度理解"倍"的含义。

（二）图的种类和功能的分布（如表2、表3、表4）

表2　两套教材中图的种类分布

	情境图/%	对话图/%	实物图/%	线段图/%	图表/%
教材1（$n=32$）	28	16	43	0	13
教材2（$n=37$）	27	27	30	5	11

χ^2检验的结果表明，两套教材中图的种类分布没有显著差异（$p=0.65$）。

表3　两套教材中图的主导功能分布

	呈现信息/%	代表对象/%	可操作/%	多项表征呈现关系/%	其他/%
教材1（$n=32$）	16	3	13	68	0
教材2（$n=37$）	49	5	11	30	5

χ^2检验的结果表明，两套教材中图的主导功能分布具有显著差异（$p<0.05$）。

教材1中81%的图有多重功能，而教材2只有46%（$z=3.02$，$p<0.01$）。换言之，教材2中的图功能较单一。两套教材中的图绝大部分都具有"呈现信息"的功能。不同的是，教材1具有更多"多项表征呈现关系"功能的图（如表3）。

表4　两套教材中图的所有功能分布

	呈现信息/%	代表对象**/%	可操作*/%	多项表征呈现关系**/%	其他/%
教材1（$n=32$）	88	47	31	69	0
教材2（$n=37$）	95	14	11	30	5

注：*$p<0.05$；　**$p<0.01$。

进一步分析每一类图在每一种功能上的百分比，发现两套教材中的"情境图""对话图"以及教材2的"线段图""图表"100%具有"呈现信息"的功能，教材2中的"线段图"100%具有"用多项表征呈现关系"的功能。教材 1 的所有种类的图中，具有"多项表征呈现关系"的占很大百分比。

五 思考与建议

本研究分析比较了两套教材在"倍的认识"这一主题中图示的使用。从教学目标上看，两套教材的教学目标相似，但侧重点略有不同，教材 1 更侧重对"倍"的概念的理解和问题解决，而教材 2 则稍微侧重解题。

通过对两套教材在图的编排上的统计结果与分析，不难发现，不同教材在图的使用上还是存有一定差异的。教材 1 中的具有多重功能的图的百分比大于教材 2，且没有"可有可无"的"其他"类型的图，这样为学生提供了更多合适的图示，帮助学生从"形"到"数"逐步抽象，最后理解"倍"的本质。教材 2 的图虽然功能较单一，且出现了"可有可无"类型的图，但使用了线段图表征数量关系。

两套教材都注重通过大量的操作活动，借助画图表征的功能，通过画图，不断丰富学生的表象，凸显概念的结构关系，使学生经历"具体形象—表象—抽象"这一符号化的过程，渗透了数形结合的思想。如教材 1 强调通过图形直观，经历把"3 只猴子圈在一起看成 1 份，6 只小鸭子就有这样的 2 份，鸭子数就是猴子数的 2 倍（6 是 3 的 2 倍）"的认识过程，并在比较其他动物只数间的倍数关系的过程中明白：以谁为 1 份，即以谁为单位（标准量），另一个量有这样的几个单位，就是它的几倍（如图 3，4，5）。教材 2 则是以三个小朋友用小棒摆正方形的情境（如图 6），根据 2 个 4 根、3 个 4 根与 1 个 4 根的关系，引出"一个数的几倍"的含义。它也强调了"1 份"这个单位的重要性，明白有这样相同的"几份"就是几倍，并在教材编排的练习中加深对"倍"的理解。

教学的主要目的是帮助学生从三个角度深刻理解"倍"的概念，遗憾的是，虽然两套教材都注重在画一画、圈一圈中让学生明白：以谁为 1 份，即以谁为单位（标准量），另一个量有这样的几个单位，就是它的几倍（第一方面的理解），却忽视了对"倍"的另外两个方面的理解。

建议一：在"倍"概念的引入时，增加类似图 1 这样的情境。让学生从对数量关系间的"加法结构"过渡到"乘法结构"，则能体验到"倍"概念引入的必要性，又可以避免学生出现诸如"6 比 3 多 2 倍"这样的错误理解。建议二：当学生初步认识了"倍"之后，教材可增加"变与不变"的练习。如前文所述，通过一系列活动，让学生在两类变化的对比与抽象中，"舍弃各种不相干的因素"，在变化中抓住"不变"，即它们的量性特征——"倍"的本质。建议三：可在教材中适当编排变式练习。如两套教材都编排了如图 17，18 的习题，如果能稍微进一步拓展，将题目再更改为"在第一行画〇，你想画几个就画几个，在第二行画△，使△的个数是〇的 2 倍"，则能进一步引导学生讨论：要求画出的△的个数必须是〇的 2 倍，可是为什么大家画出的三角形的个数却各不相同呢？这样（能）在讨论与辨析中深刻理解"倍"的概念。

第一行摆：/ / /
第二行摆：第一行的 5 倍
第二行摆多少根？

△的个数是〇的 2 倍，△有 □ 个。
〇〇〇

图 17　　　　　　　图 18

参考文献

1. Cai，J. Understanding and representing the arithmetic averaging algorithm：An analysis and comparison of U. S. and Chinese students' responses ［J］. International Journal of Mathematical Education in Science and Technology，2000，31（6）：839－855.

2. 刘加霞. 从加法结构到乘法结构 "倍"是转折点——评析高丽杰老师的"倍的初步认识"［J］. 小学教学（数学版），2010（7）.

3. 蔡金法. 中美学生数学学习的系列实证研究——他山之石，何以攻玉 ［M］. 北京：教育科学出版社，2007.

简评

谢玉娓老师的文章是"小题大做"的好例子。从"倍的认识"这个知识点出发，详细分析了两套教材关于图示的使用情况。本文以图的种类、功能两个维度为切入点，分别对图的使用数量、图形种类及其功能进行统计。有的图具有多种功能，在这里谢老师按其主导功能进行分类、描述。通过分析发现若按照图的种类可以将教材中的图分为五类：情境图、对话图、实物图、线段图／象形线段图和图表；若按照其主导功能进行分类也可以分为五类：呈现信息、代表对象、可操作、用多项表征呈现关系以及其他类。这样的分类法其本身是一种很好的尝试，它能提供多种信息。本文的类别研究得到一个很好的研究结果，文中归纳所得的不同种类也可供教师和教材分析者在今后的教学研究中作参考。

图示作为一种直观的语言符号，比语言文字的表述更简洁直观，使得问题情境数学化，凸显问题情境中的数量关系，具有形象具体又简单抽象的双重性特点。培养学生对图示的理解与运用是培养学生几何直观的重要途径。在此文中谢老师开了个好头，考查了图在"倍的认识"中的作用，从一个知识点来考查图的种类与功能。这样的考查很有意义，往后还有很大的研究发展空间。在我看来，至少有两个方面可以深入探讨。第一，图究竟如何促进学生的概念理解？本文只对现有教材进行文本分析，而对于图是否真正地促进学生某个概念的理解并没有作深入分析。当然，这个有点超出了目前的研究范围。下一步可以做的就是在课堂上观察，不同类别的图形是如何帮助学生理解的。第二，分析教材的其他内容。例如，图形是如何在教材中编排的？图形是如何被使用的？这样的分类方法适不适合教材的其他内容？教材中使用了不同种类的图，如情境图、实物图等，是否在某些特定情境下只考虑使用某种图而非其他类型的图？这个也可以继续研究。不同类别的图是否具有其特别的功能？五大类型的图是不是具有不同的功能？还是说某些类型的图具有多种功能？这样的考查才刚刚开始，后面还有更多的工作可以做，这是一个教师从事研究的好方向。

第 二 篇
图形与几何

十年间三次执教"周长"的反思①

何瑜姝（四川省成都市棕北小学）

⚮一 问题的缘起

数学概念是反映数学对象本质属性和特征的思维形式。数学概念具有抽象性、复杂性、严密性，并蕴含着丰富的内涵，具有固定和同化新知识的功能。一切数学规则的研究、表达与应用都离不开数学概念，它是数学的基础，是学生计算能力提高、空间观念形成、思维能力发展的前提和重要保证。学习数学的过程就是一个不断运用数学概念进行比较、分析、综合、概括、判断、推理的思维过程。因此，数学概念的教学是数学教学的核心，有着极其重要的地位。在概念、判断、推理这三种思维形式中，概念是起点，没有概念，或是概念错误，就无法形成正确的判断，无法进行正确的推理。

可是我们在概念教学尤其是建立概念的教学中，常常存在这样的问题：忽视了概念的形成过程，或者说缩短了概念的形成过程。教师往往把一个新的概念和盘托出，注重通过背诵记忆和大量练习，让学生快速熟悉知识

---

① 本文发表于《新世纪小学数学》2012年第2期。

和技能。对概念所包含的丰富内涵理解不够，学生的体验少，记得快忘得也快。

"周长"就是这样一节建立概念的起始课。我有幸从 1997 年起，3 次执教"周长"这一课，10 年间不断地感受着数学教育理念的转变带给概念教学的变化。在每一次的研究中经历着"周长"——这一概念的教学侧重不断变化的过程。

回顾 1997 年，第一次执教"正方形与长方形的周长"（九年义务教育六年制小学数学教材第五册 P100～101）。当时没有单列的"周长"一课，"周长"是放在第五单元"长方形、正方形和平行四边形"中的，直接就是"正方形与长方形的周长"。当时教学，在复习基本图形的特征后，直接进入正方形周长的教学。在组织学生测量边长、算出总长后，明确揭示概念：围成正方形的四条边长的总和就是正方形的周长。然后，马上引导学生思考计算正方形周长的简便方法，从而顺势得出公式：正方形周长＝边长×4。接下来就是一系列的周长计算练习。这样的教学非常重视周长计算的公式，几乎是周长一提出来，马上就给了学生计算公式，而且进行着不断的强化。

2004 年，执教北师大版三年级上册"什么是周长"一课，"周长"不仅有了单列的课时，还有了概括性的概念描述——图形一周的长度就是图形的周长。在教学时，我设计了丰富的活动，力求通过直观具体的情境让学生理解周长的含义。同时，我对周长的概念描述也很重视，不断让学生复述概念，甚至还用这样的语言模式来描述生活中物体（某个面）的周长。

2007 年，适逢武侯区课改总结，再次执教了"什么是周长"一课，具体、形象的活动依然在，丰富的体验依然有，但是没有了对概念描述的纠结，没有了学生不断用规范的语言复述周长概念的环节，只重视学生对于周长概念的理解。

概念教学如此重要，周长这一概念又作为测量板块的重点知识，历来是教师们研究的热点。3 次执教不断修改的价值是什么？概念教学究竟什么更重要呢？这些都值得我去研究。

研究方法

文献法：查阅资料，了解"概念"意义以及概念教学的策略。

案例研究法：3次教学设计和案例的对比分析。

研究结果

概念教学的关键：经历、理解、应用。

在概念教学这个板块中，着眼点是学生知识的掌握、能力的形成和数学思考的思想与方法。应该说这三个方面虽是一个整体，却是三个不同层次的提升，教师在概念教学的课堂上对这三点的落实如何，这背后起决定因素的是教师的学生观、教材观、数学观。

（一）经历体验，让学生亲历概念的形成过程

周长是个重要概念，也是个难点。图形的周长是一个数量概念（数），而围绕图形一周的边线是一个空间概念（形）。前者抽象后者直观，前者通过后者来显示，后者通过前者来计算。这样一个需要直观又体现抽象的概念，如果不重视亲历体验会怎样呢？下面是我1997年和2004年两次教学的对比。

1. 教学目标的对比

• 1997年第一次执教"正方形与长方形的周长"。

教学目标：

（1）通过学习让学生明确"围成一个图形的所有边长的总和就是这个图形的周长"。

（2）使学生认识和学会求正方形的周长。

（3）使学生掌握正方形周长的计算公式。

• 2004年第二次执教"什么是周长"。

教学目标：

（1）结合学生生活情境，通过看、描、摸、认、量、算等活动，体会"一周"的含义，认识周长。

（2）探索测量平面图形周长的一般方法。

（3）在具体活动中，让学生经历观察、猜想、探索、验证等过程，丰富学生对空间及图形的认识，发展学生空间观念。

（4）通过创设与学生密切相关的生活情境，感知周长与实际生活的联系，体会数学在生活中的作用。

从目标上来看，1997年，由于没有单列的"周长"一课，"周长"是放在认识正方形的周长一课中，所以，周长的概念也在特定的情况下——图形所有边长的总和。2004年，"周长"已有了单列的课时，有了通识性的概念，不再是特殊平面图形才有。而且我们也能从中看出1997年的目标指向计算，2004年的目标指向概念的建立。

2. 教学过程的对比

• 1997年第一次执教"正方形与长方形的周长"。

（1）在钉子板上围学过的图形。

师：同学们，我们来玩一个围图形的游戏，看谁能在钉子板上围出已学过的图形，比一比谁围得多！

学生围图形。

教师一一展示学生围出的图形：三角形、正方形、长方形、平行四边形。

（意图：复习基本图形的特征，为教学正方形的周长做准备。）

（2）正方形的周长。

①量一量每个图形的每一条边长是多少厘米？（不足整厘米按整厘米算。）

展示几幅学生作品，检查测量是否正确。

②出示其中一幅正方形图，计算周长。

师：算一算，这个正方形四条边一共有多长？

学生计算。

③介绍周长的含义。

师：围成正方形的四条边长的总和就是正方形的周长。

（打开书P100齐读书上概念。）

④正方形周长计算的简便方法。

教师出示例5，学生独立思考，介绍自己的简便方法。

（板书正方形周长的计算公式：正方形周长＝边长×4。）

教学书写格式。

• 2004年第二次执教"什么是周长"。

（1）感知"一周"。

①创设情境，引入课题，初步感知"一周"——围。

师（出示学生参加"红歌会"的照片）：让我们给它做一个相框挂在教室里好吗？相框应该怎么做呢？老师为你们准备了做相框的材料，谁来试一试？

再通过教师提问：你们是怎么想的？引发学生思考，从而体会相框安在照片的周围，把照片围起来了。

②看一看、说一说、指一指，再次感知"一周"——起点到起点，一圈边线。

（播放蚂蚁跑步课件。）

师：你们能用手比画出小蚂蚁跑步的路线吗？（强调"起点""回到起点"。）

师：你能用一句话说说小蚂蚁的跑步路线吗？

学生充分发言，最后得出：小蚂蚁是从起点出发，又回到起点。沿边线跑了一圈。

教师小结：小蚂蚁从起点沿叶子边线跑回起点，就是绕这片叶子边线跑了一圈！

③描一描，进一步体会"一周"——起点到起点，一圈边线。

（ⅰ）描树叶边线。

指名一学生板演描出银杏叶片的边线，其他学生仔细观察是怎么描的。

说一说怎么描的。指导语言：从起点出发，绕叶子边线描又回到起点，也就是绕叶子边线描了一圈。

（ⅱ）描图形边线。

教材第45页第1题，学生独立描边线。教师巡视，注意强调起点和绕图形边线一周。

指名展示描汽车图的过程，并边描边说描法。

理解都是从起点绕图形边线描，又回到起点，也就是绕图形边线描了一圈。

④小结"一周"。

师：孩子们，无论是给照片装相框，还是小蚂蚁的跑步路线，以及描树叶和图形的边线，都有什么相同的地方？

小结：从起点沿图形边线又回到起点，刚才我们把它叫作绕图形一圈，数学上把它叫作绕图形"一周"。

⑤摸一摸，巩固"一周"。

（ⅰ）数学书封面"一周"。

师：你知道哪是数学书封面的一周吗？摸一摸。（师生共摸。）

教师引导：哪是数学书的封面？

（强调起点、封面边线。规范语言：从起点开始绕数学书封面的边线，又回到起点。这就是数学书封面的一周。）

（ⅱ）桌面的"一周"。

学生摸课桌面的一周。

师：你是怎么摸的？

指名汇报。（强调起点、桌面边线、规范语言。）

（2）揭示概念、认识周长。

揭示课题——什么是周长。

师：在数学中，我们把像这样绕图形一周的长度叫作图形的周长。

以上是 1997 年与 2004 年两次执教"周长"概念建立的片段，从中我们可以看出，1997 年的教学也有学生动手操作围图形的环节，这其实就是图形一周的感知，只不过没有明确的提出。而对于周长计算的公式非常重视，几乎是正方形周长一提出来，马上就给了学生计算公式，当时指向非常明确，就是计算公式。

2004 年的教学，更注重从情境中让学生感知周长概念的现实存在。首先创设了"围相框"这一情境，让学生在探索解决现实问题的过程中初步感知"一周"就是生活中的"周围"。然后根据学生年龄特点创设了富有童趣的"蚂蚁跑步"的情境，通过实例形象感知。这个过程分四步：一看——蚂蚁跑步过程；二画——蚂蚁跑步路线，到抽象理解；三描——蚂蚁跑步路线；四摸——进一步体会"一周"就是生活中的"一圈"。

2004 年的教学也非常注重经历概念建立"直观—抽象"的过程。例如，设计描边的活动。从实例过渡到实物，再由实物过渡到图形，通过学生动手去画一画（个别到全班），进一步体会"一周"就是"一圈边线"。而且学生描边线的图形也是从简单到复杂：（1）实物——树叶；（2）没有颜色单一线条的简单图形；（3）单色而且单一线条但稍复杂的兔子图；（4）彩色、有花纹里边有线条的汽车图。由浅入深逐步体会"一周"。尤其是把汽车图又作为一个特例，再让学生来画一画、说一说，通过对错例的质疑反思，让学生更深刻理解"一圈边线"。这时，在经历了一系列实际的活动后，进行抽象概括，从生活中的"一圈边线"提炼到数学上的"一周"。紧接着，对"一周"进行巩固，这里安排"摸一摸"活动，调动学生更多的感官来体会：什么是平面图形的"一周"。最后，顺势提出周长的概念。

1997 年"背公式"学习周长，学生都会做，很清楚，练习量也大，但是学生对"周长"实际含义的理解怎样呢？很多教师总说学生学习周长还好，学了面积之后学生就把这两个知识弄混淆了，不知道什么时候算周长、什么时候算面积。为什么？记得我们班的学生在五年级的一次练习中，要求计算梯形周长，刚出示题目，一名学生脱口而出问了句"公式呢"，当时引起全班的一阵骚动，我也很吃惊，计算梯形周长，我不是已经把各边数据都给了吗，怎么会提到"公式"？不少学生也帮我"教育"了这名同学。但这件事说明了什么？这样的例子还很多，究其原因，那就是我在教学周长时很快就给了公式，后来学习长方形也是直接就得出了简便算法，也就是周长公式：长方形周长＝（长＋宽）×2。而且这种计算公式，一直要求熟练地背诵，并在每一次遇见周长这一问题时，总是思考图形的周长公式。学面积也不例外，迅速得出公式，练习中也是不断套公式计算，学生已经忘了周长到底指什么。这种只要学生背一些枯燥的公式、进行一些重复的计算，是没办法真正让学生建立概念、理解概念的。抽象数学概念的理解需要一定过程，并不能一蹴而就。

对于"一周"概念的建立，在2007年第三次执教时，我又有了新的思考。我将周长概念分解成了"一周"与"长度"，两个层次教学，最后再提取周长完整的概念。首先是体会"一周"，我设计了更多操作的活动，如做画框、描一描、摸一摸等，调动学生多种感官，协同活动，积累感性认识，使具体事物形象在头脑中全面反映，从而建立周长的认知，促进空间观念的形成。充分感知"一圈"即"一周"。然后，对于"长度"我也进行了"精心设置"。

• 2007年第三次执教"什么是周长"

（1）感知"一周"。

①创设情境，引入课题，初步感知"一周"。

师：孩子们，今年9月25日，我们国家发生了一件举世瞩目的大事，你们知道是什么事情吗？

生："神舟"七号发射成功！

师：对！在9月25日晚9时10分，酒泉卫星发射基地一架运载"神舟"七号的火箭发射成功，让我们看看这次发射！

（播放 CAI："神舟"七号发射录像。师生一起倒计时。）

师（继续介绍）：你们知道吗，在 10 多分钟后，"神舟"七号飞船已经进入轨道并且开始绕地球运行。

（CAI 定格：飞船运行一圈图。教师介绍：这是截至当晚 11 时，飞船运行的画面，飞船在轨道上正好绕地球运行了……学生答：一圈！）

教师带领学生共同比画飞船运行的路线，理解飞船在轨道上绕地球运行了"一圈"。

②看一看、说一说，再次感知"一周"。

师：其实生活中这样运动一圈的现象还很多，让我们一起看看！

（CAI 出示：蚂蚁图。）

师：这有一只小蚂蚁，它可是个爱运动的小蚂蚁哦，它有一个属于自己的私人小操场（CAI 出示树叶），小蚂蚁每天就在操场上跑步锻炼身体。瞧，今天它又准备跑步了。

（播放 CAI：蚂蚁绕叶子边线跑步图。）

师：你能说说小蚂蚁是怎样跑的吗？

生 1：绕着叶子跑了一圈。

师：观察真仔细。有补充吗？

生 2：从起点绕叶子跑了一圈又回到起点。

师：说的真准确。还有谁想说吗？

生 3：蚂蚁沿叶子边线从起点又回到了起点，跑了一圈。

师：你说的更准确了。

师：刚才你们说到了蚂蚁绕叶子边线跑了一圈。数学上我们就说，小蚂蚁绕这片叶子边线跑了一周。

（板书：一周。）

（CAI 出示：淡化叶片，只剩边线。）

师：这样的一周就是叶子的一周。

③梳理提升，理解图形"一周"。

（ⅰ）回顾理解。

（CAI出示：飞船轨道图。）

师：刚才"神舟"七号飞船在轨道上运行一圈的路线，也就是轨道的——

生：一周。

（CAI淡化：飞船、地球，只剩轨道图。）

师：飞船沿轨道绕地球飞行一周！了不起，刚学到的数学语言立即就能运用！

板书：轨道边线。

（ⅱ）梳理提升。

（CAI出示：飞船图和蚂蚁图。）

师：孩子们，飞船绕地球飞行的是轨道的——

生：一周。

师：蚂蚁绕叶子边线跑步的路线是叶子的——

生：一周。

师：像这样的一周都是图形的一周。

（板书：图形。）

④实践尝试，巩固图形"一周"。

（ⅰ）围照片一周。

师：认识了"一周"，你们能围出照片的一周吗？

（CAI出示："红歌会"孩子们的照片。）

师：漂亮吗？让我们用木条围出它的一周，把照片装扮得更美丽！老师为你们准备了材料，谁来围一围？

指名生1上台围照片一周，教师拿了很多根"木条"帮忙传递，故意递了3根短的，1根长的。

围完后引起全班争论。

师：你们有什么想说的？

生 2：我觉得他围的不是照片的一周，上面一条边没有围完！

师：其他同学的意见呢？

全班都同意生 2 的意见。

师（问生 1）：你觉得呢？有什么办法纠正？

生 1 换了一根合适的"木条"。

师：现在呢？

全班一致认可。

师：都围上了，没有缝正好围出了照片的——

生：一周。

师：现在我们为照片做了一个相框，更漂亮了。

（ⅱ）摸一摸数学书封面一周。

师：我们对一周已经有一些认识了，能摸一摸数学书封面的一周吗？
（一根手指。）

全班齐摸。

师：谁来摸一摸？请你仔细观察并评一评。

（指名摸一摸。）

生：摸得很好。

师：谁能具体说一说？

生：从起点沿数学书封面边线又回到起点，刚好摸够。

师：正好摸了数学书封面的一周。

教师演示一次，故意不按顺序，问："我摸的是数学书封面的一周吗？"

学生争论，最后达成共识：只要刚好把数学书封面的边线摸完，就是
它的一周。

（ⅲ）描图形"一周"。

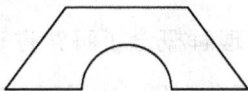

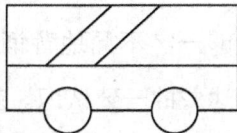

师：你们能描图形一周吗？拿出题单描出两个图形的一周。

学生独立完成，教师巡视，收了2份题单。

教师在实物展台上展示题单1，问："对不对？"

全班认同。

师：请这位同学上台再把第一个图形描一描，其他同学看看他是怎么描的。

学生描，全班看。

师：说一说你是怎么描的。

生：先描左边一条边，再一条一条把它们都连完。

师：他有一个词用得很好，"连完"，说明我们描一周要怎样？

生：全部边线都描完。

教师在实物展台上展示题单2，问："对不对？"

生：汽车图描错了。

生：汽车和轮子里面的线不描。

生：图形一周应该是边线一圈，不能把里面的线也描了。

师：明白了吗？请上来改一改，帮我们把汽车图描在黑板上。

（学生画，教师板书：汽车图一周。）

师：正确吗？

全班赞同。

师：让我们用掌声祝贺他。

师：通过你们的补充、改正，相信对图形一周的认识一定更准确了。这可很关键哦，这不，两只蚂蚁就要在叶子的一周上进行跑步比赛了。

......

（二）明晰理解，让学生内化概念

1. 概念教学，理解概念比背诵定义更重要

学生能够一字不漏地背诵概念，就等于理解概念了吗？肯定不是。这是我们教师达成的一致认识。就"周长"的概念，我对比了三个版本教材：

人教版：封闭图形一周的长度叫周长。

西南版：围图形一周的长度叫周长。

北师大版：图形一周的长度叫周长。

三个不同版本的教材，叙述上有一些细微的差异，如果我们定位在一字不漏地背诵周长的概念，那么，究竟哪一个正确呢？我们该把哪一种描述教给学生呢？所以，从各版本教材的编写意图看，重心在于对周长这一概念的本质理解，周长的本质属性是一致的：一周、长度。"一周"它本身就有"封闭""围"的含义，我何必拘泥于字面的纠缠呢？只要在教学中牢牢把握"让学生体验一周的含义"，体验封闭，我就已经达成了目标，也把握了数学的本质。

正是基于让学生亲历概念的形成过程这点考虑，我便通过丰富的课堂数学活动来构建周长的概念，展现了周长这个概念的形成过程。

2007年，我第三次执教"周长"一课时，对教材进行了重新理解，不再让学生描述"什么是周长"，而是将周长的意义理解融入教学环节之中。

下面是2004年和2007年教学周长时概念建立的环节。

• 2004年第二次执教"什么是周长"

……

（2）揭示概念，认识周长。

①揭示课题——什么是周长。

师：在数学中，我们把像这样绕图形一周的长度叫作图形的周长。

在充分理解"一周"的基础上，揭示周长的概念。

②说一说——周长的正确描述。

师：什么是叶片的周长？你能来说一说吗？

指名学生试一试，教师引导学生规范语言。

师：什么是照片的周长？什么是银杏叶的周长？什么是汽车图的周长？

③找一找——生活中的周长。

师：生活中还有哪些地方有周长，谁来说一说。

教师注意学生语言，面的周长。

……

• 2007 年第三次执教"什么是周长"

……

（2）揭示概念，认识周长。

①创设矛盾，感受长度。

（ⅰ）CAI 出示：两只蚂蚁分别以树叶一周和荷叶一周为场地，比赛跑步。

师：黄蚂蚁跑树叶一周，红蚂蚁跑荷叶一周，你认为这样的比赛公平吗？说说你的理由。

生：不公平。因为荷叶大一些。

师：还有别的意见吗？

生：边的长度不一样，不公平。

师：你呢？

生：不公平，树叶一周短一些，荷叶一周长一些。

师：看来你们都认为树叶一周的长度短一些，荷叶一周的长度长一些。刚才有位同学提到荷叶大一些，其实也是一个道理，荷叶越大一周的长度就越长。哦，原来一周有长有短，一周是有长度的。

（板书：长度。）

（ⅱ）感知周长概念。

师：树叶一周有多长，你能想办法得到吗？

全班沉默一会儿，教师等待。

生：用直尺量。

教师马上递上一把直尺，好，你去试试吧！

学生上台在树叶图上用直尺比画了一下，下面的学生有意见了：不行，叶子是弯的，直尺不好量。

生：用软尺量。

师：是个好办法，谁来试试？

学生试操作，发现不方便。

师：还有别的办法吗？

生：用一根绳子绕叶子一周，再用直尺量绳子的长度。

师：这个办法可行吗？我们就用你的办法来试一试。

（播放 CAI：绳子绕叶子—展开—直尺测量—刻度 40 厘米。）

师：叶子一周的长度是——

生：40 厘米。

师：谁能完整地说一说？

生：树叶一周的长度是 40 厘米。

生：树叶的周长是 40 厘米。

师：对，你提到一个词"周长"，叶子一周的长度就是叶子的周长。

（板书：周长）其实这片树叶的周长就是 40 厘米！

师：谁再来说一说？

生：树叶的周长是 40 厘米。

师：要让比赛公平，荷叶的周长也应该是多长？

生：荷叶的周长也应该是 40 厘米长。

②理解周长含义。

师：40 厘米是树叶的周长，老师还调查到了一些数据。

（CAI 出示数据：做相框用了 12 分米的木条。）

师：做相框用了 12 分米的木条指的是什么？

生：照片的一周长，周长。

生：相框的周长是 12 分米。

生：照片的周长是 12 分米。

师：同意吗？

全班赞同。

③揭示课题。

师：在数学中，像这样图形一周的长度就是图形的周长。

（将板书补充完整：图形一周的长度就是周长。）

学生看书第44页右上图重点句，勾画并齐读。

师：这就是今天我们一起研究的"什么是周长"。

（板书课题：什么是周长。）

......

对比这两次执教，我们可以明显看出对周长概念侧重的倾斜。2004年执教时，想到第一次把"周长"作为一个明确的概念摆在了教材中，肯定应该将这一概念教给学生，每个学生都该熟记这一概念。毕竟规范语言很重要，语言是思维的外壳，如果学生能较清楚地描述什么是图形的周长，那么就一定较好地把握了周长的含义。并且对于"周长"这一概念应用于生活，也非常注重学生举例时的语言。这一次执教下来，对于周长概念的建立花了很大力气。学完以后，全班的学生都能用规范的语言告诉我什么是平面图形的周长，比如，学生都会说："文具盒上面的一周的长度就是文具盒的周长。"所以，教学下来，我自己感觉还是很好的。但是，之后课堂的两个小插曲让我对"周长"的教学又产生了新的想法。

一是在教学完周长的第三天，我在黑板上画了一些图，让学生来判断哪些是图形的一周，其中有一个长方形的图，我没有按照顺时针或逆时针的方向画，而是先画了两条长边，再画了两条短边，然后问学生这是不是长方形的一周，居然有一半的学生认为不是。我很诧异，问其原因，有学生说道："没有从起点到起点，不对。"我以为其他人也不知道长方形周长的概念，连忙让他们说说什么是长方形的周长，全班学生异口同声地告诉我："长方形一周的长度就是长方形的周长。"看来学生对概念的文字描述已经非常清楚了，为什么会出现这样的问题呢？仔细一分析，我发现，在整个教学中，我没有让学生体会到一周是没有方向性的，教学中建立的所有一周都是"绕了一圈，从起点又回到起点"。学生出现这样的偏差是很正常的。于是我暗下决心，当我再次讲到"周长"这一课时，我一定要把这一重点进行突破。

二是在学生学了面积以后，我发现班上有个别学生总把周长与面积的计算弄混淆。每次给他们辅导时我总让他们先背背周长与面积的概念，他们也总能一字不差的背下来，但是一遇到实际问题就不清楚究竟是求周长还是求面积。我突然体会到他们虽然能流利地背诵概念，但对于这两个概念的含义还是没有真正地理解。周长这一概念的教学，理解概念比背诵定义更重要。

于是，在 2007 年教学中，我不再让学生复述周长的概念。并且对于"长度"的理解也设计了一个环节——不公平的游戏，制造矛盾冲突，比赛场地树叶一周与荷叶一周公平吗？在生生互动中明确"一周有长度"，其实说荷叶大也是同样道理，荷叶越大，荷叶的一周也就越长。让长度自然地浮出水面，赋予了"一周"实际的长度，让学生感受物体或图形的一周是有长度的，使抽象的一个数学概念变得具体形象、顺理成章。为周长概念的揭示埋下伏笔。在学生充分理解"一周"和"长度"的基础上，用直观的数据帮助学生理解，突出重点、突破难点，揭示周长的概念。再通过对多个数据理解，再次让学生直观理解周长的具体含义。其实这时已经可以总结出"叶子一周的长度就是叶子的周长"。但是我把"周长"的揭示延迟滞后了。我让学生在"想办法得到叶子一周的长度"这一活动中不断地去尝试各种工具，渗透化曲为直的思想，继而得出叶子一周的长度是 40 厘米。当这一具体数据出现后，我才揭示"叶子一周的长度就是叶子的周长，其实这片叶子的周长就是 40 厘米"，让"周长"的出现不仅是一个抽象的词语，还是一个有具体数值的很直观的形象概念。因为周长本身就是一个数量概念（数）。

2. 巩固明晰，让学生理解概念的本质特征

当学生感知概念后，为了让学生准确把握概念，必须通过比较、分析、综合、概括等思维活动和学习手段，来剔除知识的非本质属性，抽取其本质属性，认真分析概念的内涵和外延，并找准概念中的重点、难点，帮助

学生构建自己正确、清晰的知识框架。这有点相当于语文教学中抓关键词引导学生理解文本内容，我们在数学教学中也要抓关键点明晰概念。在2004 年与 2007 年的教学中，对这些方面也做了一些尝试。

• 2004 年第二次执教"什么是周长"

……

（2）揭示概念，认识周长。

（①②③略。）

④认一认——判断周长。

教师出示梯形图（播放课件：判断），什么是梯形的周长？（暗示学生接答。）

让学生观看并判断，这条线的长度是梯形的周长吗？

图 1：不封口。

图 2：出边线。

图 3：重复。

图 4：正确。

2004 年执教，通过辨析题，用反例进一步让学生准确理解周长的含义。2007 年执教，从各方面凸显了概念的巩固。（课例略，见前。）

（1）围相框的"无中生有"。

我故意制造陷阱，拿给学生的木条长度不合适，缺了一节，让学生在陷阱中进一步理解"围一周"的含义：围满、正好合适……从刚抽象出的"一周"又返回直观，返回对"一周"的关键词的理解：边线、围满。感悟"一周"的本质，明晰"一周"的属性。通过这一活动，此时的"一周"在学生脑海中已经没有了动态性，但方向性在部分学生中还尚在。

（2）巩固"一周"的两个练习设计。

数学概念的学习是一个螺旋式上升的过程，从具体到抽象，再从抽象到具体。这里两个练习的设计将抽象概念具体化、生活化，在领悟图形的一周后，还会用手势、语言、笔头来诠释什么是图形的"一周"。

①摸数学书封面的"步步深入"。

在"摸数学书封面的一周"这一活动中，我不连续地摸出 4 条边线，部分学生认为老师摸的不是"一周"。为什么会出现这样的情况？就是因为部分学生依然认为"一周"具有方向性。通过生生、师生间的互相补充、改正剔除"方向性"这一非本质属性，正确理解"一周"的含义。

②描图形的"意外生成"。

在描汽车图的"一周"时，有学生把中间的线也描了，我并没有急于去纠正，而是把这一错误进行放大，让学生之间展开争论辩驳，让学生主动地去再次提取"边线"这一关键词。

到这，我对"一周"的教学才告一段落，"一周"的理解可谓层层递进，通过各种感性的材料，逐步剔除一些知识的非本质属性，让学生在这一过程中逐步明晰"一周"没有动态性，也没有方向性，它就是所有边线的总和。

（三）应用提高，让学生固着概念

通过巩固提高，让学生形成应用概念的意识和能力。传统教学中，我们的练习设计是侧重于知识的检测。而现在的练习设计应该包含两个方面：

（1）通过应用，内化概念。

（2）让学生应用知识解决现实问题。

这样学生才能学到有用的数学，俗话说：好题是数学教师的命，如何有目的、有计划地安排练习，这需要我们有深厚的内功。

在概念教学中，概念抽象概括了，并不等于教学完成了，如果学生只是记住了概念，而教师没有主动地去创造一些条件，让学生在解决实际问题中去灵活运用，那么学生在变式题或综合性比较强的问题面前，常常表现得束手无策，无从下手。因此，在新课的后续练习课中，要注意练习的针对性、层次性，精心设计练习课，从基础练习、综合练习和拓展练习三个方面，层层递进地对学生进行思维训练。

• 2004 年第二次执教"什么是周长"

……

（3）测量周长。

①简单图形周长的测量。

师：这个梯形的周长到底有多长？你能想到什么办法来找到梯形的周长吗？

生：测量四条边，再计算。

师：用测量和计算的办法就能求出梯形周长。

教师出示教材第 45 页第 2 题梯形图，请学生测量并算出梯形周长。

学生独立活动，教师指名汇报。（实物投影。）

②较复杂图形周长的测量。

出示两个特殊图形，分组测量图形周长。

分 4 人小组活动，为每组都准备了一个信封，里面有这两个图形，还有一把直尺、一根线。要求有 3 条：

（ⅰ）每组选定一个测量图形并选择合适的工具；

（ⅱ）在组内说一说你们准备怎么测量；

（ⅲ）记录测量结果并算出周长。

学生分组活动，教师巡视指导，指名汇报。

（4）思维拓展。

教师边出示图边说："这两个图形的周长一样吗？"

学生完成教材第 45 页第 3 题。

（5）总结。

师：今天这节课我们学了什么？下课后你们也可以选择喜欢的图形用合适的工具测量它某个面的周长。

• 2007 年第三次执教"什么是周长"

……

（3）测量周长（教材第 45 页第 2 题）。

（CAI 出示：三角形图。）

师：你能想办法得到这个三角形的周长吗？看书上第 45 页第 2 题，只完成第 1 个图形，清楚吗？

学生独立活动，教师巡视。

师：谁来说说这个图形的周长是多少，你是怎样找到的？

生 1 展示汇报：（这个学生只写了一个数据：13 厘米）这个图形的周长是 13 厘米。我是先测量出第 1 条边长是 6 厘米，第 2 条边长是 3 厘米，第 3 条边长是 4 厘米。

师：自己都记不清 13 厘米是怎么来的了，你们有什么建议吗？

生 2：我建议你把每一条边的长度都写下来，然后列出算式，这样就完整了。

师（问生 1）：你觉得这个建议怎样？

生 1：确实是个好建议。

师：既然是个好建议，那你就动手补一补吧！

生 1 依次补充出了每条边长，并列出算式 6＋3＋4＝13（厘米）。

师：哇，这下太完美了！你们还有问题想与他交流吗？

生 3：你为什么要加起来？

生 1：周长是全部的，所以要加起来。

生 4：你为什么要加 3 次？

师：你的意思是不是为什么要加 3 个数？

生 1：周长是 3 条边的和，所以要加 3 个数！

生 5（补充）：只能加这 3 个数，因为如果是四边形就要加 4 个数，三角形只有 3 条边就只加 3 个数！

师（小结）：看来我们要根据具体的情况把所需要的边全部加起来。

（4）思维拓展（教材第 45 页第 3 题）。

（CAI 出示：第 45 页第 3 题图。）

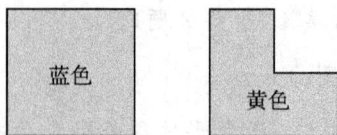

师：判断一下哪个图形的周长长？

师（稍作等候）：认为蓝色图形周长长的举手？

一些学生举手。

师：认为黄色图形周长长的举手？

不少学生举手。

师：还有不举手的什么意思？

不举手的学生：一样长！

师：出现3个答案，究竟哪个对呢？我们得出结论要有根有据，请你想办法、找理由验证自己的猜想！请4人小组组长拿出信封中的两个图形给组员，完成的学生在小组内交流。

4人小组活动想办法验证猜想，教师巡视。

生1在实物展台前汇报：我测量出蓝色图形的周长是16厘米，每条边长4厘米，4条边长16厘米。黄色图形两条边长4厘米，还有3条边长2厘米，一共14厘米，所以，蓝色图形的周长长。

师：这是他测量出的结果，你同意他的意见吗？

生2：我同意，我也测量出这个结果。

不少学生提出质疑。

生3：我不同意，我测量出两个图形的周长都是16厘米。他们少算了黄色图形的一条短边！

教师带领学生共同验证，发现黄色图形的周长也是16厘米。

师：你们用测量的办法得出两个图形的周长一样长，还有别的办法吗？

生4：（来到展台面前）我是用重合的办法，这样能看出黄色图形凹进去的边与蓝色图形凸出来的边一样长。所以它们周长一样长！

师：那我们一起来试试你的方法！

（播放 CAI，演示短边平移过程。）

师：这样每一条边都能完全重合了，它们的周长一样长。看来不仅是测量，用移一移的办法也能得出两个图形的周长相等！这个方法是下学期我们要学习的平移。

（5）实践活动，感受周长在生活中的应用。

师：其实周长的知识在生活中应用非常广泛，就在我们身边也有应用。比如，我们从出生到上学，医生都要测量我们的头围，可以看出我们在茁壮成长。其实测头围就是测头这个部分的周长。

师：想测一测你们身上这样的周长吗？同桌两人合作测一测自己的腰围。拿出软尺试一试！

学生同桌两人活动。教师随机问学生各自的腰围。

师：腰围就是"腰"这个地方的周长。记住这个数据，改天去买裤子就不必再测了，直接报数据就可以了。

师：同学们，今天我们的课就上到这儿，生活中很多物品都有周长，回家后选一个物品，用合适的工具测量出它某一个面的周长。

从上面的对比可以看出，2004 年的测量周长教学中让学生明确三点：（1）在测量时要按照图形的形状和特点，选择合适的测量工具和方法；（2）培养数感和灵活解决问题的能力；（3）测量要尽可能仔细、准确。同时学会求图形周长的方法：测量与计算。测量图形所有边长，并把所有边长的和计算出来，所有边长的和就是图形周长。最后一个练习，再次让学生理解周长的含义，同时渗透"平移"知识。

就 2007 年的教学，其实巩固应用一直贯穿周长概念的形成全过程。当然也有几处单独的设计。

（1）求三角形和长方形的周长。

这两个练习看似平常简单，其实并非如此。求三角形的周长，完全放手让学生去探索，刚开始学生们有用直尺的，有用软尺的，甚至也有用长绳的，无论哪种方法，都是一个内化周长概念的体验。让学生通过操作发现用直尺测量出每边的长度记录在旁，再列出算式算出周长是很好的方法，用学生的话说就是"不会犯糊涂"。让学生更机智地运用概念的本质属性。紧接着求长方形的周长便水到渠成了，我用两句问话："这些方法为什么都对？""都是算周长，为什么一会儿加 3 个，一会儿又加 4 个？"再次让学生体验周长就是所有边线长度的总和，没有方向性和动态性。

（2）比较图形的周长长。

与 2004 年一样，也强调让学生经历猜想—验证的过程。不同之处在于，每个学生手中都有这两个图片，通过学生充分活动、充分交流，把能力培养落到实处。培养学生空间想象能力——移短边；灵活解决问题的能力——测量、重合、移短边。渗透"平移"的方法。

（3）实践活动。

测腰围及开放的课后作业的设计，使数学知识运用于实际，回归到生活，进一步体会周长含义。

综上所述，数学概念学习本身就是一个螺旋式上升的过程，需要我们从具体到抽象，再把抽象运用到具体，不断地体会。传统教学中，"知识过手"是部分教师的主要目标甚至是唯一目标，而新课程不仅关注知识与能力，还很关注过程与方法，这是有一定道理与积极意义的，我为什么一定要让学生经历概念的形成过程，因为这对于学生实践能力与创新意识的培养有着极其重要的意义，让学生不断尝试、不断完善、不断抽丝剥茧，从而总结解决问题的方法。我想，如果我们能够注重这种方法的培养，注重思想意识与数学品质渗透的长期训练，关注学生学习的后续问题，那我们的课堂教学就能够"立足一点，放眼长远"。

（四）后续思考

每次研究都会有很多很多的问题值得我不断地去思考、改进。这次对十年间三次"周长"的研究也是。比如，对于不规则图形的周长测量，整个小学数学学习阶段，似乎只有这节课学生有机会接触，我是否该多花点时间在这上面呢？

再如，我们的数学知识板块有 3 个，周长属于空间与图形板块，但国外数学知识中这部分分为 2 块：几何与测量。周长在测量部分，所以，很重视学生测量操作，这种思路我们是否可以借鉴呢？

总之，每一次研究都让我想起了这样一段话："课堂总是在不断地建构中实现新的超越，就好比一列开出的火车，发出一种声音——'轰隆、轰隆'。如果对这个火车的声音进行拟声、象形的话，我们会听到，向前开出的火车的声音是一种哲学上的命题，叫作——'肯定、否定、肯定、否定、肯定、否定'。所以，当面向未来的前进方向时，没有经过肯定、否定、否定之否定的追求，就不可能有一种超越，不可能有一种理想的实现。"

附录：十年间三次周长教学的教案

1997 年第一次执教"正方形与长方形的周长"

教学目标

(1) 通过学习让学生明确"围成一个图形的所有边长的总和就是这个图形的周长"。

(2) 使学生认识和学会求正方形的周长。

(3) 使学生掌握正方形周长的计算公式。

教学过程

一、在钉子板上围学过的图形

师：同学们，我们来玩一个围图形的游戏，看谁能在钉子板上围出已学过的图形，比一比谁围得多！

学生围图形。

教师一一展示学生围出的图形：三角形、正方形、长方形、平行四边形。

（意图：复习基本图形的特征，为教学正方形的周长做准备。）

二、正方形的周长

1. 量一量每个图形的每一条边长是多少厘米？（不足整厘米按整厘米算。）

展示几幅学生作品，检查测量是否正确。

2. 出示其中一幅正方形图，计算周长。

师：算一算，这个正方形四条边一共有多长？

学生计算。

3. 介绍周长的含义。

师：围成正方形的四条边长的总和就是正方形的周长。

（打开书 P100 齐读书上概念。）

4. 正方形周长计算的简便方法。

教师出示例 5，学生独立思考，介绍自己的简便方法。

（板书正方形周长的计算公式：正方形周长＝边长×4。）

教学书写格式。

三、练习

1. P101，"做一做"第 1 题，一个正方形的边长是 7 厘米，它的周长是多少厘米？

指名板演，订正。

2. 量一量右图三角形的每一条边的长是多少厘米，它的周长是多少厘米？

指名板演，订正。

2004 年第二次执教"什么是周长"

教学内容

北师大版数学教材三年级上册第 44～45 页，第五单元"周长"第一课时。

教学目标

（1）结合学生生活情境，通过看、描、摸、认、量、算等活动，体会"一周"的含义，认识周长。

（2）探索测量平面图形周长的一般方法。

（3）在具体活动中，让学生经历观察、猜想、探索、验证等过程，丰富学生对空间及图形的认识，发展学生空间观念。

（4）通过创设与学生密切相关的生活情境，感知周长与实际生活的联系，体会数学在生活中的作用。

教学重点

体会"一周"的含义，认识平面图形的周长。

教学难点

探索测量平面图形周长的不同策略。

教学准备

师：课件、照片、边框（纸条）、叶子、汽车图、直尺、线、磁铁、水彩笔、图形卡片若干。

生：水彩笔、直尺。

教学预设

一、感知"一周"

（一）创设情境，引入课题，初步感知"一周"——围

师（出示学生参加"红歌会"的照片）：让我们给它做一个相框挂在教室里好吗？相框应该怎么做呢？老师为你们准备了做相框的材料，谁来试一试？

再通过教师提问：你们是怎么想的？引发学生思考，从而体会相框安在照片的周围，把照片围起来了。

（创设实际问题情境，在探索解决问题的过程中初步体会"一周"——"周围"）。

（二）看一看、说一说、指一指，再次感知"一周"——起点到起点，一圈边线

（播放蚂蚁跑步课件。）

师：你们能用手比画出小蚂蚁跑步的路线吗？（强调"起点""回到起点"。）

师：你能用一句话说说小蚂蚁的跑步路线吗？

学生充分发言，最后得出：小蚂蚁是从起点出发，又回到起点。沿边

线跑了一圈。

教师小结：小蚂蚁从起点沿叶子边线跑回起点，就是绕这片叶子边线跑了一圈！

（在富有童趣的情境中，通过蚂蚁跑步的实例形象感知：一看——蚂蚁跑步过程；二比画——蚂蚁跑步路线，到抽象理解；三描述——蚂蚁跑步路线。进一步体会"一周"——"一圈"。）

（三）描一描，进一步体会"一周"——起点到起点、一圈边线

1. 描树叶边线

指名一学生板演描出银杏叶片的边线，其他学生仔细观察是怎么描的。

说一说怎么描的。指导语言：从起点出发，绕叶子边线描又回到起点，也就是绕叶子边线描了一圈。

2. 描图形边线

教材第45页第1题，学生独立描边线。教师巡视，注意强调起点和绕图形边线一周。

指名展示描汽车图过程，并边描边说描法。

理解都是从起点绕图形边线描，又回到起点，也就是绕图形边线描了一圈。

（从实例过渡到实物，再又实物过渡到图形。通过学生动手（刚才学生动眼、动口）去画一画，而且由个别到全体都去试一试，进一步体会"一周"就是"一圈边线"。而且学生描边线的图形也是从简单到复杂：实物—树叶—没有颜色单一线条的简单图形—单色而且单一线条但稍复杂的兔子图—彩色、有花纹里边有线条的汽车图。由浅入深逐步体会"一周"。尤其是把汽车图又作为一个特例，再让学生来画一画、说一说，如果由学生把中间的线条也涂了颜色说明他对"边线"理解还存在问题，正好可以让学生充分地发表意见、深刻理解"一圈边线"。）

（四）小结"一周"

师：孩子们，无论是给照片装相框，还是小蚂蚁的跑步路线，以及描

树叶和图形的边线，都有什么相同的地方？

小结：从起点沿图形边线又回到起点，刚才我们把它叫作绕图形一圈，数学上把它叫作绕图形"一周"。

（从具体形象到抽象概括，从生活中的"一圈边线"提炼到数学上的"一周"。）

（五）摸一摸，巩固"一周"

1. 数学书封面"一周"

师：你知道哪是数学书封面的一周吗？摸一摸。（师生共摸。）

教师引导：哪是数学书的封面？

（强调起点、封面边线。规范语言：从起点开始绕数学书封面的边线，又回到起点。这就是数学书封面的一周。）

2. 桌面的"一周"

学生摸课桌面的一周。

师：你是怎么摸的？

指名汇报。（强调起点、桌面边线、规范语言。）

（学生对抽象数学概念的理解是需要一定过程的，并不是一蹴而就的。而数学学习也是一个螺旋式上升的过程，从具体到抽象，再把抽象运用到具体。这里安排"摸一摸"活动，将抽象概念具体化、生活化，调动学生更多的感官来体会，并用手势、用语言来解释什么是平面图形的"一周"。）

二、揭示概念，认识周长

1. 揭示课题——什么是周长

师：在数学中，我们把像这样绕图形一周的长度叫作图形的周长。

在充分理解"一周"的基础上，揭示周长的概念。（如果有学生知道这个概念，不妨问问他："你从哪知道的？"……）

2. 说一说——周长的正确描述

师：什么是叶片的周长？你能来说一说吗？

指名学生试一试，教师引导学生规范语言。

师：什么是照片的周长？什么是银杏叶的周长？什么是汽车图的周长？

（规范语言，语言是思维的外壳，如果学生能较清楚描述什么是图形的周长，那么就一定较好的把握了周长的含义。）

3. 找一找——生活中的周长

师：生活中还有哪些地方有周长，谁来说一说。

教师注意学生语言，面的周长。

（应用于生活，进一步体会周长含义。）

4. 认一认——判断周长

教师出示梯形图（播放课件：判断），什么是梯形的周长？（暗示学生接答。）

让学生观看并判断，这条线的长度是梯形的周长吗？

图1：不封口。

图2：出边线。

图3：重复。

图4：正确。

（辨析题，通过反例进一步让学生准确理解周长的含义。）

三、测量周长

1. 简单图形周长的测量

师：这个梯形的周长到底有多长？你能想到什么办法来找到梯形的周长吗？

生：测量四条边，再计算。

师：用测量和计算的办法就能求出梯形周长。

教师出示教材第45页第2题梯形图，请学生测量并算出梯形周长。

学生独立活动，教师指名汇报。（实物投影。）

（明确求图形周长的方法：测量与计算。测量图形所有边长，并把所有边长的和计算出来，所有边长的和就是图形周长。）

2. 较复杂图形周长的测量

出示两个特殊图形，分组测量图形周长。

分 4 人小组活动，为每组都准备了一个信封，里面有这两个图形，还有一把直尺、一根线。要求有 3 条：

(1) 每组选定一个测量图形并选择合适的工具；

(2) 在组内说一说你们准备怎么测量；

(3) 记录测量结果并算出周长。

学生分组活动，教师巡视指导，指名汇报。

(目的：(1) 在测量时要按照图形的形状和特点，选择合适的测量工具和方法；(2) 培养数感和灵活解决问题的能力；(3) 测量要尽可能仔细、准确。)

四、思维拓展

教师边出示图边说："这两个图形的周长一样吗?"

学生完成教材第 45 页第 3 题。

(渗透"平移"知识。)

五、总结

师：今天这节课我们学了什么？下课后你们也可以选择喜欢的图形用合适的工具测量它某个面的周长。

2007 年第三次执教"什么是周长"

教学内容

北师大版小学数学教材三年级上册第 44～45 页。

教学目标

(1) 结合学生生活情境，通过看、描、摸、认、量、算等活动，体会"一周"的含义，认识周长。

(2) 探索测量平面图形周长的一般方法。

(3) 在具体活动中，让学生经历观察、猜想、探索、验证等过程，丰富学生对空间及图形的认识，发展学生空间观念。

(4) 通过创设与学生密切相关的生活情境，感知周长与实际生活的联系，体会数学在生活中的作用。

教学重点

体会"周长"的含义，能测量平面图形的周长。

教学难点

对"周长"含义的认识、理解、建构。

教学预设

一、感知"一周"

（一）创设情境，引入课题，初步感知"一周"

师：孩子们，今年9月25日，我们国家发生了一件举世瞩目的大事，你们知道是什么事情吗？

生："神舟"七号发射成功！

师：对！在9月25日晚9时10分，酒泉卫星发射基地一架运载"神舟"七号的火箭发射成功，让我们看看这次发射！

（播放CAI："神舟"七号发射录像。师生一起倒计时。）

师（继续介绍）：你们知道吗，在10多分钟后，"神舟"七号飞船已经进入轨道并且开始绕地球运行。

（CAI定格：飞船运行一圈图。教师介绍：这是截至当晚11点，飞船运行的画面，飞船在轨道上正好绕地球运行了……学生答：一圈！）

教师带领学生共同比画飞船运行的路线，理解飞船在轨道上绕地球运行了"一圈"。

（创设"神舟"七号发射瞬间激动人心的情境，一开课便吸引了学生注意，调动了学生的学习兴趣和积极性。同时让学生在观看飞船运行动画的过程中感知生活中的"一圈"。）

（二）看一看、说一说，再次感知"一周"

师：其实生活中这样运动一圈的现象还很多，让我们一起看看！

（CAI出示：蚂蚁图。）

师：这有一只小蚂蚁，它可是个爱运动的小蚂蚁哦，它有一个属于自己的私人小操场（CAI 出示树叶），小蚂蚁每天就在操场上跑步锻炼身体。瞧，今天它又准备跑步了。

（播放 CAI：蚂蚁绕叶子边线跑步图。）

师：你能说说小蚂蚁是怎样跑的吗？

生 1：绕着叶子跑了一圈。

师：观察真仔细，有补充吗？

生 2：从起点绕叶子跑了一圈又回到起点。

师：说的真准确，还有谁想说吗？

生 3：蚂蚁沿叶子边线从起点又回到了起点，跑了一圈。

师：你说的更准确了。

师：刚才你们说到了蚂蚁绕叶子边线跑了一圈。数学上我们就说，小蚂蚁绕这片叶子边线跑了一周。

（板书：一周。）

（CAI 出示：淡化叶片，只剩边线。）

师：这样的一周就是叶子的一周。

（板书：叶子一周图。）

（在富有童趣的情境中，通过蚂蚁跑步的实例形象感知"一圈"——看蚂蚁跑步过程。并且抽象到"一周"——描述蚂蚁跑步路线。抓住关键"边线""从起点到起点""一圈"，体会生活中的"一圈"就是数学中的"一周"。）

（三）梳理提升，理解图形"一周"

1. 回顾理解

（CAI 出示：飞船轨道图。）

师：刚才"神舟"七号飞船在轨道上运行一圈的路线，也就是轨道的——

生：一周。

（CAI 淡化：飞船、地球，只剩轨道图。）

师：飞船沿轨道绕地球飞行一周！了不起，刚学到的数学语言立即就能运用！

（板书：轨道边线。）

2. 梳理提升

（CAI 出示：飞船图和蚂蚁图。）

师：同学们，飞船绕地球飞行的是轨道的——

生：一周。

师：蚂蚁绕叶子边线跑步的路线是叶子的——

生：一周。

师：像这样的一周都是图形的一周。

（板书：图形。）

（通过对两个实例的对比、梳理，进一步抽象概括，从实物的"一周"提炼到数学上的"图形一周"。）

（四）实践尝试，巩固图形"一周"

1. 围相片一周

师：认识了"一周"，你们能围出照片的一周吗？

（CAI 出示："红歌会"孩子们的照片。）

师：漂亮吗？让我们用木条围出它的一周，把照片装扮得更美丽！老师为你们准备了材料，谁来围一围？

指名生 1 上台围照片一周，教师拿了很多根"木条"帮忙传递，故意递了 3 根短的，1 根长的。

围完后引起全班争论。

师：你们有什么想说的？

生 2：我觉得他围的不是照片的一周，上面一条边没有围完！

师：其他同学的意见呢？

全班都同意生 2 的意见。

师（问生 1）：你觉得呢？有什么办法纠正？

生1换了一根合适的"木条"。

师：现在呢？

全班一致认可。

师：都围上了，没有缝正好围出了照片的——

生：一周。

师：现在我们为照片做了一个相框，更漂亮了。

（从生活问题——围照片一周引入，让学生在解决"围一周"的过程中，进一步体会"围、周围、一周"的含义。这一过程如果直接问学生："怎样围照片一周呢？"学生用语言来回答有困难，其实他们知道怎么围，但是说不清楚。因此设计成"做一做"的环节，使学生在动手的过程中进一步理解"一周"的含义。加之教师故意制造的错误，激起了学生认知的冲突，在纠正错误的过程中更准确地理解了"一周"的含义。）

2. 摸一摸数学书封面一周

师：我们对一周已经有一些认识了，能摸一摸数学书封面的一周吗？（一根手指。）

全班齐摸。

师：谁来摸一摸？请你仔细观察并评一评。

（指名摸一摸。）

生：摸得很好。

师：谁能具体说一说？

生：从起点沿数学书封面边线又回到起点，刚好摸够。

师：正好摸了数学书封面的一周！

教师演示一次，故意不按顺序，问："我摸的是数学书封面的一周吗？"

学生争论，最后达成共识：只要刚好把数学书封面的边线摸完，就是它的一周。

（学生对抽象数学概念的理解是需要一定过程的，并不能一蹴而就。而数学学习也是一个螺旋式上升的过程，从具体到抽象，再把抽象运用到具体。这里安排"摸一摸"活动，将抽象概念具体化、生活化，调动学生更多的感官来体会，并用手势、语言来解释什么是平面图形的"一周"。）

3. 描图形"一周"

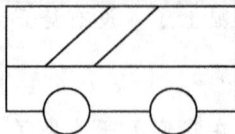

师：你们能描图形一周吗？拿出题单描出两个图形的一周。

学生独立完成，教师巡视，收了 2 份题单。

教师在实物展台上展示题单1，问："对不对？"

全班认同。

师：请这位同学上台再把第一个图形描一描，其他同学看看他是怎么描的。

学生描，全班看。

师：说一说你是怎么描的。

生：先描左边一条边，再一条一条把它们都连完。

师：他有一个词用得很好，"连完"，说明我们描一周要怎样？

生：全部边线都描完。

教师在实物展台上展示题单2，问："对不对？"

生：汽车图描错了。

生：汽车和轮子里面的线不描。

生：图形一周应该是边线一圈，不能把里面的线也描了。

师：明白了吗？请上来改一改，帮我们把汽车图描在黑板上。

（学生画，教师板书：汽车图一周。）

师：正确吗？

全班赞同。

师：让我们用掌声祝贺他。

师：通过你们的补充、改正，相信对图形一周的认识一定更准确了。

这可很关键哦，这不，两只蚂蚁就要在叶子的一周上进行跑步比赛！

（描一描的活动，让全体学生都参与。从简单到复杂、由浅入深，再次体会"图形一周"。图 1 是没有颜色单一线条的简单图形，从中体会图形一周指的是从头至尾一圈。图 2 是彩色且里边有线条的汽车图，通过课堂中一个意外——学生的错误，引导学生讨论、辨析，深刻理解图形一周指的是边线一圈。）

二、揭示概念，认识周长

（一）创设矛盾，感受长度

1. CAI 出示：两只蚂蚁分别以树叶一周和荷叶一周为场地，比赛跑步

师：黄蚂蚁跑树叶一周，红蚂蚁跑荷叶一周，你认为这样的比赛公平吗？说说你的理由。

生：不公平，因为荷叶大一些。

师：还有别的意见吗？

生：边的长度不一样，不公平。

师：你呢？

生：不公平，树叶一周短一些，荷叶一周长一些。

师：看来你们都认为树叶一周的长度短一些，荷叶一周的长度长一些。刚才有位同学提到荷叶大一些，其实也是一个道理，荷叶越大一周的长度就越长。哦，原来一周有长有短，一周是有长度的。

（板书：长度。）

2. 感知周长概念

师：树叶一周有多长，你能想办法得到吗？

全班沉默一会儿，教师等待。

生：用直尺量。

教师马上递上一把直尺，好，你去试试吧！

学生上台在树叶图上用直尺比画了一下，下面的学生有意见了：不行，叶子是弯的，直尺不好量。

生：用软尺量。

师：是个好办法，谁来试试？

学生操作，发现不方便。

师：还有别的办法吗？

生：用一根绳子绕叶子一周，再用直尺量绳子的长度。

师：这个办法可行吗？我们就用你的办法来试一试。

（播放 CAI：绳子绕叶子—展开—直尺测量—刻度 40 厘米。）

师：叶子一周的长度是——

生：40 厘米。

师：谁能完整地说一说？

生：树叶一周的长度是 40 厘米。

生：树叶的周长是 40 厘米。

师：对，你提到一个词"周长"，叶子一周的长度就是叶子的周长。
（板书：周长）其实这片树叶的周长就是 40 厘米！

师：谁再来说一说？

生：树叶的周长是 40 厘米。

师：要让比赛公平，荷叶的周长也应该是多长？

生：荷叶的周长也应该是 40 厘米长。

（通过不公平的游戏，制造矛盾冲突，让学生直观地感受到图形一周有
长有短，并结合具体情境中体会周长的含义。为周长概念的揭示埋下伏笔。）

（二）理解周长含义

师：40 厘米是树叶的周长，老师还调查到了一些数据。

（CAI 出示数据：做相框用了 12 分米的木条。）

师：做相框用了 12 分米的木条指的是什么？

生：照片的一周长，周长。

生：相框的周长是 12 分米。

生：照片的周长是 12 分米。

师：同意吗？

全班赞同。

（通过对多个数据理解，再次让学生直观理解周长的具体含义。）

（三）揭示课题

师：在数学中，像这样图形一周的长度就是图形的周长。

（将板书补充完整：图形一周的长度是图形的周长。）

学生看书第44页右上图重点句，勾画并齐读。

师：这就是今天我们一起研究的"什么是周长"。

（板书课题：什么是周长。）

（在充分理解"一周"的基础上，用直观的数据帮助学生理解，突出重点，突破难点，揭示周长的概念。）

三、测量周长（教材第45页第2题）

（CAI出示：三角形图。）

师：你能想办法得到这个三角形的周长吗？看书上第45页第2题，只完成第1个图形，清楚吗？

学生独立活动，教师巡视。

师：谁来说说这个图形的周长是多少，你是怎样找到的？

生1展示汇报：（这个学生只写了一个数据：13厘米）这个图形的周长是13厘米。我是先测量出第1条边长是6厘米，第2条边长是3厘米，第3条边长是4厘米。

师：自己都记不清13厘米是怎么来的了，你们有什么建议吗？

生2：我建议你把每一条边的长度都写下来，然后列出算式，这样就完整了。

师（问生1）：你觉得这个建议怎样？

生1：确实是个好建议。

师：既然是个好建议，那你就动手补一补吧！

生1依次补充出了每条边长，并列出算式6＋3＋4＝13（厘米）。

师：哇，这下太完美了！你们还有问题想与他交流吗？

生3：你为什么要加起来？

生1：周长是全部的，所以要加起来。

生4：你为什么要加3次？

师：你的意思是不是为什么要加3个数？

生1：周长是3条边的和，所以要加3个数！

生5（补充）：只能加这3个数，因为如果是四边形就要加4个数，三角形只有3条边就只加3个数！

师（小结）：看来我们要根据具体的情况把所需要的边全部加起来。

（明确求图形周长的方法就是：测量与计算，图形所有边长的和就是图形周长。）

四、思维拓展（教材第45页第3题）

（CAI出示：第45页第3题图。）

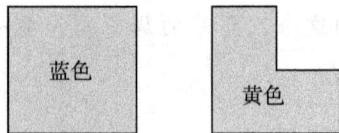

师：判断一下哪个图形的周长长？

师（稍作等候）：认为蓝色图形周长长的举手？

不少学生举手。

师：认为黄色图形周长长的举手？

一些学生举手。

师：还有不举手的什么意思？

不举手的学生：一样长！

师：出现3个答案，究竟哪个对呢？我们得出结论要有根有据，请你想办法、找理由验证自己的猜想！请4人小组组长拿出信封中的两个图形给组员，完成的学生在小组内交流。

4人小组活动想办法验证猜想，教师巡视。

生1在实物展台前汇报：我测量出蓝色图形的周长是16厘米，每条边长4厘米，4条边长16厘米。黄色图形两条边长4厘米，还有3条边长2厘米，一共14厘米，所以蓝色图形的周长长。

师：这是他测量出的结果，你同意他的意见吗？

生2：我同意，我也测量出这个结果。

不少学生提出质疑。

生3：我不同意，我测量出两个图形的周长都是16厘米。他们少算了黄色图形的一条短边！

教师带领学生共同验证，发现黄色图形的周长也是16厘米。

师：你们用测量的办法得出两个图形的周长一样长，还有别的办法吗？

生4：（来到展台面前）我是用重合的办法，这样能看出黄色图形凹进去的边与蓝色图形凸出来的边一样长。所以它们周长一样长！

师：那我们一起来试试你的方法！

（播放CAI，演示短边平移过程。）

师：这样每一条边都能完全重合了，它们的周长一样长。看来不仅是测量，用移一移的办法也能得出两个图形的周长相等！这个方法是下学期我们要学习的平移。

（培养学生数感——正方形周长计算方法；空间想象能力——移短边；灵活解决问题的能力——测量、重合、移短边。渗透"平移"的方法。）

五、实践活动，感受周长在生活中的应用

师：其实周长的知识在生活中应用非常广泛，就在我们身边也有应用。比如，我们从出生到上学，医生都要测量我们的头围，可以看出我们在茁壮成长。其实测头围就是测头这个部分的周长。

师：想测一测你们身上这样的周长吗？同桌两人合作测一测自己的腰围。拿出软尺试一试！

学生同桌两人活动。教师随机问学生各自的腰围。

师：腰围就是"腰"这个地方的周长。记住这个数据，改天去买裤子就不必再测了，直接报数据就可以了。

师：同学们，今天我们的课就上到这儿，生活中很多物品都有周长，回家后选一个物品，用合适的工具测量出它某一个面的周长。

（轻松的活动和开放的课后作业，让数学知识应用于生活，进一步体会周长含义。）

简评

何老师是一位选题较直接的高研班学员，读何老师的文章有三大感受：第一，这是一篇典型的"反思研究的文章"；第二，反思对于教师自身素养的提高是一个非常有效的方法；第三，目前在学术界反思到底反思些什么和如何反思没有一定的结论。此文从一个实践者的经历，从一个侧面给我们一点启示：反思什么和如何反思。

具体地说，本研究选取了"周长"这一几何中的重要概念作为研究的着眼点，分析和反思了具有10年跨度的三次有关周长的教学。我们知道，从20世纪90年代末期到21世纪开始的这些年，正是中国课程改革进行得风风火火的年代，数学课堂教学都或多或少地受到改革理念的影响，因此，本研究选取的时间段或时间跨度都是很有意义的。

本研究在介绍这同一概念的三次教学时，主要是通过向读者展示了三次课的典型教学片段以及三次课详细的教案，特别突出了每一教案中的教学目标，并对1997年和2004年的教学目标进行了分析和比较，2004年和2007年的教学目标几乎没有区别。值得指出的是，如何选取典型的教学片段往往是很有挑战性的，一些研究要么选取的教学片段过于冗长，包括了一些无关的信息，而有些研究的教学片段却过于短小，丢失了一些有用的信息。因此，读者从本研究中可以学习到研究者是如何选取教学片段的。

从本研究也可以看出研究者对教学的那种钻研和探究的精神。特别是2004年和2007年的两次教学，教学目标没有大的变化，但研究者在改进之前的教学和设计新的教学时，特别是抓住了周长概念的两个维度"一周"和

"长度"，这正是一些几何概念的共性，即可以图形表征的、可视的（如一周）和量化的、可测度的（如长度）。研究者从教材对周长的定义中，抓住了这两个维度，从对以往周长概念的教学中所发现的学生对周长概念理解上的难度，设计和引入了一些有实际生活情景的探究性活动，帮助学生进行概念性理解。而实际生活情境的选取，通过比较 2004 年与 2007 年的教案，读者可以发现它们都很好地与学生的兴趣结合并与时俱进，例如，2007 年的教学选取了"神舟"飞船的情境，这是一个当年举国上下无人不知的新闻事件，也是大多数学生所好奇的和有兴趣的航天和太空探索领域。

本研究对三次课都有很到位的、精彩的反思。特别是对 1997 年和 2004 年教学的反思，如果没有当年及时的课后反思及反思记录，研究者很难在 10 年后写出这些反思性的点评。因此，本研究也给我们如下的启示，教学的反思活动，不仅对改进自己近期的教学和长远的专业发展有益，而且也为自己的教学研究积累一些很好的素材和一手资料。

建议本研究做以下的改进或进一步的拓展。

本研究既然涉及跨 10 年之久的教学，期间正是中国的课程改革从酝酿到实验的阶段，且实验也包括了从点到面、逐渐展开和推进的过程。本文如果能够介绍这三次教学所对应的大的课程改革背景，并与读者分享自己在做教学设计时是否受当时的课程改革理念的影响，也许会让本研究的意义更上一层楼。当然，对这样的大背景的感知和描述，对于一线教师来说也许是过高的要求，但从研究的视角来说，却是很有意义的和必要的。

1997 年，第一次执教"正方形与长方形的周长"时所使用的是九年义务教育六年制小学数学教材，2004 年执教北师大版三年级上册"什么是周长"，而 2007 年第三次执教"什么是周长"一课，作者只是提到"适逢武侯区课程改革总结"，但没有介绍当时所使用的教材。如果能够对这些教材作些介绍，特别是指出这些教材编写所依据的教学大纲或课程标准，那么读者也会将课堂教学与课程联系起来考虑本研究。

　　本研究节选了来自于不同年份的三次教学片段，2004 年和 2007 年介绍得较为详细，包括了师生的互动和对话，而 1997 年的那次课介绍得很简短，只是包括了教师的一句开场白，没有学生的回应，也没有师生的其他对话。这样对课堂教学的不对称的介绍，让读者有一种信息不完整感，因为读者会对 1997 年的课堂是否有师生的对话产生疑问，如果有，作者为什么不包括在内？因此，如果能像 2004 年和 2007 年的课那样介绍 1997 年那次课，也许会打消读者可能的疑虑。

　　本研究的另一特点是教学后的反思。我们看到每一次的反思都促进了下一次教学的改进，这也是反思的重要意义之一。如果作者在探索反思对概念教学的意义时，也能够思考和探讨反思活动对自己专业发展的影响，就会进一步提升本研究的价值。当然，各个研究都有其侧重点，这样的建议也许可以作为研究者将来的研究所考虑的方向，在此处提及这一点，仅供研究者和读者参考。

"同课同构，效果不同"是何因

——"什么是体积"课例分析

孙　枚（天津市河西区教育中心）

♟一 问题的提出

随着新课程改革的不断深入，区域间的交流不断增多，教师的教学水平有了显著提高。尤其是互联网的迅猛发展，为教师的交流提供了一个更广阔的平台。即使不在同一地域的教师，也能轻而易举地获得一些名师的经典案例或较成熟的课例。特别是新世纪小学数学教材编写组在第 4 版教参后面配备的光盘中，不仅有教材解读，更有一些课例的视频供教师学习。那么，是不是有了这些优秀的案例，教师照搬照抄就一定能上出效果相同的课呢？经过研究，我发现答案是否定的。在教学实践中，同样的课例在不同教师的演绎下，呈现的效果是千差万别的。因此，在有了成熟的模式和良好资源的情况下，如何利用好它们，教师还需在哪些方面进一步提高，将是我们进一步研究的方向。

♟二 研究的问题

本次研究的问题：不同的教师按照同一经典课例的范本进行执教，在执教的过程中究竟存在哪些差异？造成差异的原因又是什么？

三 研究的内容

本次研究选取的是"体积与容积"一课，此内容属于典型的概念教学，因此，帮助学生正确、完整地建构起"体积"与"容积"这两个概念就显得尤为重要，是后续学习相关知识的重要基础。我区曾对此内容做过较为深入的研究，天津市河西区上海道小学章虹老师执教的录像课曾在"全国首届新课程小学优秀课例评选"中获一等奖。基于这一成功案例，在我区担任五年级数学的教师中选取较有代表性的老、中、青各一位分别执教此课，教师具体情况如表1。

表 1

教师	年龄/岁	教龄/年	职称	学历（后取）
B	23	1	无	大学本科
C	30	8	小高	大专（大学本科）
D	43	25	小高	中师（大学本科）

上课前，三位教师先是共同学习了课例的视频资料和文字实录，然后共同讨论并设计出前测问卷，分别在本班进行前测调研，随后结合课例和前测情况进行独立备课，最后在准备比较充分的情况下进行授课。

由于受到文章篇幅的局限，本文只截取整节课中的一个小片段进行比对分析。片段的主要内容是在上课伊始，从学生观看"乌鸦喝水的故事"之后的讨论开始，到揭示体积概念结束，总共时长约4分钟。选择此片段主要原因有两个：一是此片段是整节课建构体积概念过程中的重要一环；二是四位教师在此环节教学流程基本一致，这样就可以排除由于不同设计造成的差异，既便于比对分析，更易于看出隐藏在教学设计背后的一些问题。

四 研究的结果和结论

以下将四个片段用A，B，C，D进行代表，其中A片段为章虹老师执教的获奖课例（为了叙述一致，以 A 教师代表），B，C，D 片段为 B，C，D 三位教师执教的课例，顺序与教师情况表格相同。为了便于进行比对分析，将此片段根据揭示体积的过程划分了以下三个教学环节。

环节一：解释"小乌鸦是怎样喝到水的"，初步感受"物体是占空间的"。

环节二：进一步感受"物体是占空间的"，而且还有大小之分。

环节三：揭示"什么是体积"。

（一）四个教学片段进行比对分析

1. 时间分布情况的比对分析

四位教师在三个教学环节中的时间分布如表 2。

表 2

片段	环节一		环节二		环节三		总计/秒
	时间/秒	百分比/%	时间/秒	百分比/%	时间/秒	百分比/%	
A	96	36	88	33	84	31	268
B	91	35	106	41	63	24	260
C	81	31	83	31	99	38	263
D	55	21	77	30	124	49	256

从表 2 可以看出，A 片段用时最长（4 分 28 秒），D 片段用时最短（4 分 16 秒），两者仅仅相差 12 秒。因此，四位教师整体用时没有明显差异，而在不同环节的时间分配上却略显差异：A 片段三个环节用时分布较均匀，分别为 36%，33%，31%，总体呈递减状态，其中环节一是四个片段中此环节用时最长的。B 片段三个环节用时分别为 35%，41%，24%，其中环节二用时较长，环节三用时较短，总体呈波动状态。C 片段三个环节用时分布也比较均匀，分别是 31%，31%，38%，总体呈递增状态，且每个环节用时在四位教师中均属中等。D 片段三个环节用时分布差异明显，分别为 21%，30%，49%，其中环节一用时较短，是四个片段中此环节用时最短的，环节三用时过长，是四个片段中此环节用时最长的，总体呈递增状态。

把教师情况和时间分布情况相结合，我发现：B教师年纪较轻，缺少一定的课堂经验，对整体时间把握不够准确。C教师有一定的教学经验，基本能按照自己的预先设计引领课堂节奏。D教师在起始阶段用时较少，而把主要的精力放在揭示"什么是体积"的环节上。A教师则把工夫下在了理解情境阶段，而后随着学生的感受不断丰富，到了揭示"什么是体积"环节反而用时最短。

通过以上对比分析可以看出，只有A教师各环节用时是递减的，相对较有经验的C，D两位教师都是递增的，且D教师最为明显。由此可以看出，D教师代表的是一部分经验较为丰富的教师，他们往往认为概念课一定要在揭示定义的环节上多花些时间，感觉只有这样才能让学生真正地掌握概念。其实不然，一个概念的建构，定义的作用只占了很少的一部分，更重要的是积累感受的过程。新课程标准强调：让学生经历数学概念的生成的过程，更好地感受数学。情境的价值是运用已有的生活经验来解释数学问题和让学生领悟数学知识，实现从生活到数学的一次经验的转移，从而让学生不知不觉地走进数学的天地。因此，A片段由于有了前期充分的积累，到了揭示定义时也就水到渠成了。学生学的轻松，教师教的也轻松。

2. 相同教学环节横向比对分析

环节一：解释"小乌鸦是怎样喝到水的"，初步感受"物体是占空间的"。

【A片段】

师：真是一只聪明的乌鸦，它想到什么办法就能喝到水了？

生：把一些石子放在一个瓶子里，水面就慢慢地上升，它就喝到水了。

师：哦，把石子放到瓶子里，为什么把石子放到瓶子里。水面就会上升，就能喝到水了呢？

生：因为石头不会浮在水面上，一放进瓶子里，水面就上升了，然后它嘴进去就能喝到水了。

师：石头很沉，会沉入到底下，为什么沉落到底下水面就会上升了呢？

生：因为石头占了瓶子里的空间，使水占的体积缩小，水只能向上走，然后在上面寻找空间，所以，石头放在瓶子里，水面就会上升，乌鸦就能喝到水。

师：石头占了水的空间，这一点我很赞同，他刚才还说了一个水的体积就变小了，你们觉得变了吗？

生（齐答）：没变。

师：是因为石头占了水的空间，水就被怎么样？

生（齐答）：挤到上面。

师：水的体积变了吗？

生（齐答）：没有。

师：也就是说石头是（停顿）占空间吗？

生（齐答）：占。

师：石头是占空间的，水也是占空间的。（板书：占空间。）

【B片段】

师：真是一只聪明的乌鸦，她想了什么办法就喝到水了？

生：乌鸦把石子放进瓶子里面，（师：然后）然后水面就渐渐上升了。

师：石子放进瓶子里，水面就上升了。

（课件：对比放石子前和后两幅图。）

师：为什么石子放进去水面就会升高了呢？

生：因为石子占地方，所以，水面就升高了。

师：这是她的想法，还有想说的吗？

生：石子放进去，占了瓶子部分。

师：很好，都发表了自己的意见。石子占地方，在数学上叫作占空间。

（板书：占空间。）

师：这些石子占了这部分的空间（课件：圈出瓶子里的石子），那原来的水去哪了？

生：水就挤到上面去了。

师：水被挤到上面去了，看来不仅石子占空间，水也？

生（齐答）：占空间。

【C片段】

师：谁来告诉老师小乌鸦是怎么喝到水的？

生：把石子放到水瓶子里，水面渐渐升高，小乌鸦喝到水了。

师：为什么把石子放到瓶子里，水面就渐渐升高了呢？为什么呀？

生1：因为石子占据了水的面积。

师：她说石子的面积占了水的面积，有不同的意见吗？

生2：小石子的质量使水面渐渐地上升。

师：她说小石子的质量使水面渐渐地上升，她说是质量，其他同学呢？

生3：我认为是小石子的空间，放进水里，小石子跟水的空间也逐渐上升了。

师：也就是说小石子占了谁的空间？占了水的空间，是这样吗？你们更同意谁的意见呢？

生（齐答）：生3。

师：更同意生3的是吧，关于另两位同学的意见咱们一会再来研究。生3说的这个小石子是占空间的，是吧？（板书：占空间。）

【D片段】

师：同学们想一想，小乌鸦是怎样喝到水的？

生（在下面说）：小石子放到瓶子里。

师：水面怎么样了？

生（齐答）：上升。

师：那为什么小石子放进去，水面就升高了？

生：因为小石子占了水的空间。

师：它占了水的空间，那水呢？

生：因为石子把水挤出去了，水就寻找另外的空间来容纳自己。

师：水也有空间，它寻找另外的空间。（板书：占空间。）

师：小石子占空间吗？

生（齐答）：占。

此环节是在学生看过课件播放的《乌鸦喝水》的故事后，围绕"小乌鸦为什么能喝到水"展开的讨论。其目的是借助解释"瓶子里放入小石子，水面上升"这一现象，帮助学生获得"物体是占空间的"重要感受。四位教师虽采用了不同的提问方式，但都涉及了"小乌鸦是怎样喝到水的"和"为什么把石子放到瓶子里，水面就会上升"这两个问题。其中问题一是引导学生发现"把小石子放到瓶子里，水面就会上升"这一现象，而问题二正是在解释其现象的原理。因此，两个问题是本环节讨论中必不可少的核心问题。

从学生回答这两个问题的情况看。问题一，四个班级的学生均能很快发现这一现象；问题二，A，B，C三个班级中第一个回答的学生均未能做出正确解答。对比两个问题，显然两个问题思维含量是不在同一级别的。问题一只需要把看到的现象表达出来，而问题二不仅要思考现象背后的原理，还要把想到的清晰地表达出来，对学生的形象思维能力和数学语言的表达都提出了较高的要求。同时，问题二解释得是否清晰是衡量学生是否认识到"物体占空间"的关键一步，是学生在头脑中建构起体积这个概念的重要一环。因此，需要教师耐下心来引导学生在交流中把第二个问题弄清弄透。

从教师的教学实践情况看，A教师紧紧抓住学生的回答，譬如，学生说："因为石头不会浮在水面上，一放进瓶子里，水面就上升了，然后它嘴进去就能喝到水了。"教师问："石头很沉，会沉入到底下，为什么沉落到底下水面就会上升了呢？"学生又说："因为石头占了瓶子里的空间，使水占的体积缩小，水只能向上走，然后在上面寻找空间，所以，石头放在瓶子里，水面就会上升，乌鸦就能喝到水。"教师又问："石头占了水的空间，这一点我很赞同，他刚才还说了一个水的体积就变小了，你们觉得变了吗？"教师的每一次追问都是先从学生的答话中找到学生已能感知的部分并给予肯定，再对解释不清晰地部分进行追问，在师生、生生你来我往的交流中逐渐清晰。A 教师的教学行为很好地体现了《标准（2011 年版）》的要求："教师教学应该以学生的认知发展水平和已有的经验为基础，面向全体学生，注重启发式和因材施教。"再看 B，C 两位教师，当遇到第一个学生没有正确解释后，并未对学生的答话给予有针对性的回应，转而去寻求其他同学的意见。当第二位学生仍然没有回答出自己理想的答案后，B 教师索性自己揭示"石子占地方，在数学中叫作占空间"，把两个并不能等同的概念硬是牵连到了一起，没有启发和引导学生自己去思考得出结论，而是采取了新课程改革以来一直反对的"灌输式"教学，该教师的理念没有更新，在教学中所扮演的角色也没有实现转变。C 教师仍不放弃寻找，因为此时仍没有找到合理的引导方案，所以，当第三位学生的叙述中有了"占空间"三个字，也就不管学生解释得是否够清楚，马上抓住"占空间"三个字快速结束这一问题的纠缠，对前面两位学生的认知误区只说："咱们一会再来研究。"这样可能会打击前两位学生的积极性，教师没有站在学生学习数学的角度去思考和感悟学生学习数学的过程，殊不知，第二位学生的回答只要教师稍加引导，学生即能走出认知的模糊区域了。最后看 D 教师，一问一答，顺畅流利，是唯一没有在第二个问题遇到障碍的班级。但如果细看就会发现，问题具有明显的指向性，缩小了思考的空间，"小乌鸦是怎样喝到水的？""水面怎么样了？""那为什么小石子放进去，水面就升高了？""它占了水的空间，那水呢？"这样的设计自然减轻了学生回答的障碍，可这就如同把知识嚼碎了喂给学生，学生长期在这样的呵护下还怎能培养独立、完整地思考问题的能力呢？古人云，授之以鱼不如授之以渔。数学教学的根本目的是让学生学会独立思考，解决在生活实际中出现的现实问题，个人得到更好的发展。而 D 教师的所作所为看起来数学教学很顺利，实际上限制了学生的发展，值得工作在一线的教师反思：自己是否为了使课程顺利地进行而自然而然地让学生跟着已经限制好的问题思考。

综观以上四个片段，A 教师在此环节用时最长，面对学生的问题不急躁，等待思考，引导学生在讨论中逐渐理清现象背后的原理，从而帮助学生深刻理解"占空间"这一词语的内涵，为后续学习打下坚实的基础。B，C，D三位教师的追问更多是为了引出"占空间"三个字，而缺少对词汇背后含义的理解。由此可以看出，A教师深知此环节的真正意图，B，C，D三位教师只是在走过场，并未真理解此环节的意图。因此，A课堂的交流是在真交流，而其他课堂只停留在学生表达出自己的想法上，师生、生生并未产生思维的碰撞。而新课程强调的数学课堂应该是师生平等对话、生生积极互动、大家共同参与的有效课堂。

环节二：进一步感受"物体是占空间的"，而且还有大小之分。

【A片段】

师：（出示小盒）你们看看这个小盒占空间吗？

生（齐答）：占。

师：你们说说还有什么物体也是占空间的。

生1：这个也占。

师：这是什么呀？

生1：橡皮泥。

师：那你把话说完整。（教师举起橡皮泥。）

生1：橡皮泥也占空间。

师：呵，真棒！谁能和他说得一样好？

生2：足球也占空间。

师：哦，足球。想象一下，有一个足球也是占空间的。好，你来说。

生3：铅笔盒也占空间。

师：举起你的铅笔盒给大家看看。（学生举起铅笔盒）占空间吗？

生（齐答）：占。

师：你想说？

生4：我这个水壶也占空间。

师：看来物体都是？

生（齐答）：占空间的。

师：物体都占空间，那你肯定能找到一个比这个小盒所占空间大的物体。

生（齐答）：对。

师：那你说一个。

生5：我的水瓶子比它占空间大。

师：（举起盒子和水瓶子）同意吗？

生（齐答）：同意。

师：比它所占空间小的，能找到吗？

生6：芝麻比它小，芝麻也占空间。

生7：橡皮泥（举起橡皮泥）。

师：（举起橡皮泥和小盒）同意吗？同学们。

生（齐答）：同意。

师：看来物体不仅占有一定的空间，而且所占的空间还怎么样？

生（齐答）：不一样。

师：不一样，有大有小，有大小之分呐。（板书：大小）是这样的吗？

生（齐答）：是。

【B片段】

师：老师这有一个小盒，它占空间吗？

生（齐答）：占。

师：那你想想你身边还有什么物体占空间？

生1：铅笔盒占空间。

生2：书包占空间。

生3：数学书也占空间。

生4：投影仪也占空间。

生5：人也占空间。

师：说得非常好。你们找到了各种占空间的物体，就连咱们自己也占空间（生齐答：占空间）。

师：那你想想你身边有没有比你自己占空间小的物体？

生6：数学书比我占空间要小。

生7：水瓶应比我占的空间要小。

生8：我觉得我的书包比我占的空间要小。

师：你们找到了比自己占的空间小的物体，那你肯定也能找到比你自己占空间大的物体。

生9：这间教室比我占的空间大。

师：教室比你占的空间大，那咱们是从哪量的教室？

生（齐答）：外面。

师：从教室的外面去量，教室占的空间比自己要大。

生10：我们的学校比我们占的空间大。

师：学校比自己大得多。

生11：前面的黑板也比我们占的空间大。

师：看来物体不仅占空间，而且它所占的空间还有？

生（齐答）：大小。（板书：大小。）

师：非常好。

【C片段】

师：小石子占空间，网球占不占空间呢？

生（齐答）：占。

师：网球也占空间，那么物体看来都占空间，是吧？

师：你们能不能找一个比网球占空间大的物体？在咱们的教室里。

生1：柜子。

师：比一下（示意）是不是比网球占的空间大？

生2：文具盒。

师：她的文具盒比网球占的空间大，是吧？

生3：黑板。

师：黑板比网球占的空间大。

生4：书箱。

师：书箱比网球占的空间大，是吧？那你们还能找到一个比网球占的空间小的物体吗？

生5：橡皮。

师：橡皮，你的橡皮呢，拿起来比一下（将两个物体放在一起），是不是比网球占的空间小。

生6：粉笔。

师：粉笔（将两个物体放在一起），比网球占的空间小，眼睛真尖。

生7：钥匙。

师：钥匙比网球占的空间小。看来物体不但占空间，而且占的空间还有大小之分。（板书：大小。）

【D片段】

师：瓶子占不占空间？

生（齐答）：占。

师：还有哪些物体占空间？

生1：装小石子的盒子也占空间。

师：盒子占空间。

生2：教室。

师：教室。

生3：铅笔盒。

师：铅笔盒。

师：请你找出比这个小石子占的空间大的物体。

生4：铅笔盒。

师：铅笔盒。

生5：人。

师：对，人也占空间。

生 6：宇宙。

生 7：书。

师：书。难度加大，找比小石子占空间小的物体。

生 8：灰尘。

师：灰尘。

生 9：蚂蚁。

师：蚂蚁。

生 10：微生物。

师：你们真聪明，都知道微生物了。

生 11：沙粒。

师：沙粒。是不是所有的物体都占空间啊？

生（齐答）：是。

师：而且所有的物体占的空间都——（生齐答：有大有小）。（板书：大小。）

此环节是学生在知道了石子和水是占空间的基础上，举例说一说"物体是占空间的"，再找一找比标准物体占空间大和小的物体，感受"物体不仅占空间，而且还有大小之分"。基于本环节的教学意图，从以下三个方面进行比对。(如表 3)

表 3

片段	举例 有无限制	举例数量/个			教师回应情况
		占空间	大	小	
A	无	4	1	2	均有回应，且引导学生看、想例子，并将例子与标准物体进行比较。
B	有（身边）	5	3	3	举"占空间"和"小"的例子没有回应举"大"的例子有回应。
C	无	0	4	3	均有回应，将例子与标准物体进行比较。
D	无	3	4	4	重复例子的名字。

根据表 3 做出如下分析。

首先，从举例有无限制看。A，C，D 三位教师均未对学生举例的范围有所限制，只有 B 教师提出举身边例子的要求。但 B 班级的学生在第一组举例中，最后一位学生举出的例子是人，于是教师改变了以小盒为样例，进而以人为标准，让学生找比人占空间大和小的物体，由于人的体积在教室中属于比较大的物体，因此学生只能举出教室和学校这样的例子，自然也超出身边的限制了。

其次，从学生举例数量看。按整体数量比较，四个片段分别为 7 个、11个、7 个、11 个，A，C 片段少一些，B，D 片段多一些，差异应该不算明显。按类别进行比较，B 和 D 片段比较均匀，A 片段在"占空间"举例数量大于后两类数量的和，C 片段在"占空间"未进行举例。

最后，从教师回应情况看。A 教师在学生每一次举例后都要组织学生或是看物体，或是想物体，或是比物体。B 教师在学生举例后基本没有任何回应，只是一味地喊学生的名字举出新的例子。C 教师在学生每一次举例后有意识将例子与标准物体进行比较。D 教师只是简单地重复例子的名称。

通过以上三方面的比对可以发现，A 教师并没有一味追求举例数量的多少，而是更关注学生举出的例子在其他同学的头脑中有没有建立起来，通过看或比实物，帮助了在小学阶段形象思维水平低的学生理解"占空间"的概念，间接地促进了学生的形象思维的发展。的确，进入到三维领域的学习对学生的空间观念要求较高，学生需要经历"文字—看—想"的过程才能逐渐将"物体占空间"在头脑中立起来，因此，不仅需要相当数量的例子来做支撑，更需要既有看得见的实物，又有看不见的需要想象的物体，帮助学生增强"物体占空间"的感受。B，C，D 三位教师显然忽略了这一点。由此，我们教师需要思考的是，在课堂教学中是否有必要对学生进行引导？在哪些地方引导是最有效的？让学生注意倾听别的同学举出的例子，同步在自己的头脑中建立表象。从说出一个物体到把这个物体在脑海中的形象建构起来的过程，非常需要教师将学生举的例子分出层次来，以帮助学生丰富联想。显然，应声对接是没有意义的，只起到了激励学生举例的作用，简单重复也是苍白无力的。那么教师的语言在什么情况下最有价值？值得我们去进一步探索与研究。综上，引导就是要给学生指引思考的方向，帮助学生在课堂中积累学习经验。

环节三：揭示"什么是体积"。

【A 片段】

师：这个小盒所占空间的大小就是这个小盒的什么？你说，用个词。

生：体积。

师：小盒所占空间的大小是小盒的体积。那橡皮泥呢？橡皮泥的体积是什么？

生：它所占空间的大小。

师：它所占空间的大小。再找一个。

师：铅笔盒的体积，什么是铅笔盒的体积？

生：是铅笔盒所占空间的大小。

师：同意吗？

师：小球的体积？

生：这个球所占空间的大小。

师：说了这么多物体的体积了，那你们说说，什么是物体的体积呢？

生：就是物体所占空间的大小。

师：同意吗？谁能再说一遍什么是物体的体积？

生：就是物体所占空间的大小。

师：物体所占空间的大小叫作物体的体积（板书）。

【B 片段】

师：还是刚才这个小盒，它所占空间的大小就叫作小盒的——

生（齐答）：体积。

师：胡宇轩所占空间的大小就是胡宇轩的——

生（齐答）：体积。

师：那什么是数学书的体积呢？

生：数学书占空间的大小就是数学书的体积。

师：什么是铅笔盒的体积呢？

生：就是铅笔盒所占空间的大小。

师：咱们说了这么多的体积，谁来总结总结什么是物体的体积？

生：物体所占空间的大小就是物体的体积。

师：说得非常好，物体所占空间的大小就是物体的体积（板书）。

【C片段】

师：那么网球所占空间的大小是网球的什么？

生（齐答）：体积。

师：是网球的体积。那么，小盒的体积呢？

生：小盒的体积也就是小盒所占空间的大小。

师：也就是小盒所占空间的大小。铅笔盒的体积呢？铅笔盒的体积是
什么呢？

生：铅笔盒所占空间的大小。

师：讲桌的体积呢？

生：讲桌的体积是讲桌所占空间的大小。

师：你们说了这么多的物体，那什么是物体的体积呢？

生：就是一个物体所占空间的大小。

师：他说得对不对？咱们大家一起说一遍。

学生齐说（教师板书）。

【D片段】

师：那么，我们说这个小石子占空间的大小就叫作这个小石子的——

生（齐答）：体积。

师：那这个瓶子占空间的大小叫作这个瓶子的——

生（齐答）：体积。

师：你能举一个物体，说说它的体积吗？

师：（举起铅笔盒）什么？

生（齐答）：铅笔盒。

师：铅笔盒的体积是什么呀？

生：铅笔盒所占空间的大小。

师：它所占空间的大小。同桌同学举举身边例子，说说它的体积是什么。

学生说身边的体积。

师：魔方的体积是什么？

生（齐答）：魔方占空间的大小。

师：那么，物体的体积，我们可以说是这个物体的——

生（齐答）：所占空间的大小。（板书。）

师：这个物体所占空间的大小就叫作这个物体的——

生（齐答）：体积。（板书。）

此环节是学生在知道了物体占空间有大小之后进而认识"什么是体积"，由于学生在前期有了较为充分的感受，因此当教师说："小盒（网球、小石子）占空间的大小就是它的——"时，学生马上能回应说出"体积"。下面对接下来的交流进行比对。（如表4）

表4

片段	表述"什么是物体的体积"		举例数量	学生表达是否流畅	概括"什么是物体的体积"
	示范	换一种物体			
A	有	无	4	流畅	学生
B	无	有	4	流畅	学生
C	开始没有示范，学生不会说后有示范	无	4	不流畅	学生
D	无	有	4	流畅	学生

从表4可以看出，在让学生结合具体例子解释"什么是物体的体积"之前，A教师进行了标准示范，B和D没有进行示范，只是接着又问了一个

相同的问题。虽然 A，B，D 三位教师达到的效果是一样的，但 A 片段教师的示范起了很大作用，为学生随后的正确表达进行了引导和帮助，同时又因为迅速变换了提问的方式，促使学生的思维也跟着迅速转变，变得更加活跃，很好地实现了这一环节的教学目的。而 B，D 片段问重复性的问题就显得呆板，有了明显教的痕迹。C 教师既没有示范，也没有巩固，而是直接追问"什么是小盒的体积"，此时学生还没有从刚才的问答中转化过来，于是出现短时冷场，教师只能反复再问，当第二次还没有人能够回答时，教师才想起进行示范，学生这才知道了如何回答。教师的这种跳跃式的、不连贯的提问方式，不符合学生的思维规律，自然就不能达到预期的效果了。所以，我们在平时的教学时，一定要注意换位思考，学生的思维还不成熟，多替学生着想，违背学生的思维规律的教学对于大多数学生来说基本等于无效教学。

3. 关键点的出示方式比对分析

此片段共涉及关于体积概念的四个关键点，分别是：占空间、大小、体积、什么是物体的体积。出示方式有两种，一是教师告知，二是学生自己发现。四个片段出示情况如表 5。（表中"○"表示教师告之，"√"表示学生自己发现。）

表 5

	占空间	大小	体积	什么是物体的体积
A	√	√	√	√
B	○	√	√	√
C	√	○	√	√
D	√	√	√	○

从表 5 可以看出，A 片段的所有关键点都是由学生发现的，B，C，D 片段都有教师告知的现象。

（二）差异原因分析

真的是不比不知道，这个范本就像一把尺子，量出了教师的方方面面，甚至那些看不见摸不着的——也就是大家常说的所谓综合素质的东西。那么，造成这些差异的原因是什么？我觉得至少有以下几个方面需要深入探讨。

1. 教学观念并没有真正的转变

新课程实施已经十年有余，"自主探索、合作交流、师生互动、生生互动"已不是什么新鲜的理念，但在实际教学中，大多只停留在口头上。部分教师还是习惯于"教"，习惯给予，忽视学生自主思维，因此即使照搬成功的课例授课时，也难免流露出刻意地"教"的痕迹。他们没有意识到，现在的数学教学早已是"学生是学习的主体，教师是学习的组织者、引导者与合作者"。

2. 没有准确把握知识的本质，甚至没有真正读懂教材

B，C，D三位教师虽然都采用了A教师的授课流程，但由于她们没有真正理解每个环节的意图究竟是什么，因此，看似采用了相同的流程，但其实根本没有达到相同的教学效果。不难看出，教师在解读课例的过程中关注的往往只是教学形式，而缺少对形式背后实质内涵的探索。表面上看是没读懂课例的教学意图，其实折射出的是根本没有读懂教材，没有理解知识的本质，所以，只能照本宣科，继而当学生没有按照自己的预案回应时，便不知如何处理，失去了教学目标，从而造成所谓"形似而神散"的状况。

3. 教师不能准确把握学生的认知节点

并非热热闹闹、顺畅问答的交流就是有效交流。值得思考的是，在课堂中经常会遇到冷场的现象，是什么原因引起的？是教师有意留给学生思考的时间呢？还是教师的问题没有紧跟学生思维的发展而使学生不知如何作答呢？这些都是值得数学教育者深深思考的。其实，看一节课是否流畅、是否成功，往往能从这些细节处显现出来，这就是所谓"细节决定成败"。

4. 缺乏课堂有效的应对策略

如何启发学生自己积极、主动、有效向课程主题的方向去思考是一门学问。教师一定要善于提出更切合学生的思维生长点的问题，让学生更容易解答。更进一步，还要研究怎么才能提出一些促使学生逐层思考的问题，从而轻而易举地为学生搭建一条通往正确方向的思维路径。

总之，我们希望看到多姿多彩的课堂，更希望创新型的教师不断涌现。但大多数默默无闻奋战在教学一线的教师，由于繁重的教学负担，不可能有更多的时间去创新。因此，普通教师更需要教材，名师名家可以抛弃或超越教材，而普通教师不行。教材编写组为一线教师提供经典课例，其实就是对一线教学最好的指导。那么，要想让这种资源的价值得到充分发挥，就需要我们的教师去深入解读课例、钻研课例、把握课例，在这个渐进的过程中，使自身的专业技能不断提高，从而达到去除形式的外衣，真正理解其精髓的境界。

由于受到文字对比的局限，富有灵性的课堂教学很难跃然纸上。教师的个人魅力因素更无法详尽论述，其他诸如语言技巧、适当的着装、饱满的激情等因素更是精微奥妙，所有这些因素综合起来才能真正成就一堂经典好课。

简评

孙枚老师的研究可以成为教师作为探究者如何聚焦一个研究问题，以及"如何让数据说话"的一个范例。我们曾邀请她把如何通过数据进行实证研究的经验写出来，有兴趣的读者可以参见此系列丛书中的《做探究型教师》（蔡金法、聂必凯、许世红，著）的介绍。

孙老师提出的研究问题来自于与数学教师一起的教研活动，这也是她作为教研员进行研究的得天独厚的条件。与一线教师的互动与合作，一定会让教研员发现一些与教学有关的问题。例如，孙老师发现好的教案和教学设计对教师的课堂教学有着至关重要的作用，既然如此，如果把那些优秀教师的成熟教案和教学设计直接给那些新入职的教师和其他教师，让他们在自己的课堂教学中使用，会一样精彩吗？类似这样的一些问题，如果仅凭自己的教研经验能给出合理的答案吗？也许有些仅凭自己的经验可以得到答案，有些却不能找到满意的答案甚至可能给出错误的答案。正是基于这样的认识，孙老师试图通过数据来探索这一教研过程中的疑问。

具体地说，本研究构建了一个同课同构的情形，即使用一位优秀教师所设计的获奖教案和教学设计，让三位教学经历和经验不同的教师来执教。研究者详细记录这些教师的课堂教学，对他们的教学过程或教学效果进行细致地分析和比较，并与那位优秀教师的课进行比较。本研究通过对四位教师的教学的纵向和横向比较，分析了四位教师在各个教学片段中每个教学环节所用的时间、提出的问题，以及如何与学生的互动等。

尽管仅仅通过一次课的教学来比较教师之间的教学差异是很具挑战性的，但研究者通过以下的手段，很好地达到了自己的研究目的。

利用数据来比较四位教师教学的差异。例如，本研究选取了体积概念引入的一个教学片段，并分为三个环节，对于每一个环节，记录教师所使用的时间以及占该片段时间的百分比。

利用典型的教学环节来凸显四位教师教学的差异。在教学的总结环节，研究者不仅选取了教师是怎样表述"什么是物体的体积"的和教师针对体积概念的表述所举例子的个数，而且分析了学生对该概念的表述是否流畅，以及教师是否再要求学生来概括体积的意义。

关注于关键概念的处理方式，来进一步比较四位教师教学的差异。研究者抓住了关于体积概念的四个关键点：占空间、大小、体积、什么是物体的体积。研究者发现课堂教学处理这些关键点的方式有两种，一是教师告知，二是学生自己发现，并对四位教师的上述两种处理方式进行了频次上的统计。

同时，建议本研究做以下的改进或进一步地拓展。

本文的一大亮点是试图通过数据来回答教研过程中的疑问。数据选取的层面很好，但是没有对数据的统计分析。例如，对时间分布的百分比可以做差异显著性分析，对频次的差异可以做卡方检验。

　　本文的标题为"同课同构，效果不同"，这里指的是什么效果呢？不是很清楚。如果说是学生的学习效果，文章似乎没有提及。如果是指教师教学的改进，本文也没有与教师之前的教学进行比较。建议对本文的标题再做斟酌。

　　本研究揭示了四位教师的教学差异，但对于产生差异的原因，分析不够充分。特别是文末的差异分析显得过于一般，也没有紧扣自己的研究。也许，本研究的数据不足以用来解释这些差异产生的原因，因此，需要设计进一步的研究来探讨这些原因。

面积与周长混淆的原因分析
及教学设计研究

杨　梅（湖北省潜江市实验小学）

一　问题的提出

　　面积和周长是小学阶段认识图形的两个重要概念，在这两个概念的教学中经常出现这样的现象：单单学习图形的"周长"或"面积"时，学生似乎掌握的较好，等把二者都学完以后，尤其是到了高年级，当把二者联系在一起做题或解决问题时，经常有学生混淆图形的"周长"和"面积"。例如，"周长"与"面积"的公式相混淆，求"周长"时套用"面积"公式；"周长"与"面积"的"单位"相混淆，面积单位不写"平方"等。出现上述现象的原因是学生马虎吗？出现这些问题背后深层次原因是什么？[①]为了弄清楚其中的原因，寻找解决问题的办法，使教师的教与学生的学更具有实效性，于是，我们提出"面积与周长混淆的原因分析及教学设计研究"的课题。

---

　　① 刘加霞．运用定义辨析，生成对面积的理解［J］．小学数学，2012（6）．

研究的意义

（一）学生将来生活与学习的需要

1. 生活的需要

在现代社会的日常生产与生活中，我们会经常接触几何形体，需要从不同的维度用不同的量来度量和描述同一个形体，面积和周长是使用频率很高的两个量。比如，在装修房子的过程中，有时需要计算房子的占地面积、墙面的粉刷面积，有时需要测量墙面的周长等。如果把这两个概念混淆的话，就可能会造成决策失误，导致一些不必要的损失。生活中的这些几何形体，并不是书上面讲到的理想化的几何图形，而是比较复杂的立体的图形，只有真正理解面积和周长的概念，才能很好地把握图形的特征与属性。

2. 后续学习的需要

面积与周长是小学阶段认识图形最基本的两个概念，立体图形的体积、表面积，圆的周长和面积都是在理解这两个概念的基础上学习的。研究长度、面积的方法和思想（比如，"以直代曲"的思想、度量的意识、度量工具的选择、测量误差处理等），为后续的学习研究提供了思路和借鉴。可以这样说，理解周长和面积的概念，是进一步认识我们生活的空间，发展空间观念的基础。

（二）数学课程标准的要求

数学课程标准始终强调经历知识的形成过程，重视概念的理解与掌握。在第一学段对面积与周长的学习明确指出：

（1）结合实例认识周长，并能测量简单图形的周长，探索并掌握长方形、正方形的周长公式。

（2）结合实例认识面积，体会并认识面积单位厘米^2、分米^2、米^2，能进行简单的单位换算。

（3）探索并掌握长方形、正方形的面积公式，会估计给定简单图形的面积。

由此看出，"面积和周长"的学习需要经历概念的形成过程，理解概念的本质，感受其中蕴含的数学思想方法，也就等于提出要能正确区分周长和面积概念。

（三）教师有效教学的需要

刘加霞老师在《小学数学课堂的有效教学》中指出：把握数学的本质＋研究学生＝有效教学。了解面积和周长混淆的原因，是对学生的学习状况、教师的教授情况进行分析的过程，是教师把握概念本质和研究学生、了解学生学习中存在的困惑的过程，在此基础上进行的教学设计、实践才是符合学生学习心理的，适应学生发展的。因此，本课题的研究成为有效教学的必然趋势。

课题的界定

面积与周长：教材中关于面积的描述性定义是"物体表面或封闭图形的大小"。这一定义一方面告诉了度量的对象是面，另一方面告诉了面积指的是面的大小。因此，面积是一个既包括形又包括量的概念，研究的是二维图形。周长的定义是"围绕物体一周的长度"，研究的是一维图形，即首尾相连边线的长度。

概念混淆：指对不同种类的概念界限不分明。这里指学生对面积和周长的计算方法、计量单位等分不清楚，经常混用。

教学设计：亦称教学系统设计，是面向教学系统，解决教学问题的一种特殊的设计活动。它主要是以促进学习者的学习为根本目的，运用系统方法，将学习理论与教学理论等的原理转换成对教学目标、教学内容、教学方法和教学策略、教学评价等环节进行具体计划、创设有效的教与学系统的"过程"或"程序"。这里的教学设计是根据前面对面积和周长混淆的原因分析和学生的学习心理而进行的，它是实施有效教学的前提。

四 研究的理论依据

（一）范希尔几何思维理论

范希尔理论认为几何思维可以分为五个水平：层次 0（视觉）、层次 1（分析）、层次 2（非形式化的演绎）、层次 3（形式的演绎）、层次 4（严密性）。这五个层次的水平是循序渐进的，要在特定的水平顺利发展，必须掌握前一个水平的各个概念和策略。小学生的几何思维水平主要集中在前三个层次。并且范希尔夫妇认为各水平间的学习成长历程，主要来自教学的组织与方法以及教材的选择与使用。因此，从某一水平过渡到下一水平，教师扮演着极其重要的角色。研究面积概念教学的策略对于学生顺利进入下一层次的学习可以说至关重要。[①]

（二）建构主义学习理论

建构主义学习理论强调：学习是主观经验系统的变化（重组、转化或改造）。学习时，学习者不是像接受东西一样在接受客观的知识，而是在积极主动地建构对知识的理解。这种建构是在主客体交互作用的过程中进行的。每一个学习者都是在自己先前经验（包括学科知识、日常生活经验、学习风格、态度、价值观等）的基础上，以其特殊的方式，来建构对新信息、新现象、新事物、新问题的理解形成个人的意义。因此，教学要为学习者创设理想的学习环境，促进学习者的主动建构。

（三）数学课程标准有关说明

《标准（2011 年版）》指出：义务教育阶段数学课程的设计，充分考虑本阶段学生数学学习的特点，符合学生的认知规律和心理特征，有利于激发学生的学习兴趣，引发学生的数学思考；充分考虑数学本身的特点，体现教学的实质；在呈现作为知识与技能的数学结果的同时，重视学生已有的经验，使学生体验从实际背景中抽象出数学问题、构建数学模型、寻求

[①] 顾泠沅．数学学习的心理基础与过程［M］．上海：上海教育出版社，2009．

结果、解决问题的过程。同时指出：数学思想蕴含在数学知识形成、发展和应用的过程中，是数学知识和方法在更高层次上的抽象与概括，如抽象、分类、归纳、演绎、模型等。学生在积极参与教学活动的过程中，通过独立思考、合作交流，逐步感悟数学思想。而数学活动经验的积累是提高学生数学素养的重要标志。帮助学生积累数学活动经验是数学教学的重要目标，是学生不断经历、体验各种数学活动过程的结果。①

五 研究内容、目标、方法、对象

（一）研究内容

1. 面积和周长概念混淆的原因。

2. 针对原因提出的对策。

3. 基于课堂实践的教学设计。

（二）研究目标

本课题以《标准（2011 年版）》为指导，通过调查，了解学生对面积与周长概念了解的情况，查阅文献资料、课堂观察，寻找概念混淆的原因，针对原因，寻找解决问题的办法，并为此寻求理论依据，形成策略，在此基础上完成具有实效性的教学设计。在这一过程中提高教师的教学教研能力。

（三）研究方法

本课题主要采用调查访问法、文献研究法、行动研究法。

1. 调查访问法

在实验的前期、中期、后期采用问卷、观察等方法进行调查，为研究提供依据。

2. 文献研究法

通过收集借鉴国内外相关资料，了解国内外的研究趋势，学习先进的

---

① 中华人民共和国教育部制定 . 义务教育数学课程标准（2011 年版）[S] . 北京：北京师范大学出版社，2012.

经验和方法，储备相关的学术理论及科研信息，结合本课题实际和学生情况进行研究，相互对比，取长补短。

3. 行动研究法

行动研究既是一种方法技术，也是一种科研理念、研究类型。我们计划通过对不同年级学生的调查和访谈，根据其对两个概念的理解情况，确定研究方向；通过课堂实践、课堂观察，发现概念混淆的原因，寻找对策。在实践中反思，不断调整行动研究的计划，以达到课题开展的实效性。

（四）研究对象

基于研究内容，我们决定以三年级至五年级学生作为研究的对象，以三年级学生为重点对象，开展有效教学研究。

六 研究过程

（一）调查学生现状，确定研究方向

为了找到学生对面积与周长混淆现象背后的真实原因，了解学生对概念理解和掌握的程度，我们对五年级不同班级的 40 名学生进行了问卷调查。

1. 题目编制依据及目的

调查的题目根据课程标准对"理解"与"掌握"的界定来编制。课程标准指出：理解是指能够描述对象的特征与由来，阐述此对象与相关对象之间的区别和联系；掌握是指在理解的基础上，把对象用于新的情境[①]。为此，题目的设计围绕"概念描述、区别与联系、情境应用"三个方面来进行。第 1，2 两题的目的是通过调查学生对概念的描述了解概念的理解程度；第 3 题，了解学生在图形变化中能否正确区分二者；第 4 题，了解学生对概念在情境中应用的情况。调查题目如下。

（1）什么是面积？（可以用画图、举例或文字表达你的想法。）

（2）什么是周长？（可以用画图、举例或文字表达你的想法。）

---

① 中华人民共和国教育部制定. 义务教育数学课程标准（2011 年版）[S]. 北京：北京师范大学出版社，2012.

（3）如图，把一个长方形框架拉成平行四边形，这个平行四边形和原来长方形相比，周长和面积有变化吗？说说你的想法并加以解释。

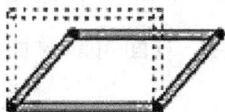

（4）小明家有一幅长 60 cm，宽 50 cm 的画，给这幅画做一个边框至少需要准备多少木条？框里的这幅画有多大？

2. 调查结果

五年级学生调查结果如表 1。

表 1

情况 \ 类别	概念描述		概念区分		概念应用	
	表现	比例/%	表现	比例/%	表现	比例/%
1	用计算描述。	25	周长变，面积变。	5	应用正确。	75
2	用线和面描述。	25	周长不变，面积变。	95	单位混淆。	5
3	用类似定义描述。	35			概念混用。	20
4	用体积定义描述面积。	15				

3. 数据分析

认为面积就是"物体的面"、周长就是"物体的边线"的学生占到了 25%，说明学生对面积和周长的内涵理解没有到位，不能认识到面积是指"面的大小"、周长是指"边线的长度"；25% 的学生认为面积就是一种计算，说明学生没有把面积在生活中的应用、定义与实际生活是否产生联系等作为概念学习的重点，从思想深处把生活中的数学与学校数学割裂开来，即学校数学就是计算，生活情境只是一种点缀；15%的学生把面积的定义混同于体积的概念，说明学生一方面可能对面积的内涵理解不清楚，另一方面可能对体积有所接触。

在图形变化中对两个概念的区分情况表现较好，任课教师反映这种情况可能和学生该学期经常接触这类题目有关系，学生的实际区分情况要比统计数据差一些。

在实际应用中，有25%的学生对面积单位和长度单位混淆，面积概念和周长概念混用，一方面说明概念掌握有欠缺；另一方面说明面积单位的意义理解还不够。针对这种现象，我们经过慎重考虑，又对四年级学生（4个班共40人，实际收回36份问卷）进行了问卷调查"长方形的面积计算公式是长×宽，为什么用这个公式就能得出长方形的面积"，结果显示，有的用公式进行举例说明；有的说如果不用长和宽就不能求出面积，认为用长×宽是天经地义的事情；还有的把周长和面积混在一起说明，只有2人（约占5.6%）能用面积单位和面积单位的个数进行解释。大部分学生对计算公式仅停留在记忆层面，不清楚面积也是通过测量得来的。

通过调研和分析，学生对面积概念理解和掌握的情况不容乐观。面积的本质是对二维空间延展性的度量[①]，学生对面积究竟是度量图形的什么？怎么样来度量？并没有清晰的认识。因此，我们认为学生出现混淆的原因应该和学生对面积概念的本质理解有关系，应该从三年级"认识面积"一课开始研究。

（二）课堂观察，发现问题

【片段一】

师：出示一个小正方形和一个大正方形，挑选男女生各一名，进行涂

---

① 刘加霞．运用定义辨析，生成对面积的理解［J］．小学教学，2012（6）．

色比赛。

（学生比赛。）

师：你们觉得比赛公平吗？

生：不公平，图形一大一小，大图形花的时间要多。

师：那么，图形的大小指的是图形的什么呢？

生：面、面积。

师：对，今天我们就来学习物体的面积。（板书课题：面积。）

师：你们生活中都见过哪些面呢？

生：黑板的面、桌子的面、冰箱的面……

师：请同学们摸一摸铅笔盒的面、数学书封面、桌子的面。

（学生动手摸。）

师：也请同学们摸一摸你们的手掌，然后同桌比一比两个手掌表面的大小。

（1元硬币和5角硬币、数学课本的面和数学练习本面的比较。）

师：我们在比它们的什么？

生：面的大小。

师（小结）：通过观察、操作与比较，我们知道了物体表面怎样？

生：物体的表面有大有小。

师：物体的表面有大有小。我们把物体表面的大小就叫作这个物体的面积。（板书：表面的大小，面积。）

师：黑板表面的大小是黑板面的——（生：面积）谁能把这句话完整地说说？

（学生述说。）

师：课本封面的大小呢？

（教师指多名学生述说。）

师：回忆一下，你们刚才摸的是课本的哪个面？能照样子说说吗？

（意图让学生体会同一个物体不同的面，面积的大小也是不同的。）

师：刚才同学们说得不错，已经认识了什么是物体的面积。

师：（出示长方体盒子）大家看这个长方体有几个面，这几面有什么特点？

生：6 个面。

生：红色的面比绿色的面大。

生：绿色的面比黄色的面大。

生：老师，我发现相对的面大小相同。

师：大家看，这个面是什么图形？

生：长方形。

师：老师把它画到黑板上，它是由几条线段围成的？

生：4 条。

师：（出示正方体盒子）这个正方体的 6 个面有什么特点？

生：6 个面的面积是相同的。

师：那它的每个面都是什么图形？

生：正方形。

师：老师把其中的一个面也画到黑板上，它是由几条线段围成的？

生：4 条。

师：大家看，像正方形、长方形，这样由几条线段围成的图形，我们把它叫作封闭图形。（板书。）

师：我们还认识哪些这样的封闭图形？

生：三角形、平行四边形。

生：圆、平行四边形。

师：（出示几个不是封闭图形的图片）这几个图形是封闭图形吗？为什么？

生：因为它们没有连接在一起。

师：封闭图形的线段必须首尾相连。

师：（黑板上画长方形、正方形）大家看这两个封闭图形，谁的面积大呀？

生：长方形的面积大。

师：看来封闭图形也是有大小的。在数学上我们把封闭图形的大小叫作它们的面积。（板书：封闭图形的大小。）

师：在封闭图形里，面积究竟指的是哪一部分呢？请两位同学在黑板上表示出来。

（学生在黑板上画。）

师：请同学们在自己的练习本上随意画一个封闭图形，把它的面积表示出来。

师（小结）：通过刚才的学习我们知道面积这个概念有这样两层含义，第一层是物体表面的大小；第二层是封闭图形的大小。

【片段二】

（1）多种策略比较大小

（投影出示一个正方形和一个长方形，让学生比较谁的面积大，谁的面积小。）

师：你们觉得哪个图形面积大？

生：长方形面积大。

生：正方形面积大。

师：看来有争议。有什么办法知道吗？现在你们就利用学具分小组来证明自己的想法吧。

学生活动：

①拿出剪好的一个正方形和长方形（附页2中图5）。

②小组活动。

③学生汇报。（投影显示活动结果，并配合课件演示几种比较方法。）

生1：我们小组是用摆硬币的方法。

生2：我们小组是用数格子的方法，数出长方形的格子要比正方形多。

生3：我们小组是用剪一剪、拼一拼的方法，发现长方形的面积要大一些。

师（小结）：比较面积的大小可以用多种方法，尤其是可以借助工具进行比较大小，在用数格子的方法时，所用的每一个格子的大小应一样大。

（2）体验面积相同的图形可以有不同的形状

①创作要求：在方格纸上画3个面积等于7个方格的图形，比一比，谁画得准确而有创意。（作品展示，交流评价。）

②活动思考：通过这次活动，你发现了什么？有什么感受呢？（体验面积相同的图形，形状各异。）

③让我们用画笔把图形美化一下，选一个图形，用蓝色笔描出图形的边线，用红色涂出它们的面积。（展示学生作品。）

师：图形上一周蓝线的长度就是这个图形的什么？（周长）周长表示图形的哪一部分？红色部分的大小就是这个图形的什么？（面积）面积表示图形的哪一部分？

（让学生在具体的操作中感受，周长是表示长度的。而在涂面的时候，感受面积的概念是和长度的含义是不同的。学生不一定能表述得很清楚，但是在画和涂的过程中，学生的内心已经能充分感受它们的区别。）

（三）思考与讨论

1. "面积"是对"面"的度量

在片段一中，教学风平浪静，学生回应有板有眼，似乎都理解了面积的含义，可是到了五年级学生的理解又出现了差别，和周长难以区分开来，我们不禁要问：学生在这个地方真的理解了吗？回顾我们的教学过程，这个环节的教学从涂色比赛感受面的大小有别，到摸物体的"面"感受面有大小，再到比"面"的大小，都是在教师的引导下一步一步来完成的，学生对为什么要摸"面"，为什么要比较"面"的大小，没有太多感受，也就是说没有激发学生探究物体"面"的欲望，当然也就对比较"面"的大小的必要性体验不够充分。

"面积"是对"面"的度量，首先有"面"，然后才是"面"的大小。

面从哪里来？面从生活中的物体抽象而来，抽象就需要很多同类事物作为对象，教学中不能只呈现单一的平面图形，因为现实生活中的物体大多都是由曲面或几个平面围成的，所以，应该呈现多种有面的物体（这里有面的物体应该既包括有曲面的物体，也包括平面的物体），让学生感受"面"来自生活，这些物体虽然形状、大小不同，但是它们都有"面"。然后从这些物体上把"面"刻画出来，在刻画的过程中，学生体会到"面"和"边线"是物体的两个不同属性，"边线"指的是物体边缘的那条线，"面"指的是那条线围成的区域，这就为面积与周长的区分埋下了伏笔。在刻画的时候，让学生画大小不同的"面"体验到面有大有小，这样学生才会有比较面的大小的需求。

2. 面积是一个"形"的概念，也是一个"量"的概念

面积是指物体表面或封闭图形的大小，这里的大小应该有两层含义，一层是指图形的大小，这是"形"的大小，是可以用触觉感知的；另一层是指大小可以量化，这是"量"的大小，是用触觉无法感知的，这种量化可以从视觉直观判断，也可以从数据来反映。很多时候，视觉对于面积比较接近的图形的判断是不准确的；同时视觉判断时，图形的"边"和"面"是一起看到的，很容易和周长混淆，数据的反映能够弥补视觉的这些缺陷。教学中，我们只对面积"形"的大小进行了感受和理解，这种感受和理解很容易和对图形的感受混淆，认为面的大小就是指"面"，从调查数据看，学生把面积描述成"图形阴影部分就是图形的面积"之类的语言，就是缺少了对面积"量"的理解。由此看来，学生对面积含义有一个清晰、全面的认识，只理解"形"的概念是不够的，也应该理解"量"的概念，也就说明我们揭示面积的定义的时机存在问题。什么时机呈现面积的定义呢？我们认为，应该等到学生认识到面积"量"的含义再呈现。

3. 学生应该充分经历"面积单位"产生的过程

"面积单位"是量化面积的标准，也是进行面积测量时的工具，它产生于在两个物体的面积不能直接进行比较的情况下，需要借助于作为中介的

第三个物体面积进行间接比较的过程之中。在间接比较的过程中，由于各人所采用的中介物的面积不一样，导致比较的标准和结果不一致，这样就带来间接比较的困难，于是需要统一比较的标准，面积单位便在探索过程中逐渐形成。这一节课，虽然没有涉及"面积单位"，但是测量工具的选择、统一以及优化是面积单位形成的原因，因此，本节课是学生理解面积单位重要的一课。

教学中，教师直接出示一个长方形、一个正方形让学生比较两个图形面积的大小，虽然学生出现了不同的比较方法，但是学生都是直接运用教师提供的学具进行测量的，没有思考为什么要选择测量工具，当然对测量工具的统一、优化体验也就不够深刻。四年级的调查结果显示，近一年的学习，学生不能清晰地表达面积公式的由来，说明对面积是怎样得来的体验不够，这种体验的缺失必然会导致对面积单位的理解不够，加之面积单位和长度单位在形式上有很多相近的地方，于是就出现二者的混淆。由此看来，让学生亲身经历测量工具的选择、统一、优化的过程，是理解面积单位的过程，教师不能包办。

基于以上思考和讨论中发现的问题，为了让学生理解面积概念，克服面积和周长的混淆，我们的设计应该要注意：

（1）让学生体验到"面"从"体"来，感受数学是与生活经常联系的；

（2）延迟揭示定义，让学生体验到面积是一个"形"的概念，也是一个"量"的概念；

（3）重视测量活动，让学生在实际比较中体验测量工具产生的必要。

（四）依据学生进行教学设计，展开课堂实践

1. 教学设计前调查

怎样才能促进三年级学生更好地理解面积，不至于和周长发生混淆呢？我们虽然通过观察课堂，发现了一些问题，但是学生对于面积有着怎样的认识呢？为了保证教学设计和实施的有效性，我们在三年级（3个班级共抽取30人）学习面积之前进行了调查，希望依据学生的认知起点，进行合理

设计。

调查情况如下。

问题一：你知道什么是面积吗？（可以画图、举例、用文字叙述等说明你对面积的理解。）

调查结果如下。

（1）认为面积就是周长。用"图形一周的长度"等周长概念来描述面积的有 6 人，占 20％。

面积是图形一周的长度。

（2）认为面积是图形边线围成的区域。持这种观点的有 5 人，占 16.7％。

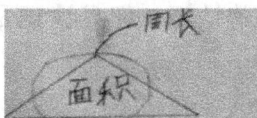

（3）认为面积是物体或图形的一个面。持这种观点的有 6 人，占 20％。

（4）认为面积是图形。持这种观点的有 6 人，占 20％。

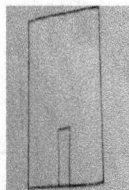

（5）认为面积是指物体或图形大小（学生没有意识到图形的大小可以从不同的维度进行度量）。持这种观点的有 3 人，占 10%。

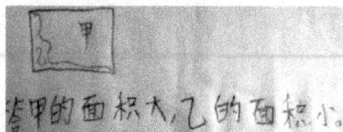 

（6）认为面积和物体或图形表面有关。持这种观点的有 3 人，占 10%。

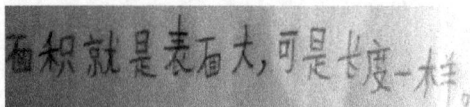 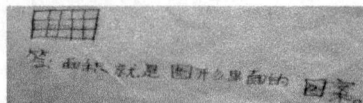

（7）认为面积需要测量。持这种观点的有 1 人，占 3.3%。

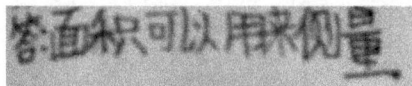

调查结果显示：学生虽然对面积有自己的认识，但是认识是肤浅的。大多数学生认为物体的表面或图形边线围成的区域就是面积，对面积是可以测量大小的没有太多感受，只有极少数学生认为面积需要测量。怎样让学生感受到面"量"的含义呢？我们认为，应该给予学生充分的自主比较、测量的时间，在测量之中认识到面积可以用测量单位的个数来表示其大小，完善学生对于面积的认识，从而全面理解概念的含义。另外，也有一部分学生把面积等同于周长，也说明学生对二者分别度量图形的什么属性并不清楚，教学中，应该让学生体验到二者的区别，从而真正把面积与周长区分开来。

问题二：比较下列每一组图形，给你认为面积比较大的图形画"√"。

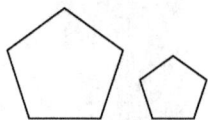  

（1）   （2）

调查结果与分析：第（1）组图形不管是周长还是面积，都是左边的大，虽然没有学习过面积，但是学生基本能正确判断（正确率占 96.7%）。

第（2）组图形则不同，围成左图的面虽然大，但是围成图形的线段短，围成右图的面积小，但是围成图形的线段却很长，调查结果是认为右图面积大的有 23 人，占到了 76.7%，说明学生对面的大小认识不清晰，凭借周长的比较方法，得到了右图面积大这一结果。这一点和上一题反映出了同样的问题。

基于以上分析，在教学中教师应该让学生明白周长是线段的长度，面积是用线段所围成的图形的大小，长度可以用尺度量，用一定的长度单位来描述和表达，那面积用什么来度量和表达呢？这就要求学生有度量的意识，有发明创造学习度量面积单位的欲望，从而明白面积单位应该是一个面，而不是一条线段。针对以上这些现象，教师可以设计"数格子"比较面积以及数线段比较周长的练习，让学生在头脑中形成对面积和周长的正确表象。

2. 设计与实践

根据对面积与周长混淆原因的分析和对学生认知起点的了解，我们着重设计了以下几个环节。

（1）抽象出"面"，体会面有大小。

【片段一】刻画"面"，体会"面"从"体"来。

师：同学们，数学王国真是太神奇了，你们看这些物品都是老师在日常生活中收集的，你们知道吗，它们身上还有数学知识呢！（展示教师带来的各种实物。）

师：这么多东西你们想亲自动手摸一摸吗？

生：想。

师：想摸可以，但是我有一个要求，到前面来的同学要闭上双眼用手摸，然后告诉大家，你摸到的是什么？

生 1：我摸到的是一个圆柱体。

师：你怎么知道是圆柱体的？

生 1：我摸到它上下有两个圆圆的面，竖着有一个也是圆的，一定是圆柱体。（睁开眼验证。）

师：哦，你摸到的是圆柱体的表面，是吧？

生：是的。

师：你能把圆柱体的表面在黑板上画出来吗？

生1：一手拿圆柱体，一手拿粉笔比照着画。（教师强调要沿着面的边沿画。）

生1画出两个底面，又问老师：这个竖着的面，始终只有一部分靠着黑板，怎么全部画出来？

师：同学们谁有办法帮帮他？

生2：我有办法，把这个面在黑板上滚一圈，记下它开始和结束的地方，就得到一个长方形。

生3：我用一张和它一样高的纸，把它裹一圈，然后把纸展开，就能得到一个长方形。

（还有3名学生也上台摸，并画出长方体、正方体、棱柱的面。其他同学也跃跃欲试。）

师：你们也想试一试吗？请你们也摸一摸你们身边的文具盒、橡皮的面，同桌之间互相检验说得对不对。

学生操作，同桌检查。

师：通过刚才摸、画的活动，你有什么发现？

生：我发现这些物体都有表面，这些表面都可以把它画出来。

师：刚才是怎么画的？

生：沿着表面一个面的边沿画一圈，就可以得到这个面的图形。

师：不画一圈行不行？

生：不行，因为不画一圈就和表面的形状不一样了。

师：画的时候，要注意图形必须封闭。（教师板书：封闭。）

师：画下来之后，哪里表示的是这个面？

生：边线里面的部分就表示这个面。（上讲台用手势说明。）

师（小结）：看来，由物体的表面或封闭图形的边线可以围成一个面。

师：除了我们刚才看到的面，还有哪些物体有面或者是可以得到面？

生：还有桌子有面，黑板、电视机也有面……

师：其实，我们自然界的许多事物都由一个面或几个面围成的。（教师课件出示海面、大地的表面、篮球表面……一些比较大的面或不规则的面。）

【片段二】在周长和面积对比中，感受面有大小。

师：前面我们认识了那么多的面，有的面可以在纸上画出来，有的不能直接画出来，比如海面，你知道为什么吗？

生：海面太大了，纸画不下来。

师：海面太大了是指什么太大了？

生：是指海面边缘围成的范围太大。

师：（课件演示闪动海面的边缘）范围是指这条边的长度吗？

生：不是，这条边的长度是它的周长，范围是指边线围成的面的大小。

师：哦，我明白了，海面太大是指海面的面太大，是这样吗？

生：是的。

师：看来，面是有大有小的。

（2）在策略多样的比较中，体会面积等单位产生的必要，为面积单位的学习做好准备。

【片段三】感受面积的密铺和累加。①

师：我们知道面有大小，海面和黑板面，谁大谁小呢？

生：当然是海面大了。

师：你是怎么知道的？

生：这不明摆着的吗？海面那么大，黑板面这么小，当然是海面大，（学生边说边做手势。）

① 王昌胜．在体验、对比交流中建构面积概念［J］．小学数学教师，2012（11）．

师：你的意思是面的大小差别太大的话可以直接比出来，是吗？

生：是的。

师：我们是不是可以把这种方法叫作直接比较法。

学生点头表示同意。（教师板书。）

师：老师这里有两个图形（如图），谁的面大？谁的面小呢？

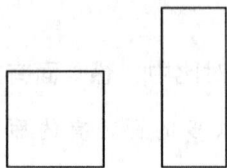

(1)

（学生争论。）

师：到底谁大谁小光用眼睛看不出来，有什么办法比较呢？请同学们剪下附页 2 图 6，试着比一比。

生 1：移动重叠，再比较（如图），长方形大。

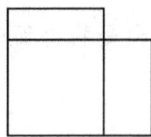

(2)

（教师板书：重叠法。）

生 2：可以用小正方形、小长方形来量，看正方形、长方形里面分别能放几个小正方形或长方形。

师：谁明白他说的意思？

（一学生重复，全班示意明白后，教师板书：测量法。）

师：从学具袋中找出合适的图形来测量测量。

（学生测量后汇报。）

生：我们用小方格测量分别用了 9 个和 10 个（如图），长方形的面积大。

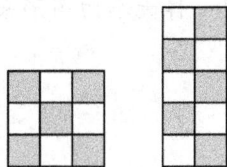

（学生汇报用硬币、长方形等工具测量，得到同样的结果。）

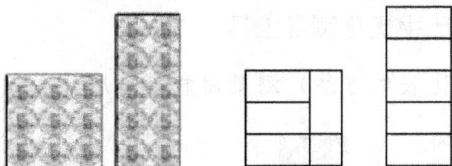

生：我把长方形和正方形通过折变成大小一样的小正方形，然后打开图形，通过数知道正方形里有 9 个小正方形，长方形里有 10 个小正方形，长方形面积大（学生边操作边说明，展开如图）。

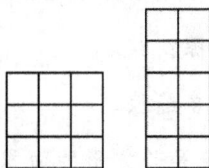

师：这个方法好啊，不用工具通过折叠图形，就能比出图形的大小。这种方法可以取什么名呢？

生：可以叫折叠法。

（教师板书：折叠法。）

【片段四】体会统一测量工具的必要性。

师：能这样比较吗？（出示下图。）

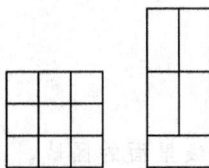

生：不行，这样比不出来，正方形有 9 个小正方形，长方形有 5 个小长方形，虽然长方形的个数少，但是测量用的每一个图形都比正方形大。每一个图形的大小也不一样，个数不相等，比不出来。

师：你的意思是说，要用一样大小的图形来量，是这样吗？

生：是的。

师：同学们明白他的意思吗？

生：明白，就是测量面的大小时，要把测量的工具统一，通过数测量工具的个数来比出面的大小。

【片段五】在对比中优化测量工具。

师：（呈现各种比较的方法）测量面积时，用什么工具合适呢？

生：最好用正方形和长方形，因为用它们测量时没有缝隙。

师：什么意思？哪儿有缝隙？

生：用硬币测量时就有很多缝隙。

师：我们能说10个硬币就是长方形的面积吗？

生：不能，因为有缝隙。

师：正方形和长方形，哪个更适合做测量单位呢？

生：正方形，因为用正方形来量的话，更容易把图形刚好铺满。

......

师：通过今天的学习，你对"面"有了哪些新的认识？

生1：物体都有表面，从立体图形中可以得到一些封闭的图形，图形也有面。

师：什么是图形的面呢？

生：图形的面就是图形边线里面的区域。

生2：面是有大小的。

生3：面的大小是可以通过数测量工具的个数来进行比较的。

师：你的意思是面的大小可以通过一个数量来衡量，是吗？

生 3：是的。

师（小结）：看来同学们对面有了一个比较全面的认识：面可以从体中来，面是有大小的，我们把物体表面和封闭图形的大小叫作它们的面积，面积可以用一个数量来衡量。

3. 后测与效果

采用本教学设计在另一所学校进行教学后，我们也用前测题的第二题进行了后测（共有 60 人参与测试），结果是 60 人中，3 人对周长与面积混淆（后测学校的整体水平比我校稍弱，学生能力稍逊一些），由此可见本设计的效果较为明显。

七 研究结论

周长和面积是小学数学学习的两个重要原始概念，对空间观念的建立起着至关重要的作用。可是，它们的内涵十分丰富，学生理解需要一个过程，二者的混淆也是学生学习过程中常见的现象，我们不必为此额外增加学生理解的困难，应该围绕其本质属性，设计直观的、可感的操作和体悟活动，让学生多一些感受和经验的积累。对于它们的教学不能急于求成，应该让学生全面了解概念的属性，再给出定义，避免过早揭示定义，造成概念理解的过早程式化。

八 研究中的问题

研究中的所有测试题都是根据数学课程标准的要求而设计的，但主观性比较强，题目的信度和效度如何？由于研究水平和能力的限制，无法考证。如何提高调研测试题在教学研究中的有效性，将成为我们长期研究的一个课题。

简评

本文对小学生为什么会出现面积与周长混淆的问题以及如何解决这个

问题进行了比较细致的研究。本文界定清楚、思路明确、采用的方法合理、得到的测试结果比较可信。尤其是其中作者采用的研究方法，层次分明、逐步深入，可谓是教师从事教学研究的一个好例子。研究结论表明周长和面积作为小学数学学习的两个内涵丰富的原始概念，学生的理解需要一个过程，而教学应加强学生的数学活动经验的积累，帮助学生全面了解概念的属性，避免概念理解的过早程式化。长期没有解决的教学问题，许多国家的学生都有类似的问题。这一选题很好，直接来自教学实践。

不过，本文也需要进一步考虑一些问题，到底什么叫理解了面积与周长的概念呢？这是一个很根本的问题。其他的所有文章都可问类似的问题。再比如，本文一个重点就是要弄清楚学生学习中常把面积和周长公式以及它们的单位弄混的原因，那么学生混淆公式和它们的单位是不是就等于混淆了这两个概念？是不是可以通过调查学生对这两个概念的理解来找到原因？这些问题应当仔细分析一下。一项知识的应用错误是不是除了理解方面的原因还有其他方面的原因？调查原因的时候，是不是应该所有学生都调查？是不是所有学生都弄混上述内容？测试题是用来找原因的，还是用来了解现状的？效度和信度有没有检验过？还有，本文研究的另外一个重点是如何克服上述问题，为此，作者给出了一个新的教学步骤，那么这个步骤是怎么来的呢？最后仅仅通过第二题的检测是不是就可以保证这些学生将来不会出现将公式和单位混淆的现象了呢？这些问题都需要结合相应的理论仔细思考和进一步研究。

杨梅老师起了一个好头，这方面有很多的工作可以继续做。我们在此简评中提出了一些问题，这些问题可供杨老师及其他教师参考，进一步研究下去。

在"面积单位"学习中培养学生
度量意识的案例研究

边　靖（北京市海淀区实验小学）

课题基本情况

（一）课题提出的背景

在数学课程标准中，关于"图形与几何"领域从图形的认识、图形的测量、图形与变换、图形与位置四个维度对空间图形进行刻画和认识。而度量是研究图形的一个角度，同时也是一种研究方法。教师帮学生积累度量经验对于学生研究图形、认识图形至关重要。

而在以往的教学中，学生到了高年级学习"平行四边形面积"与"圆的面积"等平面图形的度量时，往往束手无策，似乎没有一点用"面积单位"进行度量的意识，似乎不理解面积单位的价值。另外，学完了长（正）方形的面积，学生记住的就是一个公式，公式所承载的是什么，学生并不一定理解。很多学生对于"面积单位"的认识就是计算完面积后必须要写的"单位名称"。种种的困惑促使我对"面积单位"一课的关注，力图在这样一个教学内容的学习中，让学生经历度量的过程，体会面积单位的价值，积累度量的经验。

（二）研究目的和意义

（1）面积单位是数学教学的直接目标，其将更加有效、高效地培养学生度量意识，建构学生关于"度量的认知结构"。

面积单位是学生度量面积的起始，有效地把握本节课的教学目标对于培养学生的度量意识，建立整个度量的结构有着重要的意义。

（2）促进并且加深教师对学生的了解。

教师教学的对象是学生，学生自然是一切教学的起点和归宿。而学生在参与课堂学习之前，有着自身的基础、经验，他们在课堂学习的过程中，也会因起点的不同而展现出不同的学习路径。教师作为课堂教学的组织者、指导者、引领者，需要关注学生的起点不同，并根据学生学习知识、展示智慧、发展情操的要求进行合适的教学设计，打造厚重的学习过程。在整个课例的研究过程中丰富对学生调研的意义上的认识和学生调研方法上的积累。

（3）促进教师专业发展。

教师由只关注上好课的经验型教师向富有探索意识的研究型教师转变，其根本在于改变看待问题的角度和思维方式，即教学活动立足学生的立场。如果教师将学生看作是发展中的人，必须做而且必须做好学生研究。研究学生应该是教师的一项基本技能。在参与这样的研究过程中，培养教师的问题意识、合作意识，学习典型案例的同时积累新的案例。

课题研究的基本方法

（一）教材分析

在此课题的研究过程中，我们尝试通过分析北师大版小学数学教材关于度量领域内容的教材体系，把握长度、面积和体积度量的基本学习路径。

（二）已有课例分析

结合以往的教学设计和资源库中的教学设计资源，从教学目标和教学环节两方面进行对比分析，形成课例分析。

（三）学生情况分析

对三年级学生进行学情前测，同时结合面积度量领域内容的学习进行以往教学实施后的学生后测分析，了解学生对面积单位的理解。

课题研究过程及成果

（一）北师大版小学数学教材关于度量的安排体系

长度度量	面积度量	体积度量
• 高矮的比较。 • 统一长度单位的必要性。 • 认识和体会不同的长度单位。 • 周长的认识。 • 计算长正方形的周长。 • 圆的周长。	• 面积的认识。 • 面积单位的认识。 • 计算长（正）方形的面积。 • 计算三角形、平行四边形、梯形的面积。 • 不规则图形的面积估计。 • 圆的面积。	• 体积的认识。 • 体积单位的认识。 • 长（正）方体的体积。 • 不规则物体体积的测量。 • 圆柱、圆锥的体积。

一维 ⟶ 二维 ⟶ 三维

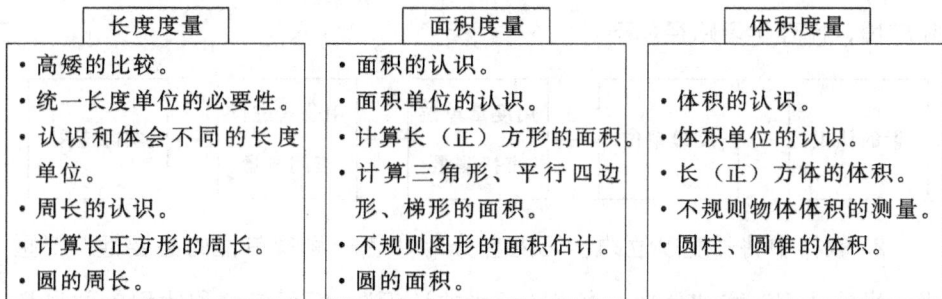

测量长度

测量面积

测量体积

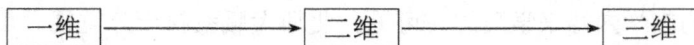

1. 对图形度量的学习经历了从一维到二维再到三维的过程，每个维度度量的学习，学习的路径基本是一样的，即先认识被测量的对象，建立"量"的概念，然后是度量单位的产生和认识，接着用度量单位来测量"量"，在用单位测量"量"的基础上，推导公式测量的方法，最后进行实际应用，梳理学习路径如下。

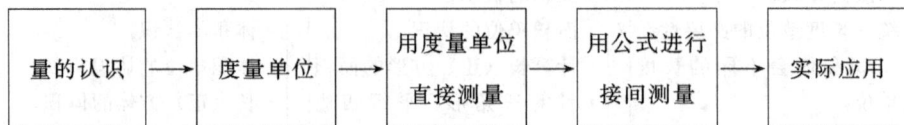

| 量的认识 | → | 度量单位 | → | 用度量单位直接测量 | → | 用公式进行接间测量 | → | 实际应用 |

2. 教材中将长度单位的学习内容分为"统一测量单位的必要性""厘米、米的认识"和"分米、毫米、千米的认识"。面积单位和体积单位也是作为单独的教学内容来学习的，可见，北师大版教材十分重视"度量单位"的学习，关注度量单位在培养学生度量意识过程中的价值。

3. 无论是长度、面积，还是体积的度量，教材都安排了大量的用度量单位来量"量"的操作活动，关注在活动中体会度量单位的价值。

（二）从文献关于度量意识的界定中受到的启发

刘加霞教授在 2008 年 6 月出版的《小学数学课堂的有效教学》一书第二篇中对度量的意识进行了界定。

什么是度量意识？

一方面，度量意识就是让学生从整体上感知、了解度量的共同特征，整体感知度量的结构。可以说，人在日常生活中被各种各样的量包围，时时刻刻都在进行着"度量"。度量的结构为：选定度量的标准即"单位"；用"单位"去度量所得到的度量数非负，即度量得到的数大于或等于零；运动不变性，即合同（完全重合）的两个不同的量其度量所得的数相等；有限可加性，交集为空集的两个量其和的度量数等于各自度量数的和。

另一方面，内涵是感受"度量单位"的价值。在度量中选择合适的"度量单位"是关键，"度量单位"的统一性和多样性是实现人类交流与刻画多样化的现实世界所需要的。

"度量单位"是实现度量的前提，也是培养学生"度量意识"的起始。因此，教材中无论是长度、面积还是体积的度量，学习的路径都在安排"量"的建立后，认识"度量单位"，而且是单设课时进行独立认识。教材中大量的测量活动，也在关注活动中学生对度量单位价值的体验和对度量过程的体验。

那么，以往的"面积单位"一课的学习过程的关注点又是什么呢？

（三）以往教学的课例分析

分析以往的教学课例，目标定位基本是：

（1）结合具体的测量活动，体会统一面积单位的必要性；

（2）体会平方厘米、平方分米、平方米等面积单位；

（3）使学生能正确选择合适的面积单位表示面积大小，提高学生运用知识解决问题的能力。

教学流程大致是：

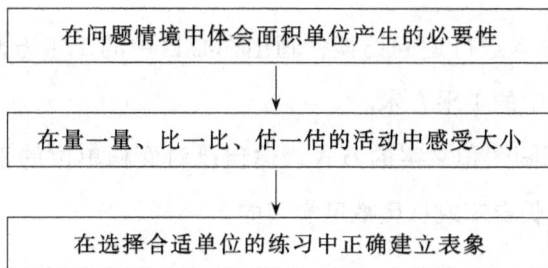

```
┌─────────────────────────────────────┐
│  在问题情境中体会面积单位产生的必要性  │
└─────────────────────────────────────┘
                  ↓
┌─────────────────────────────────────┐
│  在量一量、比一比、估一估的活动中感受大小  │
└─────────────────────────────────────┘
                  ↓
┌─────────────────────────────────────┐
│   在选择合适单位的练习中正确建立表象   │
└─────────────────────────────────────┘
```

结论：

能够在解决图形面积有多大的过程中，让学生感受面积单位产生的必要性。关注面积单位实际大小的建立，注重结合图形的面积选择正确的面积单位。但对于面积单位的价值，即可以直接测量图形面积，并得到结果，以及通过沟通与长度单位的关系，感受图形度量的本质方面，略显单薄。

思考：

以往"面积单位"教学基本还是通过丰富的活动，让学生认识面积单位的形状、大小，形成正确的表象。仅仅是认识面积单位，没有与测量图形面积的活动进行关联。

（四）对学生进行调研，了解学生面积单位学习之前和之后的问题

学生在度量过程中又会有怎样的问题出现呢？

1. 对三年级学生进行学前调研

调研题目： 你知道哪些面积单位？写出来。

调研目的： 了解学生是否知道面积单位的含义。

调研对象： 三年级。

调研方式： 访谈。

调研结果： 如表1。

表 1

	人数	百分比/%
知道	23	60.5
不知道	15	39.5

对知道的23人进行追问访谈：画出你心目中的1平方厘米、1平方分米，描述你心目中的1平方米。

15人能够用画图和文字的方式表达自己对面积单位的正确理解，但这部分学生都是家长告知或从奥数班学习的。

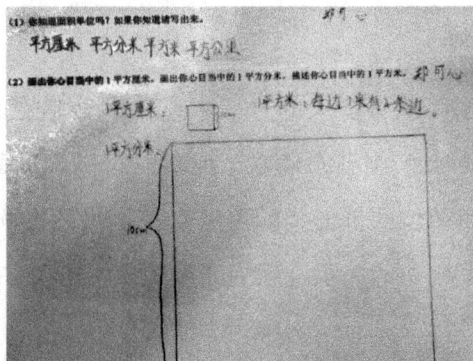

但也有8人不能理解面积单位是面积1平方厘米的正方形的面积。

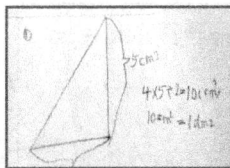

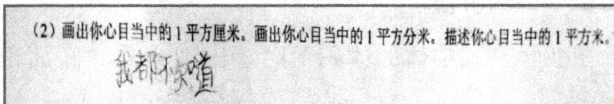

再对其中的 15 人进行追问访谈时，15 名学生不能清楚地说出面积单位的价值。还有学生举例说明，就是计算出长方形的面积之后要写的单位名称。

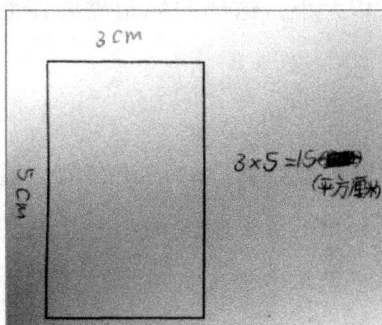

思考：

从一系列跟进式的调研可以看到，学生对面积单位还是有所了解，但基本停留在"是什么"的状态，甚至很多学生只知道平方厘米、平方分米的名词，只是听说过，关于面积单位的价值则知之甚少。

2. 课堂教学发现的一些问题

问题一：在教学"平行四边形面积"时，有学生将平行四边形分割成一些小的平行四边形，将这些小的平行四边形作为面积单位。

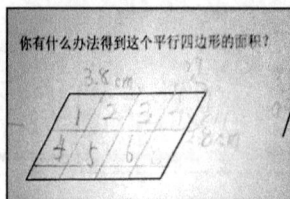

问题二：在教学"圆的面积"时，学生面对圆面积的探究无从下手，不能回忆起面积单位的价值。

问题三：在教学"圆柱体的体积"时，出现公式"底面积×高"，学生质疑，底面积没有高度，为什么乘高之后是圆柱体的体积？底面积到底是什么？

思考：

面积单位的价值在于可以通过密铺得到面积是多少，而之所以有这样的功能，在于它的形状和大小，这样的体验需要在面积单位认识的时候给学生经历和体验。

（五）教学假设

面积单位是度量领域的核心概念，应该在教学过程中关注其价值的体现，给学生创设丰富的测量活动，在测量中直接与图形的面积对接，在密铺中体会面积的大小即面积单位累加的结果。不仅应该让学生知道"是什么"，而还应该"是什么""为什么""有什么用"。这样才能让学生真正意识到面积单位的价值。

（六）教学设计

【第一版教学设计】

教学目标

（1）通过对面积单位的学习，对面积进行再认识；体会统一单位的必要性；通过小组合作，探索1平方厘米，学习1平方分米、1平方米，感知其实际大小。

（2）理解面积单位的同时，明确面积单位的作用和价值，体会面积单位为"1"的优势。在小组合作过程中，学会与他人合作，能与他人交流思维的过程、共享成果。

（3）在认识面积单位的过程中，与长度单位建立联系。

教学重点

体会统一单位的必要性；感知其实际大小；明确面积单位的作用和价值。

教学难点

体会面积单位为"1"的优势。

教学流程

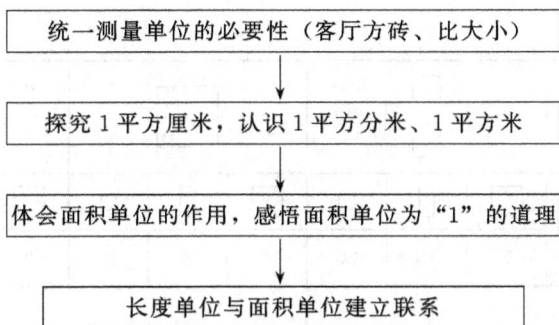

```
┌──────────────────────────────────────────┐
│  统一测量单位的必要性（客厅方砖、比大小）  │
└──────────────────────────────────────────┘
                    ↓
┌──────────────────────────────────────────┐
│  探究1平方厘米，认识1平方分米、1平方米     │
└──────────────────────────────────────────┘
                    ↓
┌──────────────────────────────────────────┐
│ 体会面积单位的作用，感悟面积单位为"1"的道理 │
└──────────────────────────────────────────┘
                    ↓
┌──────────────────────────────────────────┐
│        长度单位与面积单位建立联系          │
└──────────────────────────────────────────┘
```

教学过程

（1）复习导入，体会统一单位的必要性

小红、小明家的客厅都铺了地砖，小红家用了20块地砖，小明家用了40块地砖，你们觉得谁家客厅的面积更大呢？

［设计意图：这个环节是让学生在辩论的基础上，慢慢统一认识。无法比较出结果，因为不知道他们两家分别选用多大的地砖。进而让学生明白只有选用同样的标准去测量，量得的数据才有可比性。］

（2）探究1平方厘米，认识1平方分米、1平方米……体会面积单位的形状

请你找到一个标准图形，使它能够准确地量出下面三个图形的面积的大小。

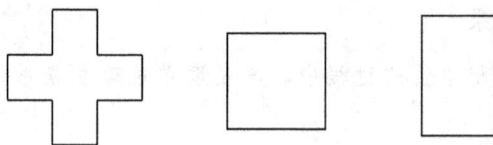

合作要求：

①先仔细观察三个图形的特点；

②设计一个标准图形，剪下来铺在三个图上去量一量它们的大小。

汇报：谁愿意把你精彩的研究过程展示给大家？

（分层汇报：不成功→深入研究→成功找到1平方厘米。）

标准图形	□	▯	▫	□	▯	▫	□	▯	▫
标准图形个数	5	10	20	4	8	16	?	?	15

这个1平方厘米不仅是这三个图形的测量标准，它也正是国际上通用的一个面积单位。（板书：面积单位）其实，数学家发现这个面积就是像你们这样，通过反复实践、修改，逐渐完善出来的，你们真有研究精神！

[设计意图：这个环节清楚地记录了学生探究统一标准的过程，学生在操作过程中，积累了一定的活动经验：要想找到一个统一的标准，要经过不断的细分，使用统一的小的标准图形，才有可能测量三个较大图形的大小。]

（3）运用1平方厘米，感悟面积单位为"1"的道理

找到了这个面积单位，我们要用它来度量面积的大小。请你用1平方厘米量出下面图形的面积。

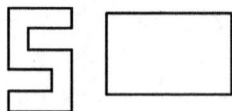

问：观察这几个图形的面积，看看能发现什么问题？

										□1平方厘米	
标准图形	□	□	□	□	□	□	□	□	□		
标准图形个数	5	10	20	4	8	16	?	?	15	11	24
图形的面积			20			16			15	11	24

[设计意图：让学生通过观察比较发现，1平方厘米作为面积单位时，测量出有几个面积单位，它的面积就是几。用其他平方厘米作面积单位时，测量出有几个面积单位，它的面积还要再乘一个数。让学生感受到，面积单位为"1"真是太方便了。]

（4）回顾研究过程，把长度单位与面积单位建立联系

投影演示1厘米→1平方厘米的过程。

[设计意图：让学生感受到测量长度要用长度单位，测量面积要用面积单位，测量单位从一维到了二维。]

专家意见

面积单位是一个很重要的度量概念，该研究完成了对教材相关脉络的梳理，了解到教材从一维到二维，最后到三维的发展顺序；也完成了相关文献的梳理和对学生的调查，学生的调查真的不容乐观，学生真的是只知其然，而不知其所以然！不知道什么是1平方厘米、1平方分米，也不知道计算面积时为什么要加"平方厘米"作为单位，这其实是对面积计算公式的一种不理解。从更广的角度讲，是对什么是"度量"的不理解。所以，对面积测量的教学，不仅需要在"面积单位"的统一上下功夫，更重要的是如何对面积进行测量，即用单位面积进行无重叠无缝隙的覆盖所需要的面积单位的数目，而不是体会面积单位为1的优势！

思考

用面积单位进行测量活动，在活动中，学生才能真正体会到面积单位的价值。这样的测量活动的价值，一方面可以通过测量的过程，再次感受"面积"的本质；另一方面，通过测量活动，感受度量的过程，即用单位对面积进行密铺的过程，并且密铺的结果是单位的个数。可见，在教学过程中应安排丰富的度量活动，感受面积单位的价值。

【第二版教学设计】

教学重点一方面突出通过测量活动感受统一单位的必要性，另一方面突出在测量不同形状图形面积的过程中，体会面积单位的作用和价值。

教学环节中安排丰富的测量活动，即在测量活动中产生面积单位之后，安排用 1 平方厘米测量不同形状图形面积的活动。关注点在于让学生再次体会用面积单位密铺图形面积的过程，体会面积的大小就是面积单位的个数，体会 1 平方厘米的面积单位不能满足实际测量的需要，需要产生新的面积单位。特别地，需注重学生汇报过程中的追问。

教学实录如下。

师：找到了这个面积单位，我们要用它来度量面积的大小。请你用 1 平方厘米量出①号图形的大小。

①

（学生汇报方法和结论。）

师：你是怎样得到这个图形的面积的？它的面积大小是多少？

生：我用 1 平方厘米来铺，一个挨一个地铺满。

师：他刚才说要一个挨一个铺满，如果有空隙怎么了？

生：那量出来就不准了。

师：那你测量之后，得到这个图形的面积了吗？

生：是 11 平方厘米。

师：为什么是 11 平方厘米？

生：我数了，一共用了 11 个 1 平方厘米。

（板书：

	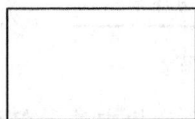
1 平方厘米的个数	11
图形的面积	11 平方厘米

）

师：看来用面积单位来量图形的面积，用了几个 1 平方厘米，面积就是多少，是这样吗？

师：如果我们还用面积单位来量这个长方形的面积，你们觉得可以吗？

（学生活动。）

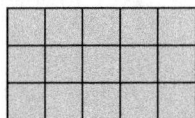

生 1：

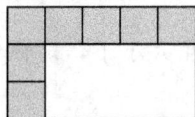

生 2：

生 3：3×5＝15（平方厘米）。

师：同学们，怎么好像你们的方法都不一样呀？你们的结果都是多少？

生：15 平方厘米。

师：为什么呢？第二种方法才摆了 7 个呀？谁看懂了？说说是怎么回事？

生：如果就数 7 个，肯定不对，但第一行摆了 5 个，第二行也可以摆 5

个，第三行也摆 5 个。

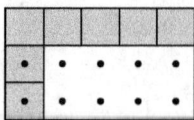

师：那 3×5 呢？

生：就是一行摆了 5 个，一共有 3 行。

师：虽然你们的方法不太一样，但你们都是在数什么？

生：1 平方厘米的个数。

（板书：

	5	▭
1 平方厘米的个数	11	15
图形的面积	11 平方厘米	15 平方厘米

）

师：如果我们想得到一个课桌面的面积，你们可以吗？

（学生用 1 平方厘米的面积单位试图用摆一行、摆一列的方法，但还是很麻烦。）

师：你们都量出来了吗？

生：太多了。

师：怎么办？

生：有大点的方格就好了！

师：你们说得对，用这个 1 平方厘米来量桌子，实在太小了，那你们觉得可能还有什么样的大一点的面积单位吗？

（接下来，教师引导学生联系长度单位并利用课件演示 1 厘米→1 平方厘米、1 分米→1 平方分米、1 米→1 平方米的过程。）

专家意见

度量的“度”指的就是度量单位，“量”指的就是测量。在学习长度度量的过程中，已经体会到度量的意义，以及统一度量单位的必要性。这些认识可以迁移到对面积的测量。因此，面积的度量需要理解的是：为什么要选择正方形作为度量面积的单位？选择长方形作面积单位不行吗？"面积的认识"一课，是产生面积度量意识的源头，怎样上好这节课，是奠定认识面积单位的基础。所以，培养面积度量的意识，"面积的认识"这一课是基础，很重要。

度量单位可以自选，也有统一的标准单位构成的度量单位的系统。

度量的两种基本策略是工具度量与公式度量。传统教学重视公式度量，轻视工具度量，是造成度量意识淡薄的主要根源。

其实，培养度量意识是"面积"这个单元的教学任务，不仅仅是"面积单位"一课。推导长方形面积公式的过程，是理解长方形的工具度量与公式度量之间内在联系的过程；必须理解长方形面积（二维图形的大小）为什么可以转化为它的长与宽（一维图形的长短）的积。

通过摆小正方形（面积单位）、数数、填表，猜想长方形的面积公式：

长方形面积＝长×宽。

这个猜想需不需要验证？如何验证？

下面的验证有什么教育意义与价值？学生可接受吗？为什么过去都忽视如此重要的验证？

长方形的面积＝密铺长方形的小正方形（面积单位）的个数

　　　　　　　＝每行面积单位的个数×面积单位的行数

　　　　　　　＝长包含长度单位的个数×宽包含长度单位的个数。

所以，长方形的面积＝长×宽。

希望课题研究从一节课的研究扩展为一个教学单元的研究，比如，三年级"面积"单元，如何培养学生的度量意识——单元教学的设计与案例研究。

四 课题研究的进一步思考

对面积单位的关注确实可以在某种程度上培养学生的度量意识，但意识的培养绝不是一蹴而就的，正像王永老师所提的建议，需要在学生经历面积度量的整个过程中一点一点地渗透和积累。作为教师，需要我们有整体把握单元的视角，从整个单元入手，整体设计单元的教学目标和设计单元的核心活动。例如，面积——比较图形面积大小的活动，面积单位——面积单位的产生和测量图形面积的活动，长方形的面积——获得面积结果的密铺活动，沟通面积与长宽关系的思辨活动，等等。

参考文献

1. 鲍建生．课堂教学视频案例的研究与制作——聚焦课堂［M］．上海：上海教育出版社，2005.

2. 吴正宪．小学数学［M］．上海：华东师范大学出版社，2007.

3. 刘加霞．小学数学的有效教学［M］．北京：北京师范大学出版社，2008.

简评

本文对在"面积单位"学习中如何培养学生的度量意识进行了探究，这是一个很有意义的课题。文章从教材的分析、已有案例的分析和学生的现状分析入手，提出了教学假设，设计了教学流程，并进行了两轮教学实践。研究思路非常清晰，研究方法合理。值得指出的是，本研究较为全面地分析了教材，调查了学生已有的面积知识和教师以往的教学经验，研究细致深入。边靖老师还针对每一步的教学给出了自己的思考、评论或反思。文中还引用了专家的意见来说明教学效果和针对教学的改进意见。

面积的概念在数学上是通过公理的形式给出的，这是一个既形象又抽象的概念。形象的方面表现在面积的大小可以看到或画出来，因而可以被感知；抽象的方面表现在面积公式的意义以及面积单位的理解，特别是"平方"单位的出现，又使得面积变得不再直观，这就给学生面积概念的学习带来了一些认知上的挑战。本研究在面积概念教学上的突破表现在：通过让学生使用单位面积测量不同形状的平面图形的面积，促进学生对面积单位和面积意义的理解。

从教学设计的角度来说，这样的处理是很成功的，但从教育研究的视角，我们建议本研究做以下的改进或进一步的拓展。

在进行第一轮的教学设计之前，边老师对学生有关面积概念的已有知识进行了一些前测性的调查，希望通过测查结果来了解学生先前的面积知识，帮助自己做更好的教学设计。但究竟有多少学生参加这一调查？这些问题在介绍调查结果之前或之中应该向读者交代清楚。

作者提及了课堂教学中的一些非常典型的问题，例如，在学习"平行四边形面积"时，有学生将平行四边形分割成一些小的平行四边形，将这些小平行四边形作为面积单位；在教学"圆的面积"时，学生面对圆面积的探究无从下手，不能回忆起面积单位的价值。但在接下来的教学设计中，边老师没有提及如何来处理这样的问题，一直到文章的最后，边老师也没有在文中提及对这些问题的思考。

对于第二轮的教学设计，作为一篇研究论文要对为什么进行第二轮的设计、第二轮设计将做哪些方面的改进做很清晰的说明，让读者明确第二轮教学设计的意图。如果将两轮的教学设计的异同点列表进比较，会使研究结果的陈述更清晰。

在"面积单位"学习中培养学生度量意识是一个很好的研究主题，文中包括了专家意见，有些观点比较宏观，有些观点则比较结合课堂教学，但边老师没有对专家意见的反思和回应，对"度量意识"的界定仍然不是很清晰，读者也不知道边老师本人对这些专家的意见是全盘接受还是有所保留。因此，如果能提供自己更多的反思和观点，将会更有意义。同时，本文的研究目的显得太过笼统，如果边老师能将研究目的制订得更具体，接下来的分析也许会更为精细。另外，对案例研究结果的提炼，特别是清楚地、有条理地给出研究发现还有待加强。

最后，在几轮教学之后，如能进行一下对照和后测，获得一些测查数据，让数据来说话，并对数据进行统计分析，也许可以让读者更能明确教学设计的意义和效果。

体验式学习在"认识图形"
课堂教学中的实施
——以"长方体的认识"一课为例

潘红艳（河南省实验学校鑫苑外国语小学）

课题的提出

（一）研究的背景

新一轮课程改革的核心是改变学生的学习方式和学习状态。《基础教育课程改革纲要（试行）》提出了"改变课程实施过程中强调接受学习、死记硬背、机械训练的现状，提倡学生主动参与、乐于探究、勤于动手、培养学生搜集和处理信息的能力，获取新知识的能力、分析和解决问题的能力"。北师大版小学数学教材"认识图形"非常注重以现实世界中有关空间与图形的问题作为学习素材，使学生经历从现实源泉中抽象出几何模型的过程，体验图形与现实世界的密切联系，设计了大量观察、操作、思考、想象、交流等活动，帮助学生体验图形的性质。体验式学习贯穿教学的始终，是最主要的学习方法。学生通过在实践活动中获得的体验、认识和理解，掌握和运用数学内容，用新学习的知识、技能、思想方法去完善自己原有的认知结构的构建。在实践中体验，在体验中感悟，在感悟中发展。

这是北师大版小学数学教材的特色，也是设计的初衷。

虽然现在大多数一线教师都认识到让学生参与体验活动的重要性，也有关注和强化这方面的意识，但是在实际教学中还存在很多问题，如教师组织了体验活动，但是学生的活动不充分，点到为止，体验的量和度不足，导致体验式学习的效果不理想。更为严重的是很多活动只停留在表面，局限于学生个体对亲身体验的感性认识层面，缺失对感性经验的反思、提升，与教学目标的达成之间有断层，没有最大程度的发挥教材的特色，实现设计的初衷，不利于学生图形概念的构建。怎样有效地在"认识图形"教学中开展体验式学习，提高教学质量，培养学生创新意识和实践能力，是一个值得研究的问题。

（二）本课题核心概念的界定

体验式学习是在设定学习目标的前提下，学习者在真实或模拟的环境中，亲历实践的过程，获得亲身的体验和感性的经验，然后通过反思、感悟、分享，获得知识、技能和态度的一种学习方法。它突出的是学习的过程，强调个体体验对学习的意义，更关注对经验的总结和反思。

虽然许多数学学习活动都是伴随着一定体验的，例如，解答数学题、作图等，但是我们所说的体验式学习有别于其他学习方式，它必须具备以下几个基本特征。

1. 亲历性

亲历性是体验式学习的本质属性，是指学习主体必须真实地积极参与数学学习活动过程，体验必须是直接的，它不需要任何中介。学习者亲身经历体验式学习过程中发生的一切，从而感悟知识的真谛。

2. 情境性

组织学生体验式学习活动时，往往是在一定的情境中展开的，情境是体验活动存在的基础。在教学中只有创设丰富的情境，如生活情境、问题情境等，才能激发学生的研究欲望，调动学习兴趣，使他们积极主动地进行学习，通过体验达到建构知识，培养能力的目的。

3. 实践性

数学学科作为一种工具学科，在现实生活中有很强的实践性。学生的实践作为体验式学习的基础，体验和实践不可分。学生的体验式学习活动实际上就是有明确目标的、自觉的实践活动。

4. 情感性

学生在亲历体验式学习活动时，不但通过亲身的体验获得感性的经验、知识、技能，而且始终伴随着直接的、具体的、丰富的数学情感体验。体验式学习将情感教育蕴含于体验过程之中，更有利于学生理解数学知识的意义，激起学习数学知识的兴趣，从而形成态度、价值观。

（三）课题研究的意义与价值

学生空间观念的发展，活动经验的积累，图形性质的体验等都是在数学实践活动中进行的。北师大版小学数学教材设计了大量观察、操作、思考、想象、交流等活动，帮助学生体验图形的性质。本课题将深入教学一线，专门针对"认识图形"内容的课堂教学，通过对教师的教法和学生的学法进行调查、实验、分析和总结，探索研究在认识图形的实践活动中有效实施体验式学习的规律及策略，努力形成一套行之有效、有特色的、具有推广价值的体验式学习方法，以帮助学生发展空间观念，理解图形性质，养成自主、合作、探究的学习习惯，培养学生的创新精神和实践能力，并提高教学效果。

课题研究方法

我收集到的国内外关于体验式学习的文献资料和相关的课题研究中，用于小学数学教学的主要策略有创设情境、组织游戏、自主探究、交流分享、知识应用等。但是针对"认识图形"，以上教学策略哪种更有效，更有利于操作，需要深入的研究。

根据以上的研究思路，初步确定以下几点研究内容。

（1）研究在"认识图形"的教学中开展体验式学习的策略有哪些。在国内外研究的基础上，紧密结合教材以及实际教学的需要，细化以上各种教学策略，使之更加丰富，更利于操作。

（2）研究针对不同的教学目的和体验侧重点，怎样选择合适的体验式学习策略。研究各种教学策略与体验式学习的关系，探求不同的教学策略对体验强度、侧重点、学生参与度的影响，尝试发现规律。

以案例研究的形式，针对小学数学"认识图形"教学过程中每个环节不同的教学目标，分析体验式学习的最佳切入点和侧重点，选择合适的教学策略，尝试形成一定成果，为一线教师设计体验式学习活动提供依据。

（3）根据大卫·库伯经验学习圈理论，研究各种体验式学习策略怎样有效组合，形成环形结构，使之更有利于学生对"认识图形"内容的学习。

（4）本课题还将组织教师深入挖掘数学教材中可探索、发现、体验的新素材，联系学生生活，对其进行加工、整理、精心设计成适合一线教师具体操作的新活动。

三 课题研究的主要过程

（一）成立研究小组，寻找理论支撑

本课题自 2012 年 1 月开题以来，开展了扎实有效的研究工作。课题组 5 位成员在 2012 年 1 月成立课题实验组，开始着手收集与阅读国内外关于数学实践活动和体验学习的文献资料，找到本研究的理论支撑。2012 年 3 月以调查问卷的方式对我校五年级学生进行前测。通过统计分析评估我校五年级在"认识图形"课堂教学中体验式学习的现状以及存在的问题。对研究方案组织论证、修改、完善方案，进行开题。

课题组对研究方案进行了多次认真学习和研讨，认为本课题研究应从以下几个方面进行。①大量收集"认识图形"成功的教学案例、课例，拓宽教师体验式学习课堂活动的设计思路；②分头在实验班中进行同课异构的尝试；③观察实验效果，整理实验记录，反思实验问题，寻找教育规律；④利用研究前后测对比来验证实验效果；⑤撰写案例，随笔等资料。

（二）学习教学理论，提高理论素养

加强理论学习，不断提升课题组成员的理论素养，逐步转变教学观念，是我们一直坚持的信念。我们大量阅读了新课程及数学专业理论方面的书籍，如曹才翰、蔡金法的《数学教育学概论》、郑毓信的《国际视角下的小学数学教育》《课程改革与学习主题构建》、曹一鸣的《中国数学课堂教学模式及其发展研究》等。我们强调的是自学为主，在学习的同时要把学到的理论与实践进行有机结合。

（三）理论结合实践，追求有效课堂

课题研究的最终目的是成长学生，成就教师。2012 年 4 月至 2013 年 2 月，我们在学习理论的同时，结合课题研究的目标，开展了扎实有效的研究活动，组织课题研究组成员深入教学一线，跟踪"认识图形"课堂教学中体验活动从课前设计到具体实施的全过程，以案例研究的形式，针对北师大版小学数学"认识图形"的教学过程中每个环节不同的教学目标，分析体验式学习的最佳切入点和侧重点，选择合适的教学策略，研究不同教学策略怎样有效组合，尝试探索"认识图形"体验式学习的常用教学模式。我们采用组织集体备课，反复研讨活动设计的可行性，完善活动方案，再引入到课堂教学中实施，并做好详尽的记录，课后及时向听课教师和学生做课后访谈，了解大家的感受、看法、意见。修改教学设计后，再用另一个班进行再实验、再尝试、教学效果的再观察。我们 2012 年 11 月和 2013 年 9 月两次就"长方体的认识"一课设计了 6 种不同的体验式学习活动方案，先后用平行班试教了 6 次，获得了大量的第一手资料。在研究中，课题组进一步细化了体验式学习的教学策略，研究了针对不同的教学任务和体验侧重点，怎样创设丰富多样的体验式活动。

（四）开展沙龙活动，带动学校整体教科研

教科研沙龙活动是一种有效的教科研方式，应该说一次活动就是一次思想的交流，思维火花的碰撞，教师在交流中得到收益，感觉到自身学习的重要性。2012 年 12 月、2013 年 3 月和 2013 年 9 月，我们分别就"哪种

设计好""体验式学习实施的策略"与"体验式学习活动中怎样引导学生有效反思"这三个话题进行了沙龙研讨。我们先由课题组教师执教体验式学习的同课异构的观摩课,再组织教师谈自己对这几节课从学习氛围到教学效果,从学生能力培养到关注情感、态度、价值观等方面的看法和意见。并组织大家研究挖掘教材中其他适合探索、操作、实验、研究的内容,同时联系学生生活实际,设计成适合体验式学习的活动,请教专家,与校内资深教师商讨可行性,开发新的数学体验活动资源。教师们畅谈自己的观点、想法,引发了更多的思考与反省,课题组成员获得了更多的灵感,教学观念都得到了改变,教育思想都得到了升华。

四 课题研究的思路、结果与分析

(一)研究思路

北师大版小学数学教材中,"长方体的认识"一课本身就设计了一系列活动,让学生在活动中体验、感悟、学习新知,已经是一种体验式学习,所以,我们先对教材和教学目标进行了认真的解读,按照教材原有设计,组织学生活动,观察教学效果。然后采用解析的方法逐个细读每个教学目标,对照课堂实际教学中反映出的实效以及学生感受理解的效果与程度的不同,分析有哪些环节需要强化体验,哪些环节需要学生及时反思,能否有更好的体验设计。

通过分析思考,我们又设计出了五种体验式学习活动,分别在五年级余下的五个班进行同课异构的实验,真实记录实验现况,及时了解课后教师、学生的反应,对比教学效果,然后再用调查问卷的形式检测经历不同的体验活动后,每个班的学生对知识的领悟和运用情况。希望借此了解针对不同的教学内容、体验强度、体验侧重点各种设计对教学效果的影响,尝试寻找设计体验式学习活动的一般模式,以及体验式学习活动设计在课堂教学中有哪些操作误区,影响教学效果的因素有哪些,实施的注意事项是什么。

（二）具体实施过程

1. 教材分析

"长方体的认识"是北师大版小学数学教材五年级下册第二单元的第一课。这节课是在学生第一学段直观地认识了长方体和正方体，并已经学习了长方形、正方形，以及它们的周长和面积的基础上进行教学的。本节课要让学生经历观察、操作、归纳的过程，研究长方体和正方体的特点，为以后进一步学习长方体的表面积、体积、容积打下基础，还要为六年级学习圆柱、圆锥积累经验和方法。

教材中安排了以下活动。

（1）让学生从生活中找出形状可以近似看作是长方体和正方体的物体，从生活实际入手，唤醒学生已有的知识经验。

（2）认识长方体和正方体各部分名称——顶点、面、棱。

（3）综合性活动：为学生提供长方体、正方体学具，让学生用自己喜欢的方法研究长方体和正方体的特征，并整理填写表格。学生可以使用观察、对比、测量、剪切等方法，研究发现长方体和正方体的特征。

（4）巩固练习。

2. 同课异构，不同体验式学习活动设计以及课堂实验效果纪实

（1）教材中原有设计在课堂教学中实施效果纪实与分析

教材原有的体验式学习活动是"观察—猜想—验证—得出结论"。

实验材料：

每名学生准备长方体和正方体模具各一个，以及剪刀、直尺、小棒、绳子和草稿纸。

活动设计：

环节一　课前让学生到生活中找出形状可以近似看作是长方体和正方体的物体各一个带入课堂。

环节二　教师带领学生认识长方体和正方体各部分名称——面、顶点和棱。

环节三　出示长方体和正方体特征表格，组织学生利用自己准备好的长方体、正方体模具，看一看、数一数、比一比、量一量，研究长方体和正方体的特征，并整理填写表格。

环节四　在学生认识了棱的特征的基础上，认识长方体和正方体棱的具体名称。

环节五　巩固练习。

实验班级：

五年级（1）班。

课堂纪实：

学生从生活中寻找形状可以近似看作是长方体和正方体的物体没有困难，全班百分之百的正确率，说明学生对长方体和正方体的认识有良好的基础。学生在特征表格的引导下，能自己想办法，选择合适的策略，逐一研究出面、顶点和棱的特征。期间学生动用了看一看、比一比、数一数、量一量、折一折等多种方法解决问题。每次研究都是经历了"观察—猜想—验证—得出结论"的研究步骤。学生合作有序高效，特征总结比较准确。

课后访谈：

①学生的反响

学生反映良好，多数学生表示喜欢这种上课方式，觉得玩得很开心，知识理解透彻。

②听课教师的反响

听课教师认为此种设计比较遵从教材原有设计。学生活动充分、体验到位、学得扎实，教学效率很高。但是也有教师认为先出示特征表，在表格的引导提示下研究，活动的挑战性不强，整个课堂研究氛围比较"平"。

存在的问题以及课后再思考：

①体验多，反思少

大卫·库伯提出的经验学习圈理论认为，经验学习过程是由四个适应性学习阶段构成的环形结构，包括具体经验、反思性观察、抽象概念化、主动实践。我们观察到，在课堂教学实施的四个环节中，第二个环节"反思性观察"不足且薄弱。学生虽然亲历实践的过程，获得具体的体验、经验比较充分，但是对经历的体验加以感悟、反思不足。第一，反思形式单一。教师对反思性观察的认识简单停留在师生间、生生间的交流互动，学生的反思绝大多数是被动的，缺少主动反思。第二，反思时间不足。给反思留下的时间太短，学生的反思不充分。第三，反思内容单一。很多反思都是针对要掌握的知识点，缺少对过程方法的反思，对活动经验、解决问题的方法的反思。

② 重抽象概念化，轻主动实践

教师对体验式学习活动的第三环节"概念抽象化"非常重视，学生基本上都能在与同伴交流分享中总结出长方体的特征，掌握本节课的知识点。但是教师总是期望概念抽象一次完成，而接下来的实践环节的目的仅为强化巩固、练习应用。没有认识到学生学习新知是一个循序渐进的过程，学生对新知的认识不一定一次就领悟完整，他们脑海中的知识系统需要在运用中再感悟、再发现、再思考、再完善，逐渐建构起来。大卫·库伯的经验学习圈是一个环形结构，可以循环往复。所以第四个环节"主动实践"需要丰满。

实践活动的形式太被动，缺乏主动，需要更为合适的情境刺激学生，提高学生的积极性，促使学生主动的实践、总结和反思。

（2）针对课堂教学中反映出的问题进行重构设计的教学纪实与分析

【再设计一】从"魔袋"中摸出长方体——强化反思性观察的体验式学习活动设计。

学情分析：

长方体、正方体形状的物体，学生在生活中很容易接触到，积累了一定的感性认识。特别是对长方体和正方体顶点、面的特点，很多是学生已知的。可以尝试让学生在体验活动前先对自己已有的知识和经验进行整理、反思，带着一定的思考去参与体验活动。活动之后让学生先反思自己的发现，再思考别人的发现，在交流中边听边想，边想边补充，边验证边完善，去完成自己的知识建构。

实验材料：

不透明无纺布袋子，内装球、圆柱、圆锥、棱锥、长方体等各种立体图形若干个，剪刀、直尺、小棒、绳子和草稿纸。

活动设计：

①找一找。课前让学生到生活中找形状可以近似看作是长方体的物体。课上教师引导学生观察自己和他人找到的大大小小颜色多样的长方体，思考为什么大家找到的都是长方体，通过交流让学生感受到长方体是指物体的形状，与颜色、大小、材质无关。

②摸一摸。教师为每个小组准备了一个"魔袋"，里边装有若干立体图形，让学生不用眼睛看，凭经验用手摸出长方体。促使学生对已有知识先进行自我整理、思考。

③验证。摸一摸的活动之后，组织学生交流各自摸长方体的经验，让学生在反思自己认知的同时，在互动中、与同伴的交流中汲取自己未发现的内容。然后针对学生发现的长方体的特征，组织大家想办法证明自己的发现是正确的。让学生经历"观察—猜想—验证"的科学探索过程，积累数学活动经验。

实验班级：

五年级（2）班。

课堂纪实：

课前让学生到生活中找形状可以近似地看作是长方体的物体。课上教师向学生提出疑问：看你们找的大大小小、花花绿绿的物体，你们找的是长方体吗？通过交流让学生感受到长方体是指物体的形状，与颜色、大小、材质无关。

摸一摸这个活动，学生觉得非常有趣。不用眼睛看，凭手感要想判断出哪个立体图形是长方体，有一定难度和挑战性。执教教师提出"每人只有一次机会"，所以要求学生"在摸之前先思考半分钟时间"，思考长方体与球、圆柱、棱锥等立体图形的区别，想好自己要重点摸哪里，怎样去判断，再行动。除一两人外，全班绝大多数学生都能准确从众多立体图形中摸出长方体。

摸一摸的活动之后，教师马上组织学生交流各自摸长方体的经验。首先让学生在小组内跟同伴说一说自己的发现，再组织全班参与的互动交流。要求学生不但要清楚自己发现的长方体特征，而且要借助其他立体图形作为反例证明自己的发现与众不同。并针对学生的发现，组织学生用数一数、比一比、量一量等方法逐一验证。

学生谈到最多的是摸面和顶点的窍门。因为与球、圆柱和圆锥相比，长方体上的面都是平面，而且有顶点，所以很容易区分开。虽然棱锥上也有平面，但是学生都发现：长方体上面的形状都是长方形或正方形，而棱锥上面的形状有三角形的，面的个数也不是 6 个。在生生互动、师生互动中，学生畅所欲言，长方体面、顶点的特点的发现和总结顺利而清晰。

因为教师要求学生不能仅仅凭借目测或感觉，要用一定的办法证明所发现的特征是正确有效的。所以，学生想了很多种方法去验证。例如，看一看、比一比、数一数、量一量、折一折等。学生都亲身经历了"观察—猜想—验证—得出结论"的研究步骤，玩得开心，学得扎实。

虽然学生也有摸棱的，但是仅限于知道长方体上有棱，至于有几条棱、棱的长度有什么特点，就极少有学生关注到。所以，棱的特征是在教师提问下研究出来的。

课后访谈：

①学生的反响

学生觉得闭着眼睛摸长方体很新奇有趣，学生对这个环节很喜欢。能自己发现长方体的特征，成功摸出长方体，学生觉得很有成就感。

②听课教师的反响

教师普遍认为此设计在引导学生反思方面的改进，效果非常好。

首先是在原有设计的基础上添加"摸一摸"环节，促使学生在体验活动之前反思、整理自己的已有知识经验，再带着猜想去有目的的实践，教学效果特别好。

其次是"摸一摸"之后的交流环节，教师提出了让学生用正反两例的方法叙述自己的发现，并采用先小范围、再大范围的交流方式，"迫使"学生先反思后发言、边倾听边思考、提出发现、紧跟验证，有效地把学生在活动中得到的具体经验，通过反思性观察，达到抽象概念化。而且在反思性观察之中，不但让学生做知识性的反思，而且反思自己的活动经验。

但是对于摸一摸环节之后的讨论交流活动，很多听课教师也表示了自己的担心。担心之一是课堂互动不好驾驭。这种互动完全以学生为主体，先谈到哪个方面的特征都可以，教师可以根据课堂情况灵活机动地调整先后顺序，需要教师有很强的课堂应变能力。担心之二是怎样把问题谈透，避免蜻蜓点水。因为学生谈自己的感受，可能是多角度、多层次的。而且小学生语言发育不完善，很可能表达不够清晰，思路比较混乱，互动交流困难较大。这个环节的成败，关键是教师能否组织好学生的交流活动，教师要充分发挥引导作用，善于抓住学生发言中的"生成点""闪光点"，将话题逐步引向深入。这种采用体验式学习的课堂教学对教师的教学水平提出了更高的要求。

课后思考：

①本节课在引导"学生反思"方面的尝试比较成功

（Ⅰ）用合适的情境促使学生主动反思

在原有设计的基础上添加的"摸一摸"环节，要求学生不用眼睛看，凭手感要想判断出哪个立体图形是长方体，有一定难度和挑战性。学生必须充分调动已有的知识经验，才能成功。多了一个悬疑就多了一份趣味；多了一层猜想就多了几分研究的欲望。特别是教师提出"每人只有一次机会，先想后摸"的要求后，学生就要反思自己已有的知识、经验，积极进行自我整理、自我总结。

（ⅱ）先反思后表达，交流互动前一定要预留独立思考的时间

本节课在很多交流活动之间，教师都提出"想半分钟""现在是思考时间"等，而不是在体验活动之后急于让学生发言。这种"留白"效果非常好。学生也需要静下心来，反思自己在活动中的感受、经验、发现，整理成自己的"发言稿"。这个打腹稿的过程就是积极反思的过程，也是主动抽象概念化的过程。

（ⅲ）教师对反思的指导很到位

怎样去反思？反思的方法有哪些？对于小学生来说是非常薄弱的。本节课教师在这方面的指导很到位。

"摸一摸"之前，教师提醒学生，可以再看看长方体与其他立体图形的区别，想好了再摸。交流摸长方体的经验之前，教师要求学生"要想让别人信服你的发现确实是长方体的特征，你可以用其他立体图形来当反例说明"。当别人发言时，教师不断地提醒大家思考"他说的对吗？你的发现与他一样吗"，让学生带着批判的眼光去倾听别人的发言，如果与对方看法一致，就要用一定的方法去验证；如果不认同对方的看法，就要举出反例进行反驳。

在教师的指导下，学生的积极反思始终贯穿交流活动中，学生从中也掌握了一定的反思方法。

② 关于"主动实践，在实践中完善自己的认知系统"这个环节，本节课仍然没有得到有效解决

本节课学生在"摸一摸"环节之后的交流活动中，谈面和顶点特征的比较多，但是关于棱的特征只有个别学生发现长方体上有棱，但是有几条棱，长度有什么关系，少有学生谈到，说明学生对棱的相关知识的感知不够充分，所以，本节课上执教教师只能采用重新让学生观察学具发现特征，再用"量一量""比一比"的方法去验证自己的发现，这种处理虽然也能达到学生理解和掌握的目的，也伴随了一定的体验感受。但是冲击力不够，强度不够，导致这个难点不够突出。

我们的思考是：既然主动实践是学生完善认知的一种手段，而且学生已经知道长方体面和顶点的特征，并且知道怎样判断一个物体是长方体，为什么不设计一个操作活动，让学生将发现运用到制订策略、解决问题之中去，通过亲身实践来强化他们对棱的特征的感受，在操作中体验到长方体棱的特征，再总结和反思，进一步完善自己的知识建构？

【再设计二】拼搭长方体框架——强化主动实践体验棱的特征，完善认知建构的体验式学习活动设计。

学情分析：

学生虽然在生活中能大量接触到长方体和正方体，但是一般不会有意识地去观察棱的长短、数量。所以，棱的认识是本节课的难点。我们研究认为棱的特征，如果仅仅是让学生通过观察发现有差异，通过测量得出长短特点，对思维的冲击小，体验的强度不够。这个年龄段的学生已经有了一定的动手能力，而且具有很强的探索欲望，所以针对棱的认识活动设计需要创新。

实验材料：

教师为每组准备长度不同的三种小棒，每种数量足够多，三向插口若干个。

活动设计：

①活动前的知识铺垫

在此活动之前，先组织学生参与"再设计一"的摸一摸活动与交流，找到长方体面和棱的特征，并填写长方体特征表格中的面和顶点的前两项。

②拼搭长方体框架，感受棱的特征

教师为学生提供三向插口和三种长度的小棒若干根，让学生小组合作拼搭长方体框架，记录用料情况，并观察同等长度的小棒所处位置和根数的特点。通过拼插学生会感受到"一定要把相同长度的小棒放在相对的位置，这样才能迅速拼搭出一个长方体"，而且长方体有 12 条棱，可以分成 3 组，每组棱长相等。教师在此基础上教学长、宽、高的认识。

实验班级：

五年级（3）班。

课堂纪实：

教师提前把学生分成 4 人小组，请学生拼搭长方体框架。由于此种设计挑战性强，研究创造的空间大，学生的研究情绪高涨，创新思维得到极大的激发。学生经过多次实验，不断地研制出新的长方体，个别学生甚至激动得脸通红。虽然每个组都能顺利地拼出正方体，但"正方体是不是长方体"在组内出现争议。

执教教师在操作活动与讨论之间，增加了一个分类整理的环节。学生很自然地把这些长方体分成了三类：正方体，有两个相对的面是正方形的特殊长方体，长、宽、高都不相等的普通长方体。教师先引导学生观察分析长、宽、高都不等的那一类普通长方体的棱长特点，学生很顺利地总结出"12 条棱可以分成 3 组，相对的 4 条棱长度相等"。然后教师让学生用观察、验证、解疑的方法，辨析另两类特殊的长方体的棱是否也具有这样的特征。学生惊喜地发现：无论哪一类的长方体都有 12 条棱，都可以分成 3 组，相对位置的 4 条棱的长度相等。只不过有的长方体由于长、宽、高中可能有两个长度相等，导致它有两个相对的面变成了正方形，剩余的 4 个面大小形状完全一样。如果当长、宽、高全部相等时，就是正方体。教师因势利导，学生非常顺利地达成共识"正方体是特殊的长方体"。由于学生体会深刻，不同长方体之间棱的特征的一致性和独特性展现得淋漓尽致，"长方体和正方体关系的集合图"和"正方体的特征"的总结真的是水到渠成。并且在交流拼搭长方体的经验时几乎每个组都谈到，一定要把相同长度的小棒放在相对的位置。

课后访谈：

①学生的反响

学生普遍反映很喜欢这样的课堂，觉得很有成就感，玩得很开心。访谈时还在津津乐道自己的发现。

②听课教师的反响

课后，课题组及时对几名听课的教师做了访谈。当我们问及"是否喜欢这种设计"时，她们异口同声地回答"喜欢。"当一个又一个长方体被创作出来时，大家都看到了学生高涨的学习热情和非凡的创造力。当学生抢着用自己本能的语言描述他们最本质的看法，诠释他们心中对数学朴实的理解时，大家都感受到了学生的成功与快乐。听课的所有教师不约而同的感叹："这些学生好聪明啊！"

另外，听课教师一致认为，这个活动挑战性强，学生在动手拼搭的过程中，能强烈地感受到长方体棱的特征，再将自己的感受通过反思、交流，总结出棱的特征，理解深刻记忆牢固，比原设计中简单的观察发现得出特征教学效果更好。

【再设计三】减少小棒根数拼搭长方体框架——强化主动实践体验棱的特征，完善认知建构的体验式学习活动再设计。

在实施上个设计的过程中的思考：

教师为每组准备长度不同的三种小棒中两种数量足够多，最短的那种只准备3根，三向插口若干个，剪刀1把，让学生自由拼搭长方体框架。但是要求作品中至少有一种必须使用上最短的那种小棒。目的就是看看学生能否知道动用剪刀修改小棒的长度，让学生体会长方体上的每一种棱数量至少是4条或是4的倍数，否则不能搭出长方体框架。增加难度的同时，迫使学生体验的更加充分，使这一重点更加突出。

实验材料：

教师为每组准备长度不同的三种小棒，其中最短的那种只有3根，另两种数量足够多，以及三向插口若干个，剪刀1把。

活动设计：

让学生用小棒自由拼搭长方体框架。但是要求作品中至少有一种必须使用上最短的那种小棒，观察学生能否知道动用剪刀修改小棒的长度，让学生在制作长方体框架的过程中感悟棱的特征。

实验班级：

五年级（4）班。

课堂纪实：

学生活动的时间也比较长，一开始只能拼出正方体和特殊的长方体，怎么都拼不出使用最短小棒的长方体（长、宽、高不相等的普通长方体），实验多次，多次失败。没有一个组的学生想到用剪刀修改小棒的长度。直到有一个组利用手中已有的长方体形状的物体，重新研究它的每一条棱，大胆地向教师提出质疑，指出教师准备的根数不对，问教师可不可以使用剪刀搞点"小破坏"。得到教师同意后，他们茅塞顿开，纷纷拿起剪刀，成功完成任务。

此次设计，教师故意为学生设置了根数不足的陷阱，考验学生临场的应变能力，同时也希望学生能在不断的失败中，深刻认识到同等长度的小棒至少要有 4 根，才能满足长方体棱长的独特要求。学生在一次次失败中，不断地自我反思，自我调整，充分经历了探索发现的过程，一旦突破了"瓶颈"，对知识的认知就上升到了一个新的高度。

在交流拼搭经验时，几乎每个组都谈到，每种小棒的根数最少要有 4 根，必须要把相同长度的小棒放在相对的位置上。令所有听课教师吃惊的是：甚至有学生说到，每种小棒的根数只能是 4 的倍数。当长方体的长、宽、高中有两个一样时，那种小棒的根数就是 8 根，另一种就会是 4 根。而正方体长、宽、高都相等，所以同等长度的小棒数就是 12 根。

课后访谈：

①学生的反响

学生觉得这种活动性的课堂很有趣。通过活动所有的学生都对长方体每一种棱的数量至少是 4 条或是 4 的倍数（的）感受较前一种设计更为强烈。

②听课教师的反响

听课教师都观察到，这次设计的活动，学生参与的积极性比上个设计还要高，由于挑战性加大，学生更感兴趣了，研究的欲望更加强烈。特别是交流中，能看出学生对长方体棱的认识更加充分，谈到每种棱的数量必须是 4 的倍数的学生远远多于前几种设计。学生对特征表述充分证明了这种活动设计给他的思维带来的冲击，看来挑战越大创新越多，体验越强感悟越深。

【再设计四】用土豆、萝卜切长方体——在制作中体验长方体的特征。

实验材料：

教师为学生准备大土豆或萝卜一个，刀一把。

活动设计：

让学生用刀切土豆或萝卜，制作出一个长方体，大小不限。制作完成后，组织学生谈自己切长方体的经验，在交流、讨论中总结出长方体面、顶点和棱的特征。

实验班级：

五年级（5）班。

课堂纪实：

这个活动的操作难度是最大的，但是也是最新奇的。学生头脑中有图形，心中有想法，但是由于很少使用刀子切东西，操作不熟练，经常是一刀下去，歪歪扭扭，总是无法使得到的面是长方形的，需要一修再修。活动结束时，好几个组用大大的土豆只做出了一个小小长方体。

但是汇报交流时，学生的讨论却异常热烈。他们一再表达，能否成功地把土豆切成长方体，成败的关键主要在切出的面是否合乎特征，棱是否笔直而且长短合适。让听课教师吃惊的是：有好几个组，因为切的时候一再失败，反而体会到"长方体上面与面之间是互相垂直的"。这个发现是前几种活动中所没有出现的。

课后访谈：

①学生的反响

学生觉得这个活动非常新奇有趣。谈面的特征的人数比较多，极少有学生关注到棱的特征。

②听课教师的反响

听课教师普遍认为这个活动创意很新奇，学生喜闻乐见。通过活动研究长方体的特征优点和缺点都比较突出。

优点是学生对面的特征感受强烈，不但能清晰地知道面的数量、形状、对应关系，而且通过操作体验到面与面之间的垂直关系。长方体相邻的面互相垂直的发现，是这个活动的意外收获。这虽然不是小学阶段要教学的内容，但是对学生后续的学习非常有益。它的发现也恰恰源于这个设计是利用刀来切制长方体的。

缺点是由于操作材料和活动设计的限制，在体验活动中学生不容易关注到长方体棱的特征。

【再设计五】组装长方体纸盒——在制作中体验长方体的特征。

实验材料：

教师为每组学生准备透明胶条、剪刀，以及长、宽不等的多种规格的长方形若干个（其中至少有一组长方形可以组装成长方体）供学生选用。

活动设计：

教师为每组学生准备透明胶条、剪刀，以及长、宽不等的多种规格的长方形若干个（其中至少有一组长方形可以组装成长方体）供学生选用。学生从各种长方形中选择 6 个，用胶条粘贴，组装成长方体纸盒。制作完成后，组织学生谈自己选择的长方形，拼接组装长方体的经验，在交流、讨论中总结出长方体面、顶点和棱的特征。

实验班级：

五年级（6）班。

课堂纪实：

这个活动的难度也比较大。刚开始，有的组没有发现长方体棱长特点，选用的长方形比较随意，导致组装多次失败。通过研究身边长方体形状的物体，学生发现长方体上相对的两个面大小形状完全一样，而且相邻的两个长方形要拼接在一起，边长必须相等。所以，他们开始有意识的成对的选用长方形，并采用比一比或测量长度的方法选择边长合适的长方形作为相邻的面。经过试验，9 个组中有 8 个组成功完成任务。

交流时，学生主要交流了长方体面的特征，特别是相邻的面边与边长度之间的关系。长方体棱的特征主动交流的不多，但是在教师的启发下，也很快在交流中生成了。顶点的特征没有学生主动谈到。

课后访谈：

①学生的反响

学生认为这个活动难度比较大，特别不喜欢使用胶条粘贴，觉得不好粘，影响操作。关于选用长方形制作长方体，觉得很实用，自己以后可以做纸盒了。也有一些基础较好的学生谈道：只要老师提供大张的硬纸，自己就可以尝试直接制作面相连的纸盒，不需要使用那么多次胶条，认为这样挑战性更大，制作出的成品更精美。

②听课教师的反响

听课教师认为这个体验活动与生活结合紧密。学生在日常生活中经常可以遇到需要自己制作一个长方体纸盒装东西的问题。我们在数学课上让学生通过体验活动学习制作纸盒的同时，感悟长方体特征，学以致用，很有实际意义。但是这个活动思维的难度不大，操作却比较费时费力，教学效率不高。特别在这个活动中学生对面的特征认识比较充分，对棱的特征认识不足，对顶点特征感受容易被忽视。

3. 用问卷进行后测各种体验式学习活动的教学效果

我们针对"长方体的认识"一课设计了六种体验式学习活动，但是六种设计难度不同，挑战不同，研究的侧重点不同，达到的效果有差异。我们期望通过实际教学来检验，哪种设计更适合本节课不同的教学目标，更有利于唤醒学生已有的知识和经验，能让学生体验得更充分，理解得更到位，掌握得更好。

为了检验实验成效，课后我们对六个班进行了一次问卷测试，测试结果如下。

（1）哪几个面能组成一个长方体的掌握情况。

班级	完全正确/%	方法正确，因抄错数或计算等失误/%	没有掌握/%
五（1）	80.6	8.3	11.1
五（2）	80.6	11.1	8.3
五（3）	83.3	8.4	8.3
五（4）	86.1	8.3	5.6
五（5）	72.2	11.1	16.7
五（6）	88.9	8.3	2.8

（2）哪几条线段能组成一个长方体的掌握情况。

班级	完全正确/%	方法正确，因抄错数或计算等失误/%	没有掌握/%
五（1）	75.0	13.9	11.1
五（2）	80.6	8.3	11.1
五（3）	88.8	5.6	5.6
五（4）	88.9	8.3	2.8
五（5）	75.0	2.8	22.2
五（6）	69.4	13.9	16.7

（3）求棱长总和的掌握情况。

班级	完全正确/%	方法正确，因抄错数或计算等失误/%	没有掌握/%
五（1）	83.3	5.6	11.1
五（2）	75.0	11.1	13.9
五（3）	86.1	8.3	5.6
五（4）	91.6	5.6	2.8
五（5）	72.2	5.6	22.2
五（6）	83.4	8.3	8.3

（三）对研究成果的分析与思考

数学体验式学习的课堂教学模式一般以"体验、经验、感悟"模式为主，通过课堂中创设的体验活动，让学生获得活动的体验，将这种体验有效地感悟升华就形成了属于学生自己的数学知识。大致程序是"提供体验教学情境—开展体验活动—发现验证—实践运用—评价体验"。

1. **教学流程图**

我们根据在"长方体的认识"一课的六种设计在课堂教学实施的效果，分析总结了在"认识图形"的课堂教学中开展体验式学习的详细流程：

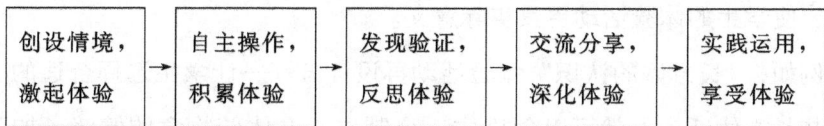

```
┌──────────┐   ┌──────────┐   ┌──────────┐   ┌──────────┐   ┌──────────┐
│创设情境，│→ │自主操作，│→ │发现验证，│→ │交流分享，│→ │实践运用，│
│激起体验  │   │积累体验  │   │反思体验  │   │深化体验  │   │享受体验  │
└──────────┘   └──────────┘   └──────────┘   └──────────┘   └──────────┘
```

这是一个"五段式"的教学步骤，构成了一个可以循环往复的教学圈。在课堂教学实际操作时，其步骤灵活可变，根据每节课教学目标、教学内容的不同，教学步骤可以按顺序一次结束，也可以多次循环，甚至跳过或删减某个步骤，适当的调整顺序。

2. **具体操作方法**

（1）创设情境，激起体验

组织学生体验式学习活动时往往是在一定的情境中展开的，情境是体验活动存在的基础。当教学内容确定后，如何设计一个能够激发学生体验的情境，以使学生在体验中完成教学目标，成为体验教学设计的关键。情境的性质决定所学知识迁移至其他情境的可能性，而体验的强烈决定了概念理解是否深入。一个成功的情境能激发学生研究学习的欲望，同时使学生明确体验、探究的目标，增强体验活动的针对性和有效性。

情境的创设要基于学生经验，要和生活和社会中的问题相联系，尤其要和学生的生活世界相联系。针对不同的教学内容设计的情境有如下几种形式。

① 再现生活情境

数学在现实世界中的应用极其广泛。小学数学的许多知识都可以在生活中找到原型。这不仅仅限于简单地运用学过的知识解决实际问题，更重要的是在数学学习过程中，学会许多分析问题、认识世界的思想和方法。"体验式学习"经常用生活情境为背景，按照数学课程标准倡导的教育理念确定的教育教学目标，将数学知识融入生活情境进行有效整合，从而形成可供我们教学活动开展的生活情境。生活情境包括各种实施情境、直观情境、自然情境和社会情境等。再现生活情境，可以有效地激发学生的学习动机，使学生的体验活动更具实际意义。

例如，"长方体的认识"体验活动再设计五——让学生选择合适的长方形组装长方体纸盒，就可以创设成一个制作长方体储物盒的情境，加强数学知识与社会生活实际的联系，使学生认识到现实生活中蕴含着大量的数学信息。面对实际问题时，能主动尝试着从数学的角度运用所学知识和方法寻求解决问题的策略；面对新的数学知识时，能主动地寻找其实际背景，并探索其应用价值。

② 创设问题情境

研究学生的"最近发展区"，找到新旧知识的最佳结合点，把体验式学习活动放到问题情境中展开，可以促进学生将新知识迅速融汇到原有知识结构中，拓展学生认知，使学生的个性得到发展，记忆力、想象力和创造力得到综合提高。将来面对新知识、新问题时，能利用旧知的有效迁移，自主解决问题。例如，"长方体的认识"体验活动设计，教师出示长方体和正方体的特征表，让学生根据表格上的问题，自己想办法，选择合适的策略，逐一研究出面、顶点和棱的特征。

③ 巧设悬疑情境

小学生天性好奇，喜欢探秘。我们在课堂教学伊始就巧设悬疑，激发他们的好奇心，把体验式学习活动架构在答疑解惑的基础上，可以使传统的教学转变为趣味盎然。例如，"长方体的认识"体验活动再设计一——从

"魔袋"中摸出长方体，就是在设计一的基础上增加了悬疑情境。这个创意不但有效地激发了学生的探索欲望，促使学生细心观察、主动总结，而且在摸一摸的过程中再次体验感悟，让学生感受到了成功的喜悦，课后的问卷测试也证明了教学效果远远好于原设计。

④ 提出任务情境

有的体验式学习活动适合开门见山式地直接向学生提出活动要求，讲明要达到的目标，教师就需要创设任务情境。它的好处是干脆直接，用时少、效率高、目标明确，方便学生执行。例如，"长方体的认识"体验活动再设计二和四——拼搭长方体框架和用土豆、萝卜切长方体。

（2）自主操作，积累体验

苏霍姆林斯基曾说过：在人的心灵深处，都有一种根深蒂固的欲望，这就是希望自己是一个发现者、研究者、探索者，而在儿童的思想意识中，这种欲望特别强烈。因此，我们要给学生足够的时间和空间，让每个学生围绕探究的问题，自己决定探究的方向，用自己的生活经验和思维方式自由地、开放地探究体验数学知识的产生和发展的过程，积极主动地去尝试体验、"发现"知识。

① 实践操作，让学生在"活动"中参与

小学生以形象思维为主，他们的思维往往需要经验的支持，而小学生在生活中获得的体验往往是十分有限的。丰富而多元的体验是小学生进行建构性学习的基础。在小学数学教学中，空间概念的形成对小学生来说是个循序渐进的过程，一些几何图形或几何概念，学生在理解时会遇到很多困难，如果引导学生利用学具"拼一拼""比一比""数一数""切一切"等，学生就会在拥有大量感性认识的基础上，在头脑中比较容易地构建空间概念。

这六种设计都是基于这种思考，将教学内容设计成实践探索的活动，让学生在亲身经历中感悟数学，从课后调查问卷中可以看出整体的理解掌握都是比较好的。

② 多种感官协同参与学习活动

多种感官协同参与学习活动，是最基本的也是最重要的学习方法之一。认识、推理、判断、计算等任何一项具体数学学习活动，如果由眼、口、手、脑多种感官密切配合，其效果必然比直接灌输更显著。因此，教师在设计教学时就要充分考虑为学生提供演示、操作、实验、练习的机会，把学生推到主体地位。通过实践活动，使抽象的数学知识变为学生感性的体验，从而解决了数学知识的抽象性与思维形象性之间的矛盾。在这里，学生对知识的最终获取不是在教师的"灌输"之下得到的，而是他们通过自己的动手、实践，通过个人的深刻"体验"得来的。

六种设计中再设计一在原设计的基础上增加了一个"摸一摸"的环节，使触觉也参与到体验中来，对动脑思考提出了更高的要求，教学效果也就好于原设计。

(3) 发现验证，反思体验

大卫·库伯经验学习圈理论对我们课题组的研究启发非常大。他认为经验学习过程是由四个适应性学习阶段构成的环形结构，包括具体经验、反思性观察、抽象概念化、主动实践。具体经验是让学习者完全投入一种新的体验；反思性观察是学习者在停下的时候对已经历的体验加以思考；抽象概念化是学习者必须达到能理解所观察的内容的程度并且吸收它们使之成为合乎逻辑的概念；到了主动实践阶段，学习者要验证这些概念并将它们运用到制订策略、解决问题之中去。

我们和很多一线教师一样，在研究这个课题之前，曾经简单地认为体验式学习就是体验活动，只要在教学中组织了体验活动，让学生亲身经历了、感受了就可以了，对于组织的活动对帮助概念的建立达不到理想的效果，一直不明白原因所在，很困惑。这次通过学习和在实际课堂中实验，我们才明白，大家以前的做法仅仅是完成了体验式学习的一部分，即具体经验，而反思性观察不够充分，抽象概念化、主动实践就更加薄弱，没有让这四个学习阶段构成环形结构。

所以，在第二个环节"自主操作，积累体验"之后，我们提出了"发现验证，反思体验"的环节。不但要让学生在实践操作活动中积累体验，关键是要促使学生积极反思自己的观察发现，思考表象之下的奥秘，让知识内化成感悟。为下一个环节的讨论交流奠定基础。

这个环节的设计是以往经常被广大教师忽视的内容，但是它又至关重要。在设计体验式学习活动时，我们要有意识地关注到这个环节。在学生体验活动之后要留有一定的时空让学生反思。我们课题组常用的方法主要有以下几种。

①设问引导法。在活动之前就预设几个关键问题，让学生带着问题去操作、实践，体验活动之后反思，整理自己刚才的经历、收获。例如，"长方体的认识"体验活动再设计二"拼搭长方体框架"，活动之前电脑课件上出示的活动要求中就明确提出：想一想，你每种同等长度的小棒使用了几根？为什么？同等长度的小棒所处位置有什么特点？

②追问启发法。有时候我们也会在体验活动之后，追问学生几个问题，但是不急于让他们回答，而是独立反思，或与同伴小声小范围交流。学生有了一定的观点之后，再进入下一个"分享交流，深化体验"的环节。

（4）交流分享，深化体验

教学中，学生之间经历充分的互动与交流能有利于学生对知识的理解和掌握，并能增强学生间团结协作能力，形成良好的意志品质。在体验式学习活动中，教师要发挥引导作用，营造和谐融洽的良好氛围，鼓励学生积极进行数学交流，引导学生分享彼此的经验和思维结果，使学生在合作、讨论、探究中，与他人的体验产生碰撞，在碰撞中促进学生心智的发展，个性得到张扬，从而在数学交流中实现学习过程中体验的整合。

例如，"长方体的认识"体验活动再设计一——从"魔袋"中摸出长方体，在摸一摸的活动之后，教师趁热打铁，马上组织学生交流摸长方体的经验，总结长方体面和顶点的特点。在交流中，学生畅所欲言，谈各自摸长方体的经验体会，在生生互动、师生互动中，总结长方体的特点。这个环节的成败，关键是教师能否组织好学生的交流活动，教师要充分发挥引导作用，善于抓住学生发言中的"生成点""闪光点"，将话题逐步引向深入。当学生说到长方体有六个面时，让全体学生都来数一数，突出有序思考；当学生说到长方体上每个面都是长方形时，就让全体学生都仔细观察手中的长方体，引导学生发现特殊情况，也可能有两个相对的面是正方形。并启发学生回忆旧知"正方形是特殊的长方形"，从而使学生能从更高的高度认识长方体面的形状特征。

(5) 实践运用，享受体验

荷兰数学教育家汉斯·弗赖登塔尔认为："数学来源于现实，存在于现实，并且应用于现实，教学过程应该是帮助学生把现实问题转化为数学问题的过程。"在学生通过各种活动确立体验、获取知识之后，要让学生运用所学的知识解决问题，培养学生运用知识以及作出决策的能力。让学生体验到数学与日常生活是密切联系的，体会到数学的内在价值。以此让学生在应用的过程中使体验得到进一步的内化，构建完整、系统、灵活的知识体系，并达到"学以致用"。

3. 设计体验式学习活动的注意事项

同一个教学内容，可以设计成多种体验活动，但是教学效果是有差异的。我们针对"长方体的认识"一课设计了六种体验式学习活动，从课堂实际教学反馈和课后测试结果上看，有的设计教学效果很好，学生体验充分，感悟到位，生成概念准确；有的体验强度不够，侧重点偏离，学生自然掌握得不够好。比较几种设计分析成因，我们认为设计体验式学习活动应注意以下几点。

(1) 针对学生知识和能力的起点，确定体验式学习活动的侧重点

我们认为小学数学体验式学习，教师首先应做好做足前期工作——了解学生，找准起点。我们的概念教学就是要在学生和教学的概念之间架起一座桥梁，帮助学生真正理解，熟练运用。但是学生不是一张"白纸"，他们带着自己已有的知识和经验来到我们的数学课堂里，我们所有的数学教

学活动必须要唤醒他们原有认知，引起他们的共鸣，只有这样我们所要教学的知识、技能、思想方法才能真正被他们吸纳。而且很多概念也是由多个"点"构成，我们要做的就是在认真分析概念的基础上，把一个一个的"点"与学生的已有认知相对照，有的"点"学生已有经验容易接受；有的"点"学生非常陌生，需要从头体验；有的"点"学生固有经验有偏差甚至是错误的，需要推翻重建。设计体验式活动时，我们可以针对不同的需要设计不同的体验侧重点。

①学生认识有偏差的，要在体验中把容易混淆的突出出来让学生体验。

②学生完全不知道的，要设计比较综合的活动让学生全方位感知。

③学生认识比较好的，设计体验活动时，可以减轻强度，将重心向前两种倾斜。

例如，"长方体的认识"这节课。学生在生活中很容易接触到长方体、正方体形状的物体，积累了一定的感性认识。特别是对长方体和正方体顶点、面的特点，很多是学生已知的。但是学生的已有知识不够全面、严密。而另一个特征长方体棱的特征，学生在生活中已有经验是非常薄弱的。针对学生基础的不同设计出来的体验式学习活动的侧重点也应该是不同的。

我们认为针对面和顶点的特征关键是要处理好怎样充分利用学生已有的知识经验，引导学生经历数学知识的"再创造"。所以，我们建议使用再设计一，先摸一摸，再探索，在交流中生成。成败的关键就是怎样组织好学生的观察、操作、讨论、交流、探索等一系列活动，变静态教学为鲜活的动态。

而针对棱的特征应该加大体验的挑战性，可以采用再设计二或再设计三拼搭长方体框架。叶澜教授指出：教学成功的重要前提之一就是要重新"激活"书本知识，使知识恢复到"鲜活的状态"，在"多向互动"和"动态生成"的教学过程中凸显知识的活性。我设计了"拼一拼"环节，让学生自己去"做"，去"悟"，去"经历"，去"体验"，去主动获取，这样学生理解深刻，记忆牢固。

（2）针对所教知识的难易程度，确定体验学习活动的强度

正如那句传播已很广的话：听过了，可能会忘记；看过了，可能会明白；只有做过了，才会真正理解。"亲身感受，积累体验"是体验性学习教学的核心！也是体验式学习有别于其他学习方式的优势。

我们发现选用不同的操作材料，设计不同的活动形式，会导致体验的强度和侧重点的差异，使学生关注到概念中不同的方面，引发不一样的共鸣点，从而对概念生成产生影响。

比较六种设计，原设计的难度最小，学生在特征表的指引下，在同伴的协助合作中完成任务，而再设计一在此基础上加大了挑战性，添加了"摸一摸"环节，自主思考比原设计多，所以，后期的问卷测试反映的学生掌握的情况也是再设计一好于原设计。

棱的认识是本节课的难点。再设计二和三都为了强化体验，安排了拼搭活动。但是再设计四中教师故意为学生设置了根数不足的陷阱。学生在一次次失败中，不断地自我反思、自我调整，充分经历了探索发现的过程，一旦突破了"瓶颈"，对知识的认知就上升到了一个新的高度。无论是课后访谈还是问卷测试，都能看出这种活动设计给学生的思维带来的冲击，他们对知识理解之深，印象之牢。但是拼搭长方体框架的设计也有它自身的弱势。学生更多关注的是小棒的长短、位置、多少，导致活动中对棱的特征体验的强度最大，感悟最多。同时，由于长方体框架的每个面都是"空"的，学生需要想象才能感知到面的存在，所以，极大的弱化了活动中学生对"面的特征"的体验，交流时这个方面就自然会少有提及。

再设计四挑战性是比前几种设计要强的，但是后测的数据显示学生对知识的掌握情况却不如前几种，究其原因我们认为再设计四思维的难度低，操作的难度高。所以，学生对知识点的体验不如前几种设计，导致掌握情况不好是情理之中的。

在教学的过程中，不要追求知识的"一步到位"，应力求体现知识发展的阶段性，越是难度大的知识，越要让学生经历一番曲折的道路，有尝试、

假设、操作、探究和分析等一系列活动，最终找到解决问题的途径，体验数学知识的产生和形成过程。在学生探索、发现的关键时刻，教师要舍得花时间，让学生有足够的时间去探索和思考。

（3）针对学生实践中遇到的困难，确定体验活动中学法的指导

我们提倡体验式学习，让学生自主探究，放手体验不代表放任自流。教师要发挥引领作用，适时适当地将学法的指导渗透到活动中去，让学生通过活动，提高能力才是我们的目的。

因此，要有目的地在体验的过程中指导学生学习的方法，使他们逐步具有会看书、会操作、会思考、会讨论、会概括、会迁移、会类推的学习能力。例如，指导学生学会抓矛盾的主要方面；指导学生学会化新知为旧知的方法；指导学生学会借助实验、图示等直观方法解决问题；指导学生学会看书，培养学生的自学能力，达到"知其然"和"知其所以然"两个层次，并产生一种不满足感，从而更主动地学习。

五 课题实验后的思考

（一）过程和结论哪个更重要

如果单单比较得出结论的效率，无疑原设计真正做到了"短、平、快"，干扰少，用时短，结论得出没有歧义，连学困生都能顺利理解并掌握。而再设计一和二，由于学具的充足，拉长了研究的时间，学生思维得到了激烈的碰撞，甚至在"瓶颈"处困顿。总结棱的特征时也因为长方体种类的繁多而难于提炼概括。但是学生在活动的过程中获得的冲击是不一样的。许多教育家不止一次地说过"智慧蕴藏在研究的过程之中"。我们的教学不是简单地传授前人的经验、结论，而是"授之以渔"，要让学生在研究的过程中，积累学习数学的经验，研究解决问题的方法，获得成功的喜悦，体会学习的乐趣。数学是"思维的体操"，没有思维的碰撞，还谈什么能力的提高。

更令人深思的是再设计一和二，学生操作后交流的状态。学生抢着用

自己生活化的语言描述他们最本质的看法，用不那么"严格"的数学语言诠释他们心中对数学的真正理解，我能感受到学生的思维过程和积极参与。

（二）完成任务和艰难创新哪个更"完美"

就整个知识目标的达成，时间的掌控，第一种设计在课堂有限的 40 分钟内成功地完成了教学任务，环节完整，时间分配合理。而且已经或多或少关注到了学生已有的经验、基础，也体现了一些尊重学生，培养发展能力的需求。反观再设计一和二，虽然优点十分突出，但是耗时过长，侵占了其他环节教学时间，教学任务不能全部完成，课堂无法"完美"。正是基于这样的担心，像再设计一和二这种"大放手"型的设计安排被许多教师质疑，大家有顾虑，不敢使用。但是正因为这样的不完美，让学生多了些创新的空间，多了个展现的舞台。可能"任务"没有按时完成，"结论"没有及时生成，但是学生的创新能力得到了锻炼，探索兴趣得到了保护，研究经验得到了积累。

我们常常以成人的眼光审视教学任务是否完成，并以自己多年习惯了的对知识的处理方式，急于将数学更"典型"、更"纯粹"地呈现在学生面前，认为这样的教学更实用。这是"以人为本"吗？是有利于"学生终身的发展"吗？实际上学生只有在观察、实验、猜测、验证、推理与交流的数学活动中，亲身经历"数学化"，才能获得数学思想和方法，才能真正掌握知识，这才是我们的终极目标。数学知识是一个载体，培养学生思维的深刻性、灵活性、批判性、全面性，使学生会思考、长智慧才是我们心中的追求。我们的数学教育必须是有后劲、可持续的！

（三）为什么我们的学生"太听话"

在再设计三的活动中有一个现象值得深思：遇到小棒不够的困难，多数组用了很长时间，都没有想到可以使用剪刀修改小棒的长度，即使剪刀就摆在桌上，放在眼前。直到有的学生请示了教师，得到了批准，才敢去行动。

就是因为这种特殊情况学生很少碰到，定势地影响了他们。我们的学生习惯了被大人安排、被规矩左右，从不敢破坏规则，直到连想法都被禁锢了。要知道许多创新就源于"奇思妙想""天马行空"。我们在与学生相处时能不能再少一些约束，多一些鼓励，少一些限制，多一些宽容。

参考文献

1. 曹才翰，蔡金法. 数学教育学概论［M］. 南京：江苏教育出版社，1989.

2. 中华人民共和国教育部制定. 全日制义务教育数学课程标准（实验稿）［S］. 北京：北京师范大学出版社，2001.

3. 瓦西留克. 体验心理学［M］. 北京：中国人民大学出版社，1989.

4. 曹一鸣. 中国数学课堂教学模式及其发展研究［M］. 北京：北京师范大学出版社，2007.

5. 张楚廷. 体验教学研究［M］. 重庆：西南师范大学出版社，2003.

6. 张军英. 小学数学体验教学设计研究［D］. 华东师范大学硕士论文，2007.

7. 苏娜. 小学数学体验性学习的实践与研究［D］. 上海师范大学硕士论文，2009.

8. 周新闻. 体验式学习在小学数学教学应用的探究［D］. 内蒙古师范大学硕士论文，2011.

简评

本文对在数学教学中如何进行体验式学习进行了实践探讨。体验学习对于学生理解知识和掌握知识有着重要作用，所以，研究的选题很有意义。另外，从研究方法的角度来看，潘红艳老师所使用的是比较典型的设计研究，研究过程介绍得很详细，特别是对实践研究之前的分析和设计介绍得很清晰具体。简言之，研究过程是一个设计、实验、修改、设计并再实验的循环过程，我们认为此研究思路是合理和可行的。

本文围绕怎样在"认识图形"教学中开展有效的体验式学习的研究问题，通过考查和分析六个不同的教学设计，对体验式学习的方式提出了一些建设性的建议和意见。本文清楚介绍了研究步骤、研究方法和研究发现，论文结构完整。特别是对教学设计、改进、再设计和再改进的过程的描述和分析很清晰到位，并给出了使用不同教学设计的班级学生的学习结果的数据。

本研究在最后一部分对体验式学习的步骤进行了总结和提炼，总的来说，研究结果很具有实践性和可操作性。本研究也可以作为设计研究的范本供读者参考和学习。

同时，建议本研究做以下的一些改进或进一步的拓展。

本研究涉及一次原设计的课和五次再设计的课，潘老师从这六次课中可以获得丰富的信息。因此，为了有效地分析这六次课，建议潘老师最好在观察第一次课之前设计一个观课的框架，这一观课的框架可以围绕体验式学习的特点来设计。因此，潘老师在分析有关研究文献时，应总结和提炼体验式学习的一些关键方面，并包括在这一分析框架中。同时，这一观课的框架可以在接下来的观课中通过具体的使用和与其他观课教师的讨论，逐步修改和完善。

尽管在每一次课之后，潘老师有对课的优缺点的总结，但对这些课的纵向比较还不够充分，最好从观课框架中选取一些重要的维度，列表进行比较。

本研究给出了六个班的学习结果，潘老师试图通过这些学习结果来说明不同设计的效果，出发点很好，但对结果的分析很不充分，仅仅只是罗列了不同班级的学习结果的数据，没有使用统计工具分析这些数据之间是否存在差异，而且，如果存在统计意义上的差异，可以借助于统计手段进一步分析这些差异与不同的教学设计之间是否存在关联。由于本文对所有执教的教师的背景信息以及六个班级学生学习情况都没有清楚的介绍，读者也许对学习结果与教学设计之间的关联存有疑问，因此，最好包括一个前测，控制先前的因素，可以更好地揭示设计的效果。

同时，本研究包括了针对各次课堂教学的学生的反响以及听课教师的评论，教学设计的改进主要是根据这两项，但是没有包括执教者的反思，也没有对学生学习结果的及时评估，这样，让为什么改进教学设计的原因显得不是很充分。

任何设计往往都有设计者的一个愿景。潘老师的团队的愿景是体验式学习在"认识图形"课堂教学中有效的实施。有了这个愿景，潘老师及其团队在教学的设计、试验与改进、再设计、再试验和再改进的过程中就有了明确的方向。设计研究的每一步都是随设计的理念和愿景而行的，而最终的"产品"就是理想的课和教学理论的提炼与提升。

开发考查小学五年级下册"测量"
内容的书面测试题研究

张孝萍（山西省孝义市教育局教研室）

问题的提出

当前我国的数学课程目标不仅仅只是让学生获得必要的数学知识和技能，更重要的是要在各种能力上得到全面发展，与此相适应，考试命题则应以能力立意为主，即要把能力的考查放在首位，所以，积极探索考查学生数学理解的题目很有意义，它可以促使教师真正地重视知识的形成过程。

基本认识

美国国家教育成就评价项目（NAEP）给出的数学评价法是当前比较合理的一种评价方法。

NAEP 从三个维度来评价学生解决问题的能力，包括数学内容、数学能力、数学素质。其中第二维度数学能力包括概念理解、程序性知识、问题解决。概念理解可以简单地看作是对学生"知道什么"的测量，程序性知识则是对学生"知道如何做"的考查，这两种能力是识别和理解问题、制订计划来解决问题、得到问题的解答以及对于结果进行反思的基础。

（一）概念理解

概念理解是指学生正确理解概念并能用正反例子来对概念进行说明和解释，能用不同的方式表征概念（如模型、图表等），并知道它们之间的联系，能对相关概念进行比较对照，它主要反映了学生将概念、定义应用于数学情境的能力。

这一能力可从以下几方面考查。能够对概念进行识别和分类，并举出例子进行说明；能够使用模型、图表、操作工具和各种不同的概念表示法，并使它们相互联系；能够识别和运用各种原理；知道并运用事实性知识和定义；对相关的概念和原理进行比较、对比和整合，以增加对其本质的认识；能够认识、解释各种符号和术语，并运用它们来表示某一概念；对于蕴含在数学背景下的概念，能够对假定和概念间的关系进行解释。

（二）程序性知识

程序性知识是指学生知道如何选择并运用正确的程序来解决问题，能对程序的正确性、有效性作出判断和根据具体数学问题对所用程序做适当修改。程序性知识也包括阅读和制作图表及操作构造的能力，它主要反映一个学生如何把已知程序、公式与数学问题联系起来的水平和能力。

这一能力可从以下几方面考查。能够正确地选择和使用适当的方法步骤；使用具体的模型或方法验证和判断过程的正确性；对过程进行推广或修改，以对问题情境中的内在因素进行处理。程序性知识还包含这样的能力：对于给定的图形和表格能够从中获取信息，而对于给定的信息则能够画出相应的图形和表格，建构几何图形；以及一些非计算的技能，如四舍五入和排序。程序性知识反映了学生将一个算法过程与一个给定的问题情境联系起来的能力；正确使用算法规则的能力；以及在问题背景中交流算法结果的能力。

（三）问题解决

问题解决是指学生将他们的数学知识运用于新的问题情境的能力，它要求学生能识别所遇到的问题，能判断这些问题的条件是否完备，并能根据已知条件构造和选择恰当策略、综合所学知识去解决所碰到的问题。同时能对解题过程及答案作出评价，判断解题过程和答案的正确性。它反映了学生将所学知识综合运用于新的问题情境的能力。

这一能力可从以下几方面考查。对问题进行明确的阐述；判断数据的一致性；使用策略、数据、模型形成、推广和修改过程；在新的情境中运用推理；判断解决问题方法的合理性和正确性。所提供的问题解决的情境要求学生将他们所有的数学知识（如概念、程序性知识）与推理、交流等技能联系起来以解决问题。

研究过程与结果分析

北师大版小学数学五年级下册在"空间与图形"领域共安排了两个单元的学习内容，包括长方体（正方体）的表面积、认识体积、容积、长方体（正方体）体积、体积（容积）单位的实际意义及换算、探索不规则物体体积的测量方法。我依据 NAEP 框架从概念理解、程序性知识、问题解决三个理解层次进行了测试题的开发。

（一）概念理解

题目1：如图1，淘气把 27 个棱长为 1 厘米的小正方体拼成一个大正方体，要求这个正方体的表面积，正确的列式是（　　）。

A. $1×1×27$　　　　B.　$3×3×6$

C. $1×1×9$　　　　D.　$1×1×1×27$

题目2：淘气把一些棱长为 1 厘米的小正方体拼成图2，要求它的表面积，正确的列式是（　　）。

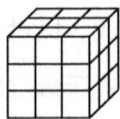

图 1

A. $1×1×26$　　　B. $1×1×9×6$

C. $1×1×1×26$　　　D. $3×3×6-1×1×6$

题目3：图3是淘气用棱长为 1 厘米的小正方体拼成的，要求它的表面积，正确的列式是（　　）。

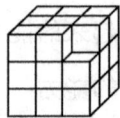

图 2

A. $5 \times 2 \times 4 + 2 \times 2 \times 2$

B. $1 \times 1 \times 1 \times 19$

C. $2 \times 2 \times 5$

D. $(5 \times 2 + 2 \times 2 + 5 \times 2) \times 2 - 1 \times 1 \times 3$

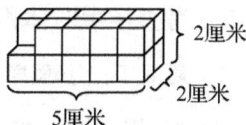

图 3

设计意图：题目1～题目3考查学生是否理解长（正）方体表面积的含义，是否能够区别表面积和体积这两个概念，以及对长（正）方体表面积、体积计算方法的理解和应用。

试题说明：题目1～题目3用学生喜欢的拼搭小正方体的活动形式出现，解决此问题不仅仅是背会概念和套用公式就可以了，需要学生在正确理解概念的基础上作出选择。这几个题目并非直指对概念的记忆，而是在解决问题的过程中，体现学生对概念的理解程度。这三个题目也可以根据学生的学习情况改变为求体积。

试题应用情况：从测试中看，题目1的正确率是91%，而题目2和3的正确率只是41%和32%。为什么会有这么大的差别呢？我想原因应该是题目1可以直接套用公式$6a^2$选择正确的结果；而题目2和3需要在理解长（正）方体表面积的基础上选择正确答案。通过测试发现，多数学生只会套用公式解决问题，缺乏分析问题的思路和方法。这不得不引起我们的反思："教""怎么教""教什么"。

题目4：把你自己的一只拳头慢慢地伸进盛满水的脸盆中，溢出来的水大约是（   ）。

A. 小于1毫升，大于1升   B. 大于1毫升，小于1升

C. 大于1升，小于1立方米   D. 大于1立方米，小于1升

设计意图：考查学生对体积单位、容积单位的理解，同时建立准确的生活实践观，发展空间观念。

试题说明：对于考查学生是否理解单位的实际意义，一般都会让学生举出生活中的实例，或在学生熟悉的物体后面填上适当的单位。

该题重视联系学生生活和学生的社会实践，是学生比较感兴趣的活动，

不仅考查学生对体积单位的理解，同时建立准确的生活实践观。

题目5：下面哪些问题跟长方体表面积有关（　　　　）。

A. 围一个长方形栅栏所需的栅栏长度

B. 一个长方体的金鱼缸里可以盛多少水

C. 求一个长方形足球场需多少平方米的草皮

D. 在一个长方体木箱外面刷油漆，刷油漆的面积一共有多少平方分米

设计意图：考查学生对表面积概念的理解。

试题说明：该题考查学生对周长、容积、面积、体积概念的理解与区分，对概念的考查并没有要求用规范的语言来描述，避免了程式化的倾向，关注的是学生对概念的实际意义和本质特征的理解。

题目6：星期天，几个小朋友用体积为1立方厘米的小正方体玩搭积木游戏，小丽说她所搭物体的体积是16立方厘米。以下三幅图中，哪幅图是由小丽搭的？

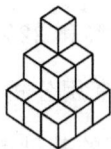

A　　　　　　　　　B　　　　　　　　　C

（解释你选择该幅图的理由，解释时可以使用文字、画图或数字等方法来说明你的答案。）

评分标准和参考答案：

完全正确（4分）——选择的答案是图A，并且很好地解释了之所以选择图A以及不选择图B、图C的理由。

基本正确（3分）——选择的答案是图A，并且很好地解释了之所以选择图A的理由，但在解释不选择图B、图C时，图B或图C的结果有误。

部分正确（2分）——选择的答案是图A，但并没有谈及其他两个图形，或者很好地解释了为什么没有选择图B、图C，但却没有很好地解释为什么答案是图A。

少许正确（1分）——选择的答案是图A，但没有解释原因，或者给出

的解释不具有说服力或与题目无关（如因为 A 有道理），或者选择了图 B 或图 C，而且给出的解释表明了学生对该题有一定的理解。

完全不正确（0 分）——学生的解答完全错误，与题目不相关或没做，或者选择了图 B 或图 C，而且没有任何解释。

设计意图：该题考查学生对体积意义的理解，以及交流、推理的能力，从而培养学生的空间观念。

试题说明：把对题目的"正向描述""他们所搭物体的体积分别是多少"到对这个问题的"反向解读""哪幅图的体积是 16 厘米³"这样的问题触及思维的过程和细节。

（二）程序性知识

题目 7：求一个箱子所占空间的大小选（　　　　）作单位。

A. 米　　　　　　　B. 平方米　　　　C. 立方米　　　　D. 千克

题目 8：要知道一个水杯的容积，选择（　　　）作单位。

A. 立方分米　　　B. 升　　　　　　C. 米　　　　　　D. 平方厘米

题目 9：下面哪个答案与 150 毫升相等（　　　　　　）。

A. 一个水杯中的水　　　　　　B. 厨房的长度

C. 一个鸡蛋的质量　　　　　　D. 一个硬币的面积

题目 10：下面哪个单位适合用于表示一个西瓜的体积（　　　）。

A. 立方厘米　　　B. 平方分米　　C. 立方米　　　D. 立方分米

设计意图：题目 7～题目 10 考查学生对测量单位属性的掌握情况，即考查学生对体积、容积单位的理解，是否理解单位的实际含义。

试题说明：选择用学生身边熟悉的事物考查学生对测量单位属性的掌握情况，把测量单位一维、二维、三维结合起来，帮助学生建立正确的观念。这些题目需要学生先弄清每个单位的属性，先在大的范围内进行筛选排查，然后再在小的范围内选择。这种选择是根据学生的生活经验和学生对测量单位的建立。题目中有对生活常识的应用，又有对解决问题程序的了解。

学生做题情况：表 1 是抽查的部分学生的答题情况，很明显题目 9 的正确率要低一些。仔细分析题目，我发现题目 7、题目 8、题目 10 考查的是学生对测量单位属性的掌握情况，题目 9 不但考查对测量单位属性的认识情况，还考查了学生的数感和生活经验，把数学知识与现实生活相联系的能力。因此，教学中应重视结合一些具体的情境，帮助学生对所要测量的量的实际意义的理解。

表 1

	选 A/人	选 B/人	选 C/人	选 D/人	正确率/%
题目 7	0	1	25	0	96
题目 8	1	28	0	0	97
题目 9	25	0	4	1	83
题目 10	0	1	0	29	97

题目 11：笑笑用体积为 1 立方厘米的小正方体搭了一个长方体，每排 6 个，一共有 5 排，搭了 3 层，这个长方体所占的空间是（　　　　）。解答这个问题需要用到哪些运算？

A．只用乘法　　　B．用到乘法和加法　　　C．只用加法　　D．只用除法

设计意图：考查学生对体积意义和计算方法的理解。

试题说明：该题把对过去的列式计算改编为选择适合的运算，因为在日常学习中，学生喜欢互相之间对答案，只要得数对了，题目的分数基本就能拿到。因为在评卷过程中，教师基本把目光聚焦在得数上，而不会关注做错学生的作答过程。事实上，在计算题目中，计算的准确性是重要的，而在解决问题中，重要的则是对运算意义的理解，以及解决问题的思路与策略的选择。题目 11 的特点就在于不是简单地关注计算的结果，而是关注学生对运算意义的理解。

题目 12：如图 4，你能在体积是 1 立方米的正方体上找到 1 米吗？你能

在体积是 1 立方米的正方体上找到 1 平方米吗?

(请用你喜欢的方式来说明你的答案,使人一目了然。)

评分标准和参考答案:

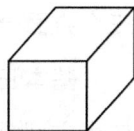

完全正确(4 分)——能用画图、涂色、语言描述或标注等方法在体积是 1 立方米的正方体上找到 1 米和 1 平方米。

基本正确(3 分)——能用画图、涂色、语言描述或标注等方法表示 1 米,但表示 1 平方米不清晰,别人不知道他的意思;或者能用有效的方法表示 1 平方米,但表示 1 米不清晰,别人不知道他的意思。

部分正确(2 分)——清楚地解释了 1 米,但没有解释 1 平方米;或者清楚地解释了 1 平方米,但没有解释 1 米。

少许正确(1 分)——解释了 1 米,但认为 1 立方米与 1 平方米没有联系;或者解释了 1 平方米,但认为 1 立方米与 1 米没有联系。

完全不正确(0 分)——认为在体积为 1 立方米的正方体上找不到 1 平方米和 1 米。

设计意图:该题考查学生对测量单位(长度、面积、体积)属性的理解。

试题说明:该活动考查学生对测量单位的实际意义的理解,通过学生的动手操作确实可使人一目了然地看出学生对长度单位、面积单位、体积单位的区分情况。

题目 13:请你估计图 5 大正方体的体积是多少。

(该题要求展示你的分析过程,在解释你的理由时,你的分析必须足够的清晰,使得其他人能够读懂它并理解你的思考过程。将所有你做的呈现出来是非常重要的。)

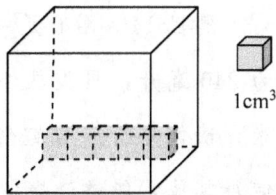

评分标准和参考答案:

完全正确(4 分)——结果正确,能用语言或画图等手段从长、宽、高三个方面分析解释。

基本正确（3分）——结果正确，能用语言或画图等手段从长、宽、高三个方面分析解释，但所用词语不准确，如把正方体说成正方形、把棱长说成边长；或者结果正确，但只能从长、宽、高中的其中一个或两个方面去解释说明。

部分正确（2分）——结果正确，但只有算式没有分析解题过程；或者结果正确，但用词语不准确，如把正方体说成正方形、把棱长说成边长并且只能从长、宽、高中的其中一个或两个方面去解释说明。

少许正确（1分）——结果不正确，但能利用正方体体积公式解释分析过程。

完全不正确（0分）——结果不正确，分析过程不正确。

设计意图：该题考查学生对体积概念、长（正）方体体积计算方法的理解和掌握情况。

试题说明：该题的特点是通过学生观察、分析，培养学生的空间观念和想象能力，关注对运算过程的理解。测量并得出精确的结果是测量学习中追求的一个重要目标，而估测也应是这个内容的学习中得到足够的重视。估测能力在日常生活中非常需要，除现实价值外，在估测过程中还有利于发展学生的数感。

（三）问题解决

题目14：图6是一盒长方体包装的饮料，广告宣传净含量为240毫升，贝贝从外面量发现长6厘米、宽5厘米、高8厘米，请你分析广告宣传的真伪。（你的分析必须足够的清晰，使得其他人能够读懂它并理解你的思考过程。）

图6

评分标准和参考答案：

完全正确（4分）——得出的结论正确，能利用体积（容积）计算公式准确计算，很好地从体积与容积的意义上做出解释。

基本正确（3分）——得出的结论正确，能利用公式准确计算，但解释的语言不够严密，如没有谈到体积和容积。

部分正确（2分）——得出的结论不正确，但计算步骤清晰准确；或者结论正确，但解释发现体积与容积意义不够清晰。

少许正确（1分）——得出的结论正确，但计算的是表面积。

完全不正确（0分）——得出的结论不正确，解释完全错误。

设计意图：考查学生是否能够区分一个物体体积与容积之间的关系，掌握长方体体积的计算方法。

试题说明：该题用问题解决的形式出现，一改过去单调、枯燥的求体积、求容积的题目，摒弃了过去死记硬背公式的单纯记忆。本题提供了一个问题情境，更关注试题的现实背景。要想作出有理有据的判断，需要计算饮料的体积，然后根据体积与容积的关系进行判断，解决此题已不仅仅是知识与技能的运用，而是能感受到数学在解决问题、作出判断与决策时的价值，而此时的计算，则仅仅是解决现实问题的手段罢了。

题目15：将石块放入盛有一定量水的长方体容器中，石头全部浸没在水中，水面升高了，取出石头水面又回到原来的位置，我们用这个方法可以测量不规则石块的体积。请你分析这个实验过程中的等量关系。

（该题要求展示你的分析过程，在解释你的理由时，你可以使用画图、文字等方法。你的分析必须足够的清晰，使得其他人能够读懂它并理解你的思考过程。将所有你做的呈现出来是非常重要的。）

评分标准和参考答案：

完全正确（4分）——能准确地写出等量关系，并且能用画图等有效手段正确展示分析的过程。

基本正确（3分）——写出等量关系语言不够准确（如升高的水面，而不是升高的水面的体积），但能用画图等有效手段正确展示分析的过程。

部分正确（2分）——写出等量关系不正确（如水面升高的高度＝石块的体积），但能用画图等有效手段正确展示分析的过程；或者没有理解题意，但能够按照用有效方法说明溢出水的体积等于石块的体积；或者写出等量关系不正确，但有较清晰的分析过程。

少许正确（1分）——写出等量关系不正确，但有不完整的分析过程。

完全不正确（0分）——等量关系不正确，分析过程不正确。

设计意图：进一步理解体积的含义，帮助学生发展解决问题的能力，知道上升了的水的体积就是石头的体积，掌握把未知转化为已知的解决问题的重要思想方法。

试题说明：这道题在考查学生观察日常现象的同时，要把有趣的测量转化成数学知识，而且要用严谨的语言组织成一个数学的等量关系，这其中包含了科学、语文、数学等多种学科的知识，实现了学科知识的整合，而非传统的求这块石头的体积，单纯的技能考查。

试题来源："2011年山西省义务教育阶段县（区）学生学业水平测试试题（卷）质量评估报告"中的"平陆卷"。

题目16：如图7，一个正方体的玻璃缸，从里面量棱长为8分米，水深为6分米，如果向缸内投入体积相等的4个铁球，缸里的水溢出72升。投入的每个铁球的体积是多少立方分米？

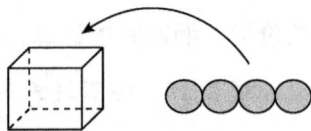

图7

评分标准和参考答案：

完全正确（4分）——结果正确，解答思路清晰，知道铁球的体积等于溢出水的体积加上升高的水的体积。

基本正确（3分）——结果不正确，原因是计算过程中出现了问题，但解题的思路正确；或者是结果不正确，把玻璃缸中水的体积算成了$6 \times 6 \times 6$，但解题的思路正确；或者是结果不正确，原因是用缸内升高了的水的体积－溢出水的体积，但解题的思路正确。

部分正确（2分）——结果不正确，解题不清晰，但知道铁球的体积与溢出的水的体积有关，如用$72 \div 4$；或能算出这个正方体玻璃缸的体积；或能求出玻璃缸中水的体积。

少许正确（1分）——结果不正确，但知道正方体玻璃缸的水不是满的，知道水面上升的高度是 2 分米。

完全不正确（0 分）——结果不正确，解题思路不正确，列出算式毫无根据。

设计意图：考查学生综合运用长（正）方体的体积、有趣的测量等知识解决问题的能力。

试题说明：该题改变了课本纯文字描述形式，以立体图的形式呈现，学生需要通过整理和分析信息才能解决问题，突出了对获取、整理与加工信息能力的考查，同时本题又是一道思维过程比较多样的试题，学生可以根据自己的经验选择不同的方法来解答，充分体现了"不同的人在数学上得到不同的发展"这一新课改所倡导的理念。

题目 14，15，16 测查情况如表 2。

表 2

	完全正确（4分）/人	基本正确（3分）/人	部分正确（2分）/人	少许正确（1分）/人	完全不正确（0分）/人
题目 14	18	6	34	0	0
题目 15	28	19	8	3	0
题目 16	20	8	14	12	4

伴随新课程的推进，我们在不断探索如何命制有效的题目，以检测学生的学习和发展状况，在此过程中虽然还存在种种困惑，但探索的过程让我日渐清晰。

参考文献

1. 蔡金法. 中美学生数学学习的系列实证研究——他山之石，何以改玉 [M]. 北京：教育科学出版社，2007.

2. 杨小丽. 美国国家教育进步评价（NAEP）简介及评析 [J]. 基础教育课程，2005（8）.

附录：部分学生作品

题目 6：

选 A，因为把前面的两个小正方体放到上面，长 2cm，宽 2cm，高 4cm，$2 \times 2 \times 4 = 16$ (cm³)，而 B、C 的体积都不是 16cm³。
B 可以变成长 3cm，宽 2cm，高 3cm，$3 \times 3 \times 2 = 18$ (cm³)
C 可以变长 2cm，宽 1cm，高 7cm，$2 \times 1 \times 7 = 14$ (cm³)

（解释你选择与不选择该幅图的理由，并写出你
答：以上三幅图 A 图是小雨搭的。因为 A 图的体积是 16m³，
A：$2 \times 4 \times 2 = 16$ (cm³)。　　B 图的体积是 18m³
B：$3 \times 2 \times 3 = 18$ (cm³)。　　C 图的体积是 14m³
C. 的体积是 14 cm³.　　　　　所以我选 A

答：A 图是小雨搭的积木。
一个小正方体是 1 厘米³。
A 图有 16 个小正方体就是 16 厘米³。
我是这样数的：
第一层有 2 个
第二、三层共有 8 个
第四层有 6 个
$2+8+6 = 16$（个）
16 个小正方体 = 16 立方厘米³
所以 A 图是小雨搭的。

答：A 图是小雨搭的。
因为 A 图有 16 个小正方体。我是把前面多出来的两个小正方体补到最上方空缺的地方。然后再用 $4 \times 4 = 16$ 个。
因为 B 图有 18 个小正方体。也是把多出来的一个小正方体补到空缺的地方，然后用 $6 \times 3 = 18$ 个。
因为 C 图中有 14 个小正方体。我是先把最上面的一个小正方体补到上面空缺的一个地方。然后先数第一层有 5 个，第二层有 9 个，5 和 9 加起来等于 14 个，所以不是小雨搭的。

（解释你选择与不选择该幅图的理由，并写出你的解题思路）。
答案：A 一个体积为 1cm³。证明 16cm³ 就有 16 个正方体。而 A 正好有 16 个正方体，体积为 16cm³。所以选 A。
B：如果将 B 图右侧的正方体移到第一层，则高为 3cm 宽为 2cm，长为 3cm，体积为 18cm³（$3 \times 2 \times 3$）与题不符合。
C：最下面的一层有 9 个，第二层同第一层共有 5 个，共有 14 个，体积为 14cm³，与题不符合。

题目 12：

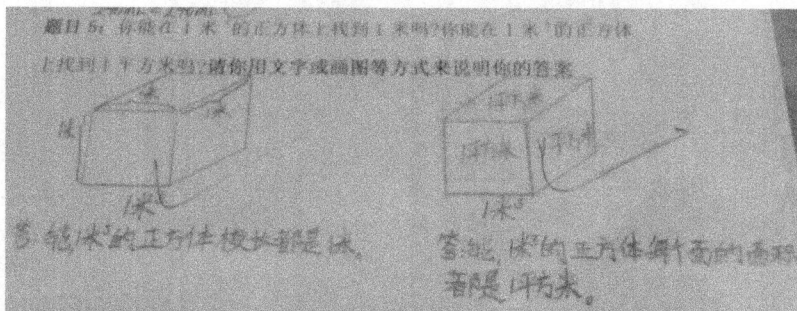

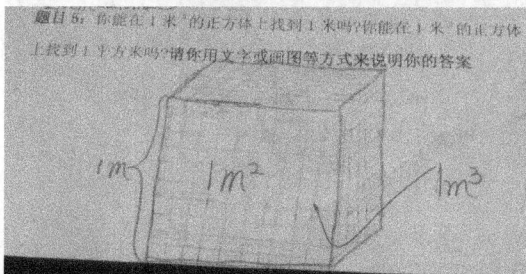

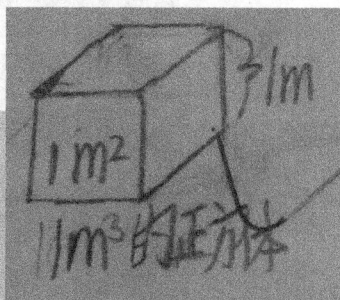

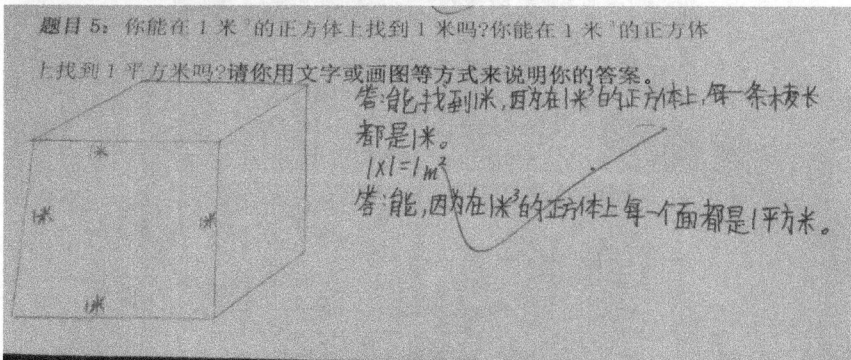

题目 15：

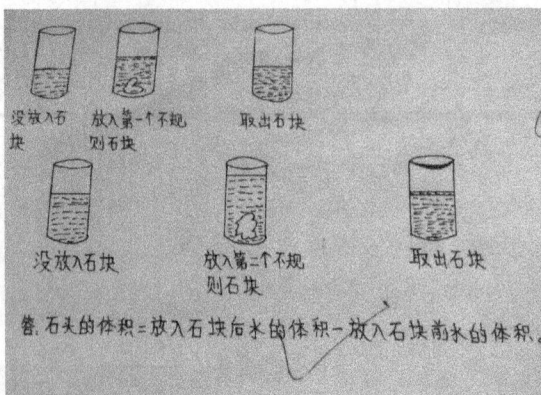

答．石头的体积＝放入石块后水的体积－放入石块前水的体积．

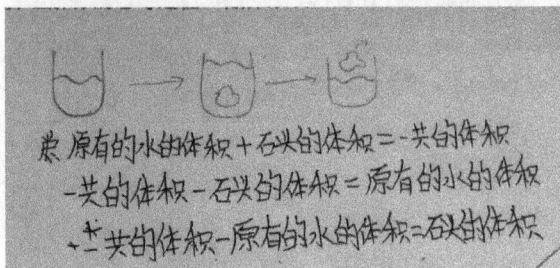

答．原有的水的体积＋石头的体积＝一共的体积

一共的体积－石头的体积＝原有的水的体积

一共的体积－原有的水的体积＝石头的体积

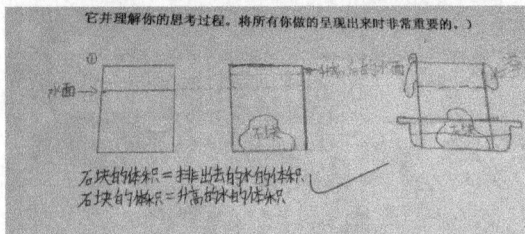

它并理解你的思考过程．将所有你做的呈现出来时非常重要的．）

石块的体积＝排出去的水的体积
石块的体积＝升高的水的体积

答放入石块后水面上升的体积一不大贝刂石块的体积．

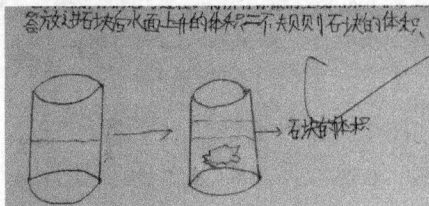

石块的体积

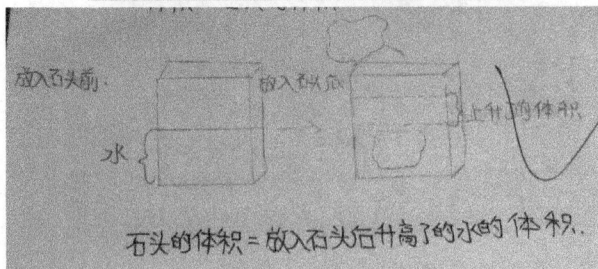

放入石头前　放入石后　上升的体积
水

石头的体积＝放入石头后升高了的水的体积．

简评

评估学生的数学学习是数学教学的重要组成部分。本研究选择了北师大版小学数学五年级下册"空间与图形"作为测试考查的内容，并根据美国国家教育成就评价项目（NAEP）中有关数学能力的三个方面（概念理解、程序性知识和问题解决），设计了一系列测试问题，用于评估学生在"空间与图形"单元的学习结果。张孝萍老师对一些较复杂的问题给出了详细的评分标准，同时，本研究报告分析了学生在数学能力的三个方面的测试结果，对测试题的设计意图和特点也进行了分析和总结。

本研究的一大亮点是将测试题的设计和研究建立在已有的理论基础之上，即 NAEP 关于数学能力的三个方面，而且对数学能力的深入解读也为接下来的测试问题的设计提供了很好的认知准备。这样一种对于测试评估的研究，脱离了仅仅是基于经验的假设和判断，为测试题的设计和研究提供了一个好的样板。

另外，本研究还将测试题用于测试相应班级的学生，试图说明试题使用的情况。特别是附上学生实际答题的样例，让读者对试题的使用也有较为清楚的了解。

同时，建议本研究做以下方面的改进或进一步的拓展。

我国数学教育历来重视数学能力的培养和发展，关于数学能力的界定有一些不同的说法，因此，本研究可以对 NAEP 关于数学能力的定义与我国课程标准对数学能力的定义进行比较，最好也能对为何根据 NAEP 数学能力的三个方面来设计测试题作出解释。

本研究只是对部分的测试题交代了它们的来源，大部分的测试题都没有说明是引用他人还是张老师自己设计的。如果是张老师自己设计的，应包括设计和改进的过程，阐明设计和改进的思路。

本研究对程序性知识的测试采用了如下的问题。

题目 10：下面哪个单位适合用于表示一个西瓜的体积（　　）。

A. 立方厘米　　B. 平方分米　　C. 立方米　　D. 立方分米

该问题是否属于程序性知识值得商榷。学生在解决此问题时，需要对现实情境作出合理的判断，并与体积的意义和体积单位联系起来。也许会有读者认为这类问题不属于程序性知识的范畴，更像是概念理解。如何使得测试题的这些分类更具科学性呢？研究者可以和自己的同事或一些专家一起，对几十个问题用这三类标准去分类，然后，比较这些人之间分类结果的一致性，如果一致性很高（如分类结果达到80%以上的一致），说明这三类标准是可以接受的；如果一致性较低（如低于70%），则说明分类的标准要么不明确，要么有失准确之处，需要修改和完善。

本研究对学生的答题情况也做了简要的报告和分析，但显得不是很规范，如一些表格没有编号和标题，有的没有给出参与测试的学生的样本量，有的尽管给出了样本量（如显示学生对题目7～题目10答题的表格），但没有对样本量之间的差异进行简要的说明；有的结果给出了百分比，有的只是给出了频次，总的来看，结果的报告显得不具有一致性。如文中指出"表1是抽查的部分学生的答题情况"，研究者没有说明"部分学生"究竟有多少以及为什么是部分学生而不是所有参与测试的学生。将来的研究也可以对这套测试题在更大范围内使用，以获得更多的反馈信息。

值得特别指出的是，本研究中对测试题的使用，不仅仅是考查学生的学习结果，更重要的是检验和评价所设计的测试题。换一句话，张老师在学生使用该测试题后，应该对测试题进行评价，如可以通过收集参与测试的教师和学生的反馈意见来评价试题，这样才能更好地体现本研究中测试题使用的意图和作用。

另外，我们想指出的是，在测试问题开发过程中应关注以下四个方面：评估重要的数学内容；评估重要的数学认知过程；有效的设问或要求；合理的现实情境。例如，有效的设问可以是解释你的结果并举一个例子；你同意哪一个解答？解释你为什么认为该结果是正确的。同时，在设计书面测试题时，还要考虑以下方面：学生典型的反应可能是什么？你是否给出了适合学生水平的问题情境？全体学生都有公平和相等的机会获得他们需要的资源吗？你的指导语或措辞清楚地告诉学生要使用多样化的方法和策略了吗？你的指导语或措辞明确适合学生教育发展的水平吗？你的指导语或措辞能让所有学生按照你的想法解释问题的要求吗？问题中图、表等的展示是否清楚？

在小学数学六年级上册"圆的认识"
单元中落实"四基"的教学设想

张惠丽（新疆维吾尔自治区教育科学研究院）

基础知识和基本技能是我国数学教育中历来重视的传统内容，基本思想和基本活动经验是数学素养的重要标志。数学课程改革要求我们的数学教育应把"四基"与数学素养的培养进行整合：掌握数学基础知识，训练数学基本技能，领悟数学基本思想，积累数学基本活动经验。在数学教学中密切关注"四基"的落实，不仅是学生当前学习和发展的需要，更是学生未来学习和终身发展的需要。

研究目的和意义

（一）研究目的

本课题研究，旨在立足北师大版小学数学六年级上册一个单元的教学内容，探究如何以学生的认知发展水平和已有的经验为基础，面向全体学生，注重启发和因材施教，正确处理讲授与学生自主学习的关系，引导学生独立思考、主动探索、合作交流，使学生理解和掌握基本的数学知识与技能、数学思想和方法，获得基本的数学活动经验，从而达成"四基"目标的落实。

（二）研究意义

1. 数学新课程实施的必然要求

伴随着《标准（2011年版)》的颁布，一线教师更加关注学生基本的数学知识与技能、数学思想和方法的掌握和基本数学活动经验的获得，开展落实"四基"的实践研究是有必要的。

2. 数学课堂教学现状的必然要求

因应试压力，多年以来数学课堂教学往往更加侧重于学生基础知识与基本技能的训练，以寻求立竿见影的显性效果，常常会忽略促使学生生动活泼地学习与发展的长效性目标，数学思想方法的有机渗透被忽视，学生学习的经验通常被解题的经验所替代。尽管《标准（2011年版)》已明确把"四基"列入了课程目标，但在具体的课堂上教师并未有意识地围绕"四基"设计教学过程。

3. 与本课题相关的实践研究相对薄弱

《标准（2011年版)》从课程目标上对"四基"提出了要求，引起了数学教育工作者对相关问题的思索和探究。但是，从查阅的文献来看，目前已有的研究主要是针对"四基"的内涵进行个人阐释，但在落实"四基"的实践方面的研究比较薄弱。因此，从实践层面对落实"四基"的教学策略等问题展开研究，有助于深化基础教育数学课程改革。

研究的基本概念与内容

（一）研究的核心概念及其界定

1. 基础知识

基础知识是人们参加现代生产劳动和适应现代社会生活、学习其他现代科学文化知识、进一步学习数学的后继知识、形成科学世界观及培养良好的思想品德和个性品质所必需的，并为大多数学习者经过努力可获得的基本知识。

2. 基本技能

按现代学习论观点，基本技能是在练习的基础上形成的能按某种规则或操作程序完成某种智慧任务或身体协调任务的能力，包括智慧技能、认知策略和动作技能。

3. 基本思想

基本思想指的是支撑数学科学发展的思想。《标准（2011 年版）》中数学的基本思想主要是指：数学抽象的思想；数学推理的思想；数学模型的思想。

4. 基本活动经验

所谓数学的基本活动经验是指，围绕特定的数学课程教学目标，学生经历了与数学课程教学内容密切相关的数学活动之后所留下的，有关数学活动的直接感受、体验和个人感悟。

另外需要强调的是，"四基"不是简单的叠加与混合，而是一个相互联系、相互交融、相互促进的有机整体。基础知识和基本技能是数学教学的主要载体；数学基本思想则是数学教学的精髓，是课堂教学的主线；数学活动是不可或缺的教学形式与过程。

（二）研究的主要内容

（1）关于北师大版小学数学六年级上册"圆的认识"单元，基于"四基"目标达成的研读教材的策略研究。

（2）北师大版小学数学六年级上册"圆的认识"单元落实"四基"的教学设计。

探究不同的教学设计，力求教学活动的总体设计和具体方式的呈现都充分考虑如何突出和实现"四基"。

（3）可应用于其他教学内容的、基于"四基"目标达成的研读教材、设计教学的策略研究。

努力让落实"四基"成为贯穿小学阶段数学教育的一条主线，在不同学段和不同领域的教学活动中都切实落实"四基"。

🔲 研究过程

（一）课题筹备

（1）组建研究团队。我们组织的研究团队有来自乌鲁木齐市的 6 位教师、昌吉回族自治州的 8 位教师，以及克拉玛依市的 6 位教师。

（2）组织课题培训。主要是学习数学课程标准以及与本课题研究相关的教育理论，理解本课题研究的理论与实践意义，明确本课题研究的具体任务。

（3）查找相关文献，制订课题研究方案。

（4）进行开题答辩，完善课题方案，制订阶段计划。

（二）启动课题研究

1. 组织课题开题会及培训，启动课题研究

我们主要做了以下三方面的工作。

（1）针对教师对"四基"内涵的理解存在误区，组织教师对该课题中核心概念界定进行了逐字逐句的学习，并在网上查找相关资料进行学习，课题组成员还交换了各自的理解，初步达成共识。

（2）针对教师对《标准（2011 年版）》中核心词的理解不到位，如何落实核心词也是存在困惑的。通过网络学习由史宁中教授和张丹教授做的讲座"对话修订版新课标：四基与核心词的解读"。

（3）针对课程目标、单元目标、课时目标的关系理解不清，课时教学目标实现的途径、策略不实，目标续写存在太大、太空的现象。组织教师学习了"教学目标的重要性""如何实现教学目标""如何制定教学目标"，为了让大家更好地梳理教材编写意图，组织教师学习"梳理教材编写意图""理解教材认识线索""创造性使用教材"。

2. 深入开展课题研究

我们主要做了以下两个方面的工作。

（1）组织学习。主要进一步学习《标准（2011 年版）》，学习其中关于

"四基"与核心词的解读、教学目标的重要性、如何实现教学目标、如何制订教学目标；如何梳理教材编写意图、理解教材认识线索、创造性使用教材。

（2）对北师大版小学数学六年级上册"圆的认识"一单元的课堂教学进行调查研究。调查既有访谈调查，也有问卷调查。

例 课题组余磊老师做的访谈和问卷调查。

（1）访谈。

访谈对象：8名五年级学生。

访谈内容为：你认为形如♡的图形有周长吗？

访谈结果：其中4名学习程度较差的学生中，2人认为没有，2人说有，但不能指出图形的周长。另4名学习程度较好的学生均认为有周长，并且提出可以用线绕一圈的方法获得周长。

（2）问卷调查。

调查对象：37名五年级学生。

问卷内容：

①用自己的话说一说什么是图形的周长。

②你准备怎样获得下列图形的周长？

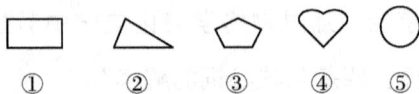

□	△	⬠	♡	○
①	②	③	④	⑤

下面是部分学生作品。

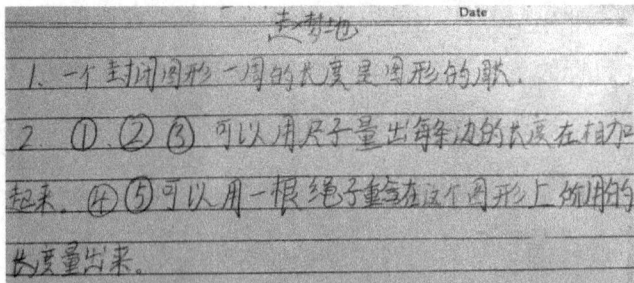

2.

答：①②③这3个图形可以用尺子量它们每条边的长度，再相加。④⑤这2个图形是不规则图形，所以测不出长度。

⑥从以前的方法π=3.14×圆的直径就得出周长。

对第①问，绝大多数学生都能答出如"一个封闭图形一周的长度是图形的周长"的意思，个别表达不完整。但也有的作答如"周长就是它的所有边长的和"，由此反映出学生对周长的理解还是停留在直线型图形上。这也与口头访谈中25％的人认为"封闭的曲线图形无周长"一致。

对第②问，前三个直线型图形，学生基本能采取边长相加的方法求周长；后两个图形，大多数学生能想到"用一根绳子重合在这个图形上，把所用的长度量出来"的方法求周长。有的学生提出图④、图⑤可以把它们拉直，量出周长。有3人提出可将图④、图⑤对折，量出一半周长，乘2即得周长。有1人认为不规则图形量不出长度。1人在作答中提到π，并写出圆周长一般计算方法。

由前测结果，我们认为首先有必要让学生明确曲线图形"圆"是有周长的，摸一摸圆的周长在哪里。其次，学生对用"线绕"法测量圆形物体的周长是有基础的，但滚动法测量圆的周长需引导，因为这对理解如自行车轮滚动的米数与车轮周长的关系有帮助。这方面可通过提供便于滚动的学具来达标。

由于是对五年级下学期学生进行前测，他们没有"圆的认识"的知识基础，故未进行关于圆周率相关内容前测。但即便如此，仍有学生提及圆周率。因此可以推断学生学习本节内容时，对于圆周率并不是一张白纸。在教学"圆的周长"一课前，多数学生通过各种途径对圆周率已经有所了解，但只是停留在表面上。怎样让学生验证并理解圆周率的意义是个难点。

四 研究结果

我们就北师大版小学数学六年级上册"圆的认识"一单元，详细解读其中"四基"的基本内涵，并根据前测和访谈的结果设计了相应的达标策略，如表1、表2。

表1 课题组对"圆的认识"一课中"四基"的解读及达标策略

四基	教材呈现	具体内涵解读	达标策略
基础知识	素材1：教材呈现了象棋面、圆桌、钟面、车轮、中国结等圆形物体，比较圆和以前学过的图形有什么不同。	"圆的认识"是在学生已经认识了平面图形和初步认识圆的基础上进行学习的。这是学生研究曲线图形的开始，并为后续圆的周长、面积的研究打下基础。教材分别通过看不到圆心和可以看见圆心的圆形物体，让学生在以前初步认识圆的基础上初步感受圆心的作用，让学生通过观察日常生活中的圆形物体，建立正确的圆的表象；并通过思考圆和以前学过的图形的不同点，认识到圆是由一条曲线构成的封闭图形。	学生看一看、摸一摸、想一想，在形象感知、抽象概括的基础上，帮助学生建立正确的圆的表象。
	素材2：教材呈现了"套圈"游戏站成一条直线、站成正方形和站成圆形三个不同方案，比较哪种游戏公平。	学生在对比游戏方案公平性的过程中，获得对圆的特征的感性认识。同时，在圆与正方形等图形的对比中，体会"圆是曲线围成的图形"，让学生借助生活经验初步感受圆的本质特征以及圆与正方形的不同。这里孕伏着圆的本质特征。此环节中学生对圆由一些表面上的、肤浅的认识逐步上升到对"圆"的比较理性的、本质的认识。	讨论哪种方式更公平，让学生从游戏规则的公平性角度考虑；套圈时需要每人到小旗标志（圆心）的距离相等，逐步感悟到"站成圆形是公平的"。
	素材3：教材呈现了两种方式画圆，一种是用手"比画"着画圆，另一种是用一根线和一支笔画圆。	无论是"比画"还是借助工具，学生都试图固定一点，使其他点到这个点的距离都相等，由此进一步体会了圆的特征。	组织学生充分交流，引导学生思考"为什么要把线的一头固定""在画圆的过程中如果线没有拉直会怎么样"等问题，使学生感悟"圆是到定点的距离等于定长的点的集合"。在学生自己想办法画圆的基础上，引出画圆的工具——圆规，教学用圆规画圆。

四基	教材呈现	具体内涵解读	达标策略
	素材4：在初步认识圆后，教材安排了"画一画，想一想"的活动。	在学生进一步巩固用圆规画圆的过程中，认识到同一个圆中半径与半径、直径与直径的关系，并且感受到圆心和半径对确定圆的位置和圆的大小的作用。这实际上是对圆的本质特征的又一次体会。	在学生画、观察、比较等活动中，认识"圆有无数条直径，有无数条半径""同一个圆内直径都相等，半径都相等"。帮助学生感受圆心和半径对确定圆的位置和圆的大小的作用。
基本技能	素材1：教材呈现了象棋面、圆桌、钟面、车轮、中国结等圆形物体，比较圆和以前学过的图形有什么不同。 　素材2：教材呈现了"套圈"游戏站成一条直线、站成正方形和站成圆形三个不同方案，比较哪种游戏公平。	学生通过观察生活中的圆形物体及"套圈"游戏的情境活动中，初步感知直线型图形和曲线型图形的区别，这些都是培养学生识图技能的基础。	采取在教师指导下，以学生自己学习为主，以达到培养学生动手、观察、分析、概括的能力。
	素材3：教材呈现了两种方式画圆，一种是用手"比画"着画圆，另一种是用一根线和一支笔画圆。	操作活动既能满足学生的求知愿望和表现欲望，又有利于挖掘学生潜在的创新潜能，同时也加快了学生由形象思维向逻辑思维过渡的进程，使操作活动落实到实处。作图有助于更好地理解数学知识、解决数学问题，学生能运用圆规等工具绘制出圆形。	画圆是一种技能，不可能一朝一夕就能熟练掌握，让学生在课外、在家里、在业余时间，边玩边"消遣"似的把画圆的这种技能提前感受、提前学习。
	素材4：在初步认识圆后，教材安排了"画一画，想一想"的活动，并安排讨论"圆的位置和什么有关""圆的大小和什么有关"。	数学交流技能包括表达数学、谈论数学的技能。会表达是与人交流的前提，教材安排讨论环节帮助学生在非正式的、直觉的生活语言与抽象的数学符号语言之间建立起联系，并帮助学生把实物的、图画的、符号的、口头的表述与心智描绘的数学概念联系起来。这样一来，就有助于发展和深化学生对圆的理解，丰富其数学活动经验。同时发展了学生的推理技能。	经历观察、操作、猜想、验证、合作交流活动认识圆及圆的各部分名称，体验圆的本质特征及半径与直径的关系。

四基	教材呈现	具体内涵解读	达标策略
基本思想	素材1：教材呈现了象棋面、圆桌、钟面、车轮、中国结等圆形物体，比较圆和以前学过的图形有什么不同。 素材2：教材呈现了"套圈"游戏站成一条直线、站成正方形和站成圆形三个不同方案，比较哪种游戏公平。	分类思想是贯穿义务教育阶段的重要思想，本环节中暗含了直线型图形和曲线型图形的分类，有圆心和无圆心物体的分类。这一环节的设计，能帮助学生不仅在数学上会运用，还会在实际情境中进行识别和判断。套圈游戏还让学生体会到各点均匀性；能体会到圆上各点距定点（圆心）的距离等于定长（半径）。	要从培养学生的思维品质的角度入手，渗透辩证唯物主义的观点引导学生能初步运用这些观点分析问题、解决问题。 我们不能仅仅满足于钟面上、纽扣上、轮胎上有圆，而应该列举从宏观到微观的例子（如水纹、太阳下绽放的向日葵、光折射后形成的美妙光环等）。同时，可以讨论中国古代关于圆的精确记载。墨子在他的著作中这样描述道："圆，一中同长也。"一中就是一个圆心，同长就是定长。
基本活动经验	素材1：教材呈现了象棋面、圆桌、钟面、车轮、中国结等圆形物体，比较圆和以前学过的图形有什么不同。 素材2：教材呈现了"套圈"游戏站成一条直线、站成正方形和站成圆形三个不同方案，比较哪种游戏公平。	"圆的认识"是学生研究曲线图形的开始。教材注重从学生已有的生活经验和知识背景出发，结合具体情境和操作活动激活已经存在于学生头脑中的经验，促使学生逐步归纳内化，上升到数学层面来认识圆，体会到圆的本质特征。 帮助学生更好地回顾了已有的生活经验，每个学生都经历了一个独立的思考过程，运用已有的经验去了解认识新知识，去思考探索解决新问题，让他们已有的数学活动经验得到了有效的积累。	引导学生积极主动参与数学活动，经历数学活动的全过程，体验每一环节中获得不同活动阶段的经验内容，促进他们从"经历"过程走向"经验"。
	素材3：教材呈现了两种方式画圆，一种是用手"比画"着画圆，另一种是用一根线和一支笔画圆。	操作活动是帮助学生学习的手段。引导和指导学生进行有效操作活动是一座沟通数学知识的抽象性和学生思维的形象性之间的桥梁。有效的操作活动是与大脑思维紧密联系的，教师让学生有充分的时间对具体事物进行操作，让学生有一个思维碰撞的过程，使他们获得学习新知识所需要的具体经验。	在形成画圆技能的过程中，帮助学生积累数学思考的经验。

表 2　课题组对"圆的面积"一课中"四基"的解读及达标策略

四基	教材呈现	具体内涵解读	达标策略
基础知识	素材 1：喷水头转一周可浇多大面积的农田？	教材首先提供了一个实际情境，一方面使学生了解圆的面积的含义；另一方面使学生体会在实际生活中计算圆面积的必要性。	创设一个"节水型灌溉"的生活情境，喷水区域形成一个圆，帮助学生在具体情境中了解圆的面积的含义。
	素材 2：估一估：半径 5 米的圆面积是多少？	通过估计体会面积度量的含义，渗透了曲线图形与直线图形的内在联系，初步感受"化曲为直""化圆为方"的思想。	（1）圆外正方形面积是多少？圆内正方形面积是多少？（2）通过计算或数格子得出两个正方形面积。（3）圆的面积与两个正方形面积有何联系？（4）根据你发现的联系估一估圆的面积。
基本技能	素材 1：估一估：半径 5 米的圆面积是多少？	使学生进一步体会面积度量的含义，培养学生的估算意识和估算技能。	在方格纸上借助圆与它的内接、外切正方形比较估算圆的面积。
	素材 2：用圆的面积公式计算喷水头转一周可浇多大面积的农田。	教材回过头解决最初的实际问题，一是应用公式解决问题；二是与估算结果进行对比，体会运用公式计算的准确性与便捷性。	鼓励学生直接运用圆面积的计算公式进行计算。并对计算数据和估算结果进行对比，体会运用公式的便捷和准确。
基本思想	探究活动：探索圆的面积计算公式。	（1）在探索圆面积的计算公式的过程中，体会"化曲为直"的转化思想，即把圆进行分割，再拼成一个近似平行四边形或长方形的图形，如果分割的份数越多，拼出的图形越接近平行四边形或长方形，由此用平行四边形的面积计算公式或长方形的面积计算公式来推导出圆的面积计算公式。从而将新的数学思想纳入到学生原有的知识结构之中。	（1）重视学生的实际操作活动，通过实际操作活动使学生体会"化曲为直"的思想，要让学生剪出一个圆形纸片，把它平均分成 8 份、16 份进行拼摆，操作体验。（2）要重视分析推导的过程，引导学生仔细观察拼成的图形，分析拼成的图形与原来的圆的各部分之间的关系。

四基	教材呈现	具体内涵解读	达标策略
		（2）教材分三个层次来呈现，第一步呈现了把圆平均分成8份，拼成一个近似平行四边形的图形；或者把其中的一份再平均分成2份，拼成一个近似长方形的图形。第二步呈现了把圆平均分成16份和32份，拼成近似的平行四边形或长方形的情况，使学生初步感知：把圆等分的份数越多，拼成的图形就越接近平行四边形或长方形，从中渗透极限思想。第三步是在操作的基础上，分析原来的圆和拼成后的图形各部分之间的关系，推导出圆的面积计算公式。 （3）在将计算圆周长公式用字母表示出来的过程中，也体现了"符号化"的数学思想。	（3）在此过程中，学生理解"极限"思想时可能有困难，教师要充分利用信息技术，展示等分64份或者更多份的过程，激发学生开展想象。
基本活动经验	素材1：估一估：半径5米的圆面积是多少？	教材以"猜想—估算—合作探究—验证"为线，通过学生发现问题、探究和解决问题的过程，积累如何去解决问题的经验。	引导学生自己进行估计，再交流估计的策略。视班级的实际情况还可以引导学生用"圆的半径"来分析、表示两个正方形的面积，这样更有利于学生对圆的面积与半径关系的理解。
	素材2：探究活动：探索圆的面积计算公式。在探究活动中小组进行圆的剪拼活动。	组织学生利用学具开展探索性的数学活动，注重知识发现和探索过程，在引导学生进行充分的动手操作中，让学生做到真正深入理解"化曲为直"的转化思想；使学生初步掌握研究曲线图形的基本方法，为以后学习圆柱、圆锥的表面积及体积积累经验。	探究圆的面积过程中图形转化的关键是找到新旧图形的联系，确定转化的方法。在交流、讨论与反思等活动的作用下，完成数学活动经验从低到高的累积。

五 后续研究

本文获得的"达标策略"需要在更多的教学实践中检验和完善。接下来的研究，我们将基于落实"四基"的目标，进一步按照"读懂—梳理—设计"研读教材，进行教学再设计，再实施。譬如，我们将就北师大版小学数学六年级上册"圆的认识"一单元，广泛收集不同的、有代表性的教学设计，进行比较，进一步丰富本单元中"四基"的基本内涵，进一步修订研读本课教材的策略及教学设计。

对基本活动经验的积累还有待继续深入研究。虽然对基本活动经验也做了研究，但由于对相关理论理解还不够深，还不能系统、深刻地进行总结和概括，课题组继续就基本活动经验的积累开展研究。

学生对数学思想方法的形成不是一蹴而就的，掌握和运用有效的策略需要一个长期的过程。如何运用适当的教学方法帮助学生掌握这些策略是我们需要面对和继续研究的问题。

通过研究，虽然得到了一些基于"四基"目标达成的优化研读教材的策略，但是由于研究的时间相对较短，研读教材的策略应用还不够熟练，另外这些策略仅限于"圆的认识"这一单元，还有待继续研究、推广。努力让落实"四基"成为贯穿小学阶段数学教育的一条主线，在不同学段和不同领域的教学活动中都努力落实"四基"，这也是我们下一步的研究方向。

简评

在数学教学中如何落实"四基"是一个既宏观又微观的问题。宏观的层面表现在整个数学教育都是围绕"四基"进行的，微观的层面表现在"四基"的落实又可以通过一个个小的数学内容来达到。本研究正是从微观的层面来研究"四基"的落实：选取了北师大版小学数学教材中"圆的认识"单元，通过教学设计，探讨在该单元的教学中如何落实"四基"。

本研究逻辑顺序清晰合理。在进行教学设计之前，研究者认真领会了

"四基"的含义，并使用调查问卷检测学生已有的与圆有关的"四基"是怎样的。在既理解了理论又了解了学生之后，再根据"四基"的理念，基于该单元的数学内容对"四基"进行解读。在解读"四基"之后，相应的教学设计并应运而生了，而且该教学设计聚焦于达到"四基"所使用的教学策略。

我们认为，作为一篇研究性论文，张惠丽老师还有很多工作要做。建议本研究在以下方面加以改进或做进一步的拓展。

张老师在教学设计之前进行了前测，但是对前测所获得的数据没有很系统的分析。分析结果的报告也显得不规范、不准确。本来问卷调查的结果是可以量化的，但文中却使用了这样的描述"大多数学生"。同时，对这些数据也可以做一些统计分析，但文中并没有包括。

本文围绕几个典型的素材来探讨"圆的认识"一课中的"四基"，这是可取的。但是，本文在"具体内涵解读"一栏对这些素材中究竟涉及哪些基本知识、哪些基本技能、哪些思想以及哪些基本活动经验描述得不清晰，提炼得也不够，对基本知识与基本技能的区分也不是很明确，这些都需要张老师做进一步的阐述和分析。

必须指出的是，"具体内涵解读"的理论根据应该是文中所包括的"研究的核心概念及其界定"，但是我们看到的解读有时没有紧扣这一理论根据。例如，该理论根据指出：数学的基本思想主要是指：数学抽象的思想；数学推理的思想；数学模型的思想，但在"具体内涵解读"部分，研究者却关注于"分类思想"。

本研究在两个表格中所用的一个术语都是"达标策略"，而在第五部分又提到了"研读教材的策略"，它们是否指代同一策略？文中没有给出解释。但从表格中的描述看来，"达标策略"更像是一种教学策略，而不是"研读教材的策略"。

张老师就如何"达成'四基'目标的落实"给出了相应的"达标策略"，尽管多数的总结不错，但也有一些读起来不像是策略，更像是教学目标，例如，"要从培养学生的思维品质的角度入手，渗透辩证唯物主义的观点引导学生能初步运用这些观点分析问题、解决问题"，"在形成画圆技能的过程中，帮助学生积累数学思考的经验"。因此，对于那些策略的描述和提炼还应加强，做到准确、精练而且更具针对性。

最后，对将来的后续研究和设想显得过于空泛，如"对基本活动经验的积累还有待继续深入研究"，它们与前面的研究结果之间的逻辑关联并不是很紧密。

第 三 篇
各内容领域通用的研究

数学情境的有效利用

——从"小兔请客"童话故事谈起①

王 永（福建省普通教育教学研究室）

案例描述

"小兔请客"是北师大版小学数学教材一年级下册"整十数加、减整十数"中由两幅连环画呈现的一个童话故事，这个童话故事中蕴含着一个整十数加法与一个整十数减法的数学问题。

上课伊始，教师先呈现"小兔请客"的第一幅图。他先后提出下面三个问题，每个问题都请学生回答。

"从图上看到了什么？"

"能提出什么数学问题？"

---

① 本文发表于《新世纪小学数学》2006 年第 3 期。

"怎样列式?"

学生顺利地提出了加法问题:"草地上一共有多少个果子?"

学生也顺利地列出如下算式:

30+20=?(个)。

"怎么算?"教师继续问道,并要求学生都拿出小棒摆一摆。

学生摆着小棒,教师发现有些学生在 1 根 1 根地摆着、数着,便提示:"对于整十数,应该 1 捆 1 捆地摆。"

过了一会儿,教师请了一位学生到实物投影仪上演示摆小棒的过程,然后结合这个过程进行讲解:"先摆出 3 捆小棒,再摆出 2 捆小棒,一共摆了 5 捆小棒。5 个 10 是多少呢?"

"是 50。"学生异口同声回答。

"50 就是 30 加 20 所得的结果。"

教师指着算式 30+20=50(个),边板书边介绍其中什么是加数,什么是和。

$$30 \quad + \quad 20 \quad = \quad 50（个）$$
$$\vdots \qquad\qquad \vdots \qquad\qquad \vdots$$
$$加数 \qquad\quad 加数 \qquad\quad 和$$

"加法运算的结果叫作和。"教师总结后,领着学生读:"加数加加数等于和。"

接着,教师又呈现"小兔请客"的第二幅图……

评析与建议

1. 作为数学情境的童话故事,要不要讲述,谁来讲述

这节课创设的数学情境是一个童话故事"小兔请客"。对于儿童而言,童话故事是儿童世界的一部分。生动有趣的数学情境不仅是学生学习数学的环境,而且是他们产生学习行为的条件,能激发他们的学习兴趣与积极、主动地学习数学的心向。可惜的是,这个教学片段中教师没有发挥出数学情境的这些功能和作用。

这节课的引入，应该引导学生看"小兔请客"的两幅图画，听教师给他们讲"小兔请客"的故事，并且边听边想从故事里可以提出哪些数学问题。

小兔住在森林里。一天，她请小猴、松鼠、刺猬和啄木鸟等邻居们来自己家里做客，并在自家院子里设果子宴招待他们。草地上已经摆上了3盘果子，刺猬问："每盘有几个果子？"聪明的小兔数了数答道："每盘10个果子。"

小兔又端上2盘果子，她自言自语："啄木鸟怎么还没到呢？"这时，松鼠才想起来，急忙说："哦，啄木鸟来不了。他临时给老树爷爷看病去了，叫我跟您说一声。"

小兔感叹道："啄木鸟救死扶伤，常常废寝忘餐，我们要送些果子去好好慰问他。"

"好的，我送去，你们先吃吧。"小刺猬说着，就跳进一个盘子里翻了个身，把一盘的果子都扎到背上，送果子去了。刺猬背果子的办法很独特，样子很滑稽，大家望着他远去的背影都乐得哈哈大笑。

故事必须有时间、地点、人物、对话、情节等要素。看图讲故事，不仅需要丰富的想象力，也需要生动的语言表达能力和感染力；讲述的故事，不仅要具有教育意义，也要具有教育价值。上述故事，教师发挥想象合乎情理地增加了人物（啄木鸟）、情节和对话。培养看图讲故事的能力，是语文课的任务；而作为学习数学的载体，情境要依靠教师来讲述，让学生的注意力能集中指向故事里蕴含的数学问题，唤起他们提出问题和解决问题的兴趣和愿望。

对于故事情境，如果仅仅停留在问学生"从图上看到了什么"或者"从图中获得哪些信息"，那么生动有趣、引人入胜的故事往往会被学生支离破碎的应答弄得枯燥乏味，还会耗费许多时间。

创设数学情境，合理地运用数学情境，是现实数学教育的一个核心问题。

2. 从故事情境中能提出哪些数学问题

教材中提出了下面两个问题，本节课就是通过解决这两个问题来学习整十数的加法和减法。

(1) 一共有多少个果子？

(2) 草地上还剩下多少个果子？

此外，还可以提出两个老问题，分别与上述的两个问题同构。

与 (1) 同构的问题是：一共有多少盘果子？

与 (2) 同构的问题是：草地上还剩下多少盘果子？

本节课的教学活动，是否有必要引导学生提出这两个老问题呢？

我想是必要的。理由是在新老问题之间存在纵向的密切联系，提出来有助于激活学生先前的知识经验，并通过迁移，把已有的知识经验运用到似曾相识的新的问题情境中来。这样做的理论依据是奥苏伯尔的有意义学习原理：在新旧知识之间要建立起实质性的非人为的联系。

3. 要不要让学生经历算法多样化

学生自主探索 $30+20$ 或 $50-10$ 等算法时，教师要提供探索的手段：可以用小棒代替果子摆一摆，也可以用计数器拨一拨，还可以利用已有知识，让学生自己选择。这样，很可能会创造出如下不同的方法。

方法一：每盘 10 个果子，因此，可以用 1 捆小棒代表 10 个果子，通过摆小棒的具体操作，得到"3 个 10 与 2 个 10 合起来是 5 个 10"，即 $30+$ $20=50$（个）；同理，$50-10=40$（个）。

方法二：在计数器的十位上 1 个珠表示 10 个果子，通过拨珠得到计算结果。

方法三：从已知的 $3+2=5$（盘）或 $5-1=4$（盘）出发，想把其中的单位"盘"改为"个"，前者就要写为 $30+20=50$（个），后者写为 $50-$ $10=40$（个）。

以上算法的归纳中，涉及一个图式化的过程，即通过不同认知水平的图式表征知识的过程。通过不同算法的交流，促进个体的反思，并改进各自的算法，从操作水平向表象水平发展，从表象水平向分析水平发展。算法化、图式化与反思都是数学化的重要方面。

学生个体的认知发展水平是不同的，探索算法的手段或方法单一（只要求用小棒代替果子摆一摆），是不能满足学生多样化的发展需求的。因此，本节教材在呈现算法多样化的内容与形式上也需要改进。

4. 理解过程和意义，还是记住名词

把加法运算的结果叫作和，把减法运算的结果叫作差。像"加数""和""被减数""减数"与"差"等，应该是作为概念还是思维对象呢？

加法运算、减法运算都是对现实进行数学化的结果，都是作为思维对象而存在的。这些思维对象的结构是通过思维操作被掌握的。正是这个原因，在北师大版小学数学教材中，没有给加、减、乘、除四则运算下过定义。本节教材向学生介绍加法算式与减法算式各部分的名称，是为了便于今后描述加法结构与其中各要素、减法结构与其中各要素的关系，也便于在后续学习中比较、体会加法运算与减法运算之间的联系。

对于算式中各部分的名称，逐步熟悉和掌握它们，能用这些名称进行数学思考，并用语言进行描述思考的过程才是重要的。至于把"加数加加数等于和""被减数减减数等于差"当作知识点，让学生记住这些形式结论是没有必要的。

简评

本文从北师大版小学数学教材中两幅简单的插图谈起，王永老师分析了一个教学案例中教师对问题情境的处理的不足之处，进而对如何处理这一问题情境以及如何展开本次课的教学提出了一系列的建议和思考。这些建议和思考既紧扣这一课的教学内容，又对教材可能的改进提出了一些建设性的意见。

本研究是围绕一个教学个案展开的，王老师敏锐地发现该教学个案中的不足之处，然后，基于两幅插图，非常详细地编制出了生动的童话故事，将学生带入故事情境中去，然后再仔细分析和讨论如何根据该情境提出数学问题以及借助学具来理解和学习整十数的加法和减法。这一研究的思路是：在他人教学个案中发现问题，思考和分析该问题，然后，提出解决问题的建议、思考和方法。因此，研究思路非常清晰、自然。循着这样的研究思路，层层深入，为该数学内容的教学提供了一条完整的线路图。同时，本研究也分析了教材对该内容的处理方式，提出了改进意见。

总之，这是一篇短小精悍的论文，结构紧凑，思路清晰，无拖泥带水的行文，无信口开河的结论或建议，可以成为教师做研究的典范。王老师的建议是以四个问句的形式给出的，这是一种很明智的处理方式，可以激发读者与研究者一起思考。

同时，建议王老师思考如下的改进建议或对研究做进一步的拓展。

本文所探讨的研究主题是数学情境的有效利用，聚焦于一个教学个案，但对"数学情境的有效利用"的探讨仍显不够透彻，特别是在建议部分似乎使用了较多的笔墨来探讨整十数的加法和减法的教与学问题，似乎从数学情境这个中心走开了。如何使得后面的建议与思考部分紧紧围绕"数学情境的有效利用"这一主题，是一个值得深入探讨的问题。

在本研究的基础上，对数学情境的探索还可以扩展到其他的数学内容上，甚至是针对整个小学数学来讨论。究竟数学情境是什么？在教材中，数学情境可能有什么不同的类型，不同的情境可能对学生的数学学习有何功能？也可以进一步探讨教材中数学情境的预期是什么，教师如何更好地、有效地使用数学情境，以及什么是好的数学情境等。

探究小学高年级"实践活动"
内容的教学实施

林　琛（广东省清远市新北江小学）

问题由来

教育部颁布的《基础教育课程改革纲要（试行）》中指出："改变课程实施过程中强调接受学习、死记硬背、机械训练的现状，提倡学生主动参与、乐于探究、勤于动手、培养学生收集和处理信息的能力、获取新知识的能力、分析和解决问题的能力。"学生的课外作业是课堂教学的延伸，作业的编排与实施也应该体现新课程理念，应体现因人而异的弹性化和培养兴趣的人性化，给学生更多的自主权和选择权，给学生更大的思维发展空间，不断发掘学生的学习潜力，这也是贯彻新课程理念的内在要求。

北师大版小学数学教材在课后练习设计中，设置了"实践活动""小调查"等实践作业。教材中的实践作业充分遵循趣味性、探究性、应用性原则，可操作性强，贴近学生的生活实际，既有助于培养学生的动手实践能力、解决问题的能力，又有助于巩固相关的知识技能。这部分作业的实施，有助于促进学生的动手实践能力、创新能力和解决问题的能力，使学生真正体验到数学的价值所在。

可是这部分内容在教学中是否得到有效的实施？带着疑问，我分别对教师和学生进行了问卷调查。学生调查问卷共发放了 60 份试卷，调查了本校五、六年级各 30 名学生，教师调查面向全校 36 名数学任课教师。调查问题和结果如表 1、表 2。

表 1 "实践活动"作业实施情况学生调查问卷统计表

调查问题	选项		
1. 你喜欢完成"实践活动"作业吗？	喜欢（92%）	一般（8%）	不喜欢（0）
2. 教材中的"实践活动"，教师是否都进行指导。	有指导（20%）	有时指导（25%）	没有指导（55%）
3. 教师对"实践活动"作业是否及时评价。	及时评价（18%）	有时评价（50%）	没有评价（32%）
4. 你觉得完成"实践活动"的作业有难度吗？	不知道怎么完成（22%）	有时觉得难（58%）	不觉得困难（20%）

表 2 "实践活动"作业实施情况教师调查问卷统计表

调查问题	选项		
1. 你认为"实践活动"作业对学生有何帮助。	激发兴趣，促进实践能力及解决问题能力的提升。（90%）	激发兴趣。（10%）	没有帮助。（0）
2. 你对实施"实践活动"作业的看法。	学生要有明确的目标，并在教师指导下认真完成。（25%）	学生完成就可以了。（54%）	不一定要完成。（21%）
3. 你是否对"实践活动"中的每个内容制订具体的实施目标和方案。	目标具体，方案详细。（10%）	对部分内容制订了目标和方案。（30%）	没有制订目标和方案。（60%）
4. 你对"实践活动"的指导情况。	布置前详细指导。（10%）	有时指导。（30%）	没有指导。（60%）

由上可以看出，"实践活动"作业的实施存在不少问题，这主要表现在：教师虽然都认识到了教材中"实践活动""小调查"这一类的实践性作业对学生发展的重要性，但是由于教材对实践性作业的实施缺乏明确目标及指导，造成教师对实践作业难以实施、评价，实践性作业对学生的学科成绩的提升看不到立竿见影的效果，所以大部分教师对实践作业的实施并未重视，部分教师将"实践活动"作业安排在课后独立完成，只是关注作业的答案，并未对完成过程进行有效指导。学生对实践性作业的兴趣浓厚，但由于教师忽视了对过程的指导，导致学生觉得完成"实践作业"有难度，无从下手。

研究的问题

基于以上原因，我希望通过"小学高年级'实践活动'内容的教学实施"的研究，对以下问题进行深入思考和研究。

1. 深入分析理解教材编写的意图，是有效实施教材的前提，因此，本课题首先要解决的问题是：对教材中出现的"实践活动""小调查"进行梳理分类，明确各部分内容的特点和编排特征，以便更好地为有效实施实践作业服务。

2. 针对不同的实践性作业的特点，研究其在教学实施过程中有效实施的策略，使得"实践活动"作业真正实现有效调动学生学习的积极性和主动性，提高作业的有效性，激发学生的创新意识，提高学生的动手能力，培养学生的创新能力、解决问题的能力。

教材中 "实践活动" 的分类及编排特点

（一）分类

北师大版小学数学教材五年级共出现"实践活动""小调查"类实践作业 23 项，六年级 21 项。(如表 3、表 4)

表 3　北师大版数学教材五年级"实践活动"的分布情况表

册次	调查性 实践作业	操作性 实践作业	探究性 实践作业	应用性 实践作业
五年级 上册	P72 在生活中寻找用分数或小数表示的信息。 P89 调查并预测球队的胜负情况，并说明自己的理由。	P22 用七巧角板拼成平行四边形、三角形、梯形，有哪些拼法？ P30 估计、测量并计算物体的表面面积，并比较二者结果。 P40 用长方形纸条测量教室中物品的长度，先估计后测量。 P76 先估计中队旗的面积，再测量并计算它的面积。	P74 建造分数墙。 P79 估测并计算树叶的面积，计算一棵树一天释放的氧气能满足多少人呼吸的需要.	P42 说说报纸各栏目所占的篇幅约占报纸的几分之几。 P50 用分数表示小明的各项活动时间占全天时间的几分之几，制作自己的作息时间表，并用分数表示各项活动的时间与全天时间的关系。 P90 为商场设计一个促销方案。
五年级 下册	P45 调查生活中一些物体的体积或容积，记录并交流。 P66 收集百分数，并说一说意义。 P72 统计家庭一个月的各项支出，计算出百分率并绘制统计表。 P75 收集日常生活中出现的百分数和分数，并说明哪些情况用百分数，什么时候用分数。 P78 估计并调查男生、近视人数等占全班人数的百分之几？ P89 调查比赛计算平均分时为什么要先去掉最高分和最低分？	P15 用硬纸板做指定大小的正方体和长方体。 P23 用三种不同长度的小木棒搭出不同形状的长方体或正方体。 P49 估计、测量并计算生活中的长方体形状物体的体积，按要求设计长方体盒子。 P53 用边长为 1 厘米的小正方体摆更大的正方体。	P83 计算 4 盒磁带包成一包的不同包法的表面积，并比较哪种更节省包装纸。	P87 读出 3 种统计图中的信息。

表 4   北师大版数学教材六年级"实践活动"分布情况表

册次	调查性实践作业	操作性实践作业	探究性实践作业	应用性实践作业
六年级上册	P37 了解存款利率并记录，用调查到的利率计算利息。 P45 调查为什么运动员起跑的位置不一样，相差多少？ P71 调查 250 辆车队的长。 P73 调查并记录身份证号码中数字的意义。	P13 测量大树树干一圈的长度并计算树干横截面的直径。 P51 量一量，找出身上的比。 P54 测量身高和影长并说一说身高和影长的比。 P60 做投球游戏并将得到的结果与教材中的数据进行比较。 P65 测量全班同学的身高，并记录数据完成统计表。	P81 观察灯光下影长的变化情况。	
六年级下册	P48 调查生活中 1 分钟可以做哪些事，写一写感受。	P4 用纸片和小棒做小旗，观察并想象小旗旋转后所成的图形。 P7 找一个圆柱形物体，量出它的高和底面直径并计算表面积；制作圆柱形纸盒。 P32 测量卧室及家具的长和宽，以 1：100 的比例画平面图。	P10 估计、测量、计算三个粗细不同的圆柱的体积，比较哪种体积容易估错。 P13 捏橡皮泥并探究同体积的圆柱和圆锥的高和底面积的关系。 P17 用四张完全一样的长方形纸条用不同方法制作圆柱，探究其体积的大小。 P67 探究日历中数的规律。 P77 探究 3 个同样的小长方体能拼成几种大长方体并计算表面积。	P35 为"巨人"设计教室。 P44 将自己的图书分类编码。

根据实践作业的不同要求,上述实践性作业可分为:调查性实践作业、操作性实践作业、探究性实践作业、应用性实践作业。

调查性实践作业主要是指通过学生进行社会调查,用数学的眼光来分析调查所得到的资料的作业。调查可使学生体验数学与现实生活的联系,真正体验到数学是有用的。

操作性实践作业是指根据学生在实际操作过程中得到的现象、实物、数据等,进行分析、推理、判断或计算,以解决生活中的实际问题的作业。

探究性实践作业主要是指通过学生创造性的思维,建设性地提出解决实际问题的方法及策略的作业。实验是一种有目的、有计划、有步骤,自己动手的探究活动。

应用性实践作业主要是指学生直接运用所学的知识和技能,以及日常生活中积累的经验,灵活合理地去解决实际生活中的数学问题的作业。

(二)编排特点

对北师大版小学教学教材中出现的实践作业进行归类和整理,发现五年级教材中的实践作业主要以调查类和操作类为主,其中调查类约占总量的 35%,操作类约占总量的 35%,探究类约占总量的 13%,应用类约占总量的 17%。

六年级的实践作业中调查类约占总量的 24%,操作类约占总量的 38%,探究类所占的比例有所上升,约占总量的 29%,应用类所占比例仅约为 9%。

六年级与五年级比较,都是以调查类和操作类为主,调查类的比重略有下降,而探究类的比重有所升高,这样编排符合学生的年龄特征和认知规律。

四 "实践活动" 部分的教学策略

根据上述分类,我们认为在教学中应采取如下策略。

1. 课前布置,让"实践活动"为新知学习服务

"实践活动""小调查"的内容常常与新授知识的教学有着密切的联系,

在教学时，可以把这部分内容在新授之前布置，让"实践活动"作业为新授教学服务。

例如，在教学六年级下册"认识圆柱和圆锥"一课之前，教师可布置学生完成以下"实践活动"的作业。

✂ 实践活动

用纸片和小棒做一面小旗，旋转"旗杆"，观察并想象纸片旋转后所形成的图形。

新授教学时，教师可引导学生利用自己制作的小旗，感受"体"是由"面"通过旋转运动得到的，有了直观感知，进一步促进学生对点、线、面之间的联系的理解，有助于学生深入理解圆柱和圆锥的特征。

又如，五年级下册，在教学"百分数的认识"时，教师可在新授前布置学生完成以下"实践活动"。

✂ 实践活动

收集在报纸、杂志、电视、网络等媒体中见过的百分数，说一说它们所表示的意思。

在新授时，教师可运用课前调查的数据，让学生通过小组交流，汇报的形式，体会到百分数在日常生活中的应用。让学生在现实生活的情境中对百分数的意义有更进一步的理解，有助于课堂教学目标的达成。

从整节课的教学效果来看，学生对百分数的意义的理解更加深入，真正感受到百分数在生活中的实际应用价值。

2. 课后实施，让"实践活动"成为课堂学习的延伸

（1）设置问题，引领实施

在"实践活动"的实施过程中，我们会发现这样的现象：学生完成实践作业之后不明白为什么要做这些，学生对"实践活动"作业的理解只是停留在表面，目标并不明确。这样就达不到教师让学生完成"实践活动"预期的目标。因此，教师要帮助学生明确实践作业的目标，而通过明确问题的引领，让学生带着问题去进行实践作业，是一个可行的并行之有效的办法。

例如，在五年级上册"分数的加减法"单元的学习中，教师可在"异分母分数加减法"学习之后布置学生完成以下实践活动。

实践活动 建造"分数墙"，看谁建得高？

取若干张相同的长方形纸条，把它们都作为1，分别剪出若干个 $\frac{1}{2}$，$\frac{1}{3}$，…，$\frac{1}{10}$。用这些大小不同的纸条建造"分数墙"（如图），并使你的分数墙尽可能高。要求：任意两层的分数组合不重复，每层的分数之和为1。

教师在布置作业时要给学生提出问题：①请根据你建立的分数墙列出三道不同的分数加法和减法算式，并通过观察分数墙进行计算。②请根据你建立的分数墙，写出两个分数并比较它们的大小。学生运用分数墙列式计算时即可感受到：原来我不用通分，看着分数墙就能解决问题。分数墙在分数教学的领域有着极广的作用，在以后分数的乘除法中都可运用分数墙来"看"出结果，这样一来学生既感受到分数墙的神奇，又进一步体会到分数单位在分数比较及计算中的意义。

（2）制订程序，明确要求

实践作业由于不同于平常的作业，学生对其完成的格式或程序感到困惑，教师应在布置实践作业时适时让学生明确自己该做什么？该怎样去做？并制订出相应的作业的形式，比如，数学日记、绘制调查表等。学生按照一定的程序执行，更有助提高实践作业实施的有效性。

例如，五年级下册"长方体（二）"的练习中有以下一个实践活动。

实 践 活 动

找一些边长为1厘米的小正方体，做下面的活动。

(1) 用4个小正方体可以摆成一个大正方体吗？

(2) 最少要用多少个小正方体才可以摆成一个大正方体？

(3) 你能再摆一个大一些的正方体吗？用了多少个小正方体？

教师如果只是口头布置，不给学生指导，相信大部分学生只是摆一摆，但摆过之后是否有深入的思考，摆的目的是什么？从中能发现什么？如果纯粹是为了操作而操作，这样的作业实施也达不到培养学生动手能力、运用知识解决问题的预期目标。教师布置这类的实践作业时，可让学生将这次的调查写成一篇数学日记，并做相应的规定：①写清楚摆的过程；②把你发现的规律写出来。引导学生在动手操作之后认真思考，反思自己操作的过程，在这个过程中，学生体会到了摆的目的，学会了透过现象去深入思考。

（3）小组实施，学会合作

合作精神是现代社会成员所必须具备的基本素质，学生的合作意识的产生与合作能力的培养都不是教师可以教会的，而是教师为学生创造机会，学生在合作的过程中通过不断地碰撞、磨合而形成的。因此，在实施"实践活动"时，教师要有意识地培养学习小组，在为学生创造机会的同时指导学生如何进行有效地合作。

例如，在五年级下册教学"百分数"之后，教师可引导学生采用小组合作的形式实施以下实践作业。

✂ **实践活动**

小组合作,估计下列几类学生分别占你班学生总数的百分之几,再进行调查。

各类学生占全班学生总数的百分比情况　　　　　单位:%

项　目	我的估计	调查结果
男生		
近视眼的学生		
睡眠时间不到10时的学生		
喜欢唱歌的学生		

教师应充分利用这样的机会,教会学生如何进行分工合作。在调查前先让学生明确本次实践活动的目标,让学生对整个调查活动有个整体一致的认识。在调查前将学生分好调查小组,并让学生根据各自的特点推选出组长,安排好每个成员的分工。学生按照各自的分工进行调查并汇总,小组根据汇总的结果进行讨论,并各自写出自己的调查感受。在这样的既分工又合作的过程中,通过不断地合作、交流、思考,实现了学生的独立性与合作性的养成。

(4)学科整合,融会贯通

任何一门学科都不是独立的,伴随现代科学技术的发展,学科之间的联系愈加紧密,教师再实施"实践活动"时,可结合内容,实现学科之间的整合,让学生体会到数学与其他学科的密切联系。

例如,在六年级上册教学"统计"单元之后,教师可与体育课的任课教师合作,实施以下的实践活动。

✂ **实践活动**

在体育课上以小组为单位做前面的投球游戏,把得到的结果与教材中提供的数据进行比较,并与同学交流。

教师应引导学生以小组为单位,按照要求在活动中经历收集数据,整理数据、分析数据的过程,并对得到的数据与教材中提供的数据进行对比分析，感受数据的差异性的同时寻找差异性的原因。学生在这一过程中，既经历了统计的过程，又感受到数学与其他学科的密切联系，更加深刻地体会到数学的实际应用价值。

以上研究表明，根据教学需要，合理运用教材的"实践活动""小调查"这一类型的实践作业，重视并认真实施实践作业，有助于课堂教学的圆满实施；有利于开拓学生思维的深度和广度；有利于实现学科之间的整合。学生将会在自主探索、合作交流的过程中，获得良好的情感体验，获得数学活动经验，有助于学生解决问题和应用知识能力的提高，真正实现提高学生动手能力、创新能力、解决问题能力的目标。

参考文献

1. 庞维国. 数学学习与教学设计（小学卷）［M］. 上海：上海教育出版社，2005.

2. 郑毓信. 数学思维与小学数学［M］. 南京：江苏教育出版社，2008.

简评

论文以北师大版小学教学教材中"实践活动"的设置为基础，重点分析了小学高年级教材中"实践活动"部分的分类及特点，特别是对五年级和六年级的实践活动问题的详细分类，具有很强的教学指导意义。同时，本研究也探讨了实践活动的教学策略，例如，课前布置，让"实践活动"为学习新知服务；课后实施，让"实践活动"成为课堂学习的延伸：设置问题，引领实施；制订程序，明确要求；小组实施，学会合作；学科整合，融会贯通。

实践活动部分是当前大家研究较少涉及的问题，但却是很重要的问题。因此，论文的选题很有意义。总的来说，论文思路清楚，方法恰当，给出的研究结果明确且实用。因此，本研究的结果具有较高的应用价值，特别对于小学阶段"实践活动"部分的教学具有很好的指导作用。

同时，作为一篇研究论文，建议本研究做以下方面的改进或进一步的拓展。

在比较五年级和六年级的四类实践活动的分布的差异时，可以做一些统计分析，如卡方检验或比例差异的显著性检验，这样会让分析、比较的结果更具有说服力。

一般地，这些实践活动问题都是与所在章节的数学内容紧密联系在一起的。有些实践活动问题可能涉及多个数学内容，如果能够对这些实践活动问题从数学的内容领域进行分类，也许是很有意义的探索。如哪些问题属于代数的，哪些是几何的，哪些是数据与概率的。这样，能够让读者看清实践活动与数学内容之间的关联，而不是孤立地看待这些实践活动问题。

本文探讨了实践活动的教学策略，特别包括了一些指导性很强的话语，但林琛老师对这些策略的来源并没有交代得很清楚，读者自然会有疑问：它们是来自于作者自己教学实践的总结与提炼，还是来自于他人的经验或研究文献？因此，文中应加以说明。

同时，在本文所指的实践活动的教学策略中，"课后实施，让'实践活动'成为课堂学习的延伸"包括了"设置问题，引领实施"等四个子标题，它们与上一级的标题之间似乎没有很强的包含关系，完全可以独立开来。

正是因为林老师没有交代清楚文中这些策略的来源，读者可能会有这些策略究竟效果如何的疑问：有没有在实际教学中收集的数据来支持这些策略的教学效果？因此，林老师可以展示一些教师指导实践活动的教学片段，来说明本研究中所讨论的教学策略是如何在实际课堂教学中执行的；也可以展示一些学生实践活动的研究报告或作业，来说明学生参与实践活动后的学习效果。

利用数学日记评估促进学生
数学学习的研究报告

游琼英（四川省成都市泡桐树小学）

课题的提出

一个故事引发的思考。我以前教过的一名学生，现就读于澳大利亚的一所大学，跟我交流时谈道："在国内读小学、初中和高中时，我是乖娃娃，每天只要按照老师的安排去学就能得到很好的成绩。可是到了国外，老师只管上课，不告诉你每天该做什么。我非常迷茫，每天都瞎忙一气，考试成绩还不理想。后来，我开始反思，制订学习计划，学习就轻松多了，成绩也上去了。"这不是个案，是中国留学生的普遍现象，这与我们在小学只注重培养学生的认知能力，忽略了培养学生的元认知（含反思）能力有关。当前较普遍的现象是学习目标由教师确定，学习任务由教师安排，学习行为靠教师督促，学习过程靠教师调控，学习结果凭考试来评价。就学生而言，学习行为的被动化问题非常严重，出现了就像刘坚教授所说"原本是学生求学却变成了教师和家长求学生学"的怪现象。

为此，我提出假设：在小学高段让学生写数学日记，学生可通过经常评估自己的日记来监控和不断地促进自己的数学学习。

研究内容

(1) 如何指导学生写数学日记？

(2) 如何利用数学日记评估促进学生的数学学习？

研究措施和过程

（一）指导学生写数学日记

怎么指导学生写数学日记呢？我采取了以下一些措施。

1. 创设分享理念的课堂，积累日记素材

利用教材，我让学生根据课题、情境图或自学教材后发现并提出问题或话题，然后让学生围绕问题经历"独立思考—同伴互助（小组交流）—分享评价（全班交流）—反思巩固"的充满思维碰撞的过程，领略探索的乐趣。教师顺学而导，在关键处和难点处点拨，引导学生评价反思。学生自己探索的用黑笔或蓝笔记录，向同伴或老师学习的用红笔记录在本子上和自学题单上。最后，学生根据课堂学习情况写数学日记，记录自己的收获、情感或困惑等。

2. 鼓励多元方式，记录自己的思考

开始，我给全班准备一个数学日记本，按照学号每人写一天，然后传给下一个同学，选择好的全班分享；等学生知道怎么写了后，我让每个学生准备一个本子反思自己的数学学习情况。书面记录的形式有文字、图表、符号等，叙述方式可以采用故事、漫画或童话等。数学日记尽量体现数学语言的特色，简捷有效即可，不提倡长篇大论。教师鼓励学生用自己喜欢的方式记录自己的思考，激发学生写日记的兴趣和意识。

3. 提供多种角度，有选择重点反思

教师根据学生的学习情况，提供多种角度让学生反思。

（1）以课堂环节为序

如新授课上，独立思考时，我的思路是……同伴互助时，我解决

了……全班分享时，我的收获是……学生不一定每个环节都反思，可以对自己印象最深刻的环节进行重点反思。

（2）按所学内容来写

如本节课所学的知识技能是……解决问题的过程和方法是……我获得的经验是……我发现的问题是……我今天的学习态度是……学生反思时不必面面俱到，可以有详有略，也可以只谈一点。

（3）根据课型反思

如新授课可以反思自己所学的知识技能、过程方法、情感态度、发现的问题等。

练习课可以反思，解决这类问题的方法是……经验是……注意的地方有……还有哪些问题不会解决等。

评讲课反思，我的错题有哪些，归类分析错误原因，再举个例子巩固。

复习课前反思，本单元学过的知识有……这些知识的联系是……方法有……每种方法适用的范围是……举例说明；还不明白的问题有……

综合与实践活动课反思，制订计划时要注意什么？实施计划时注意什么？活动小结时要注意什么？这次活动的经验是什么？等等。

这样给学生一个大致的提示，学生可以在教师提示的基础上进行补充、丰富和完善。

（4）按阶段反思

前面主要讲了如何指导学生写每日反思，帮助学生建构。学生还可以写单元测试后的反思、期中反思、期末反思等，帮助学生监控自己的学习。

单元测试后的反思提纲：单元试卷分析（应得分、实得分、掌握得好的内容及经验、错题及原因、对策等）。

期中测试后的反思提纲：期中试卷分析（应得分、实得分、做得好的题目及经验分享、错题及原因分析与对策），前半学期学习态度反思，后半学期的学习目标及计划，需要教师、家长和同学提供的帮助等。

期末测试后的反思提纲：期末试卷分析（应得分、实得分、做得好的题目及经验分享、错题及原因分析与对策），本期单元成绩的折线统计图及分析，本期学习态度反思，下期的学习目标及计划，需要教师、家长和同学提供的帮助等。

通过阶段反思，学生不断监控自己的学习过程、学习方法，及时调整学习态度和学习目标，激励自己不断进步。

4. 及时分享评价日记，提升反思水平

学生的数学反思日记有差异，教师还要探索提升学生反思水平的策略，例如，组内相互分享日记：以四人小组为单位，组长组织组员相互分享数学日记，找出问题和不足，组内改进。全班分享优秀日记：每组推荐一篇优秀日记，组长相互看后，推荐一人全班分享，树立典型，其余学生对照找差距，不断改进。

（二）利用数学日记来监控学生的数学学习

1. 利用数学日记反思和调整学习态度

学生的考试成绩在一定程度上不仅能反映出学生考试时的状态，也能反映学生平时学习的状态，因此，期中考试后，我让学生利用数学日记反思自己的学习态度，好的继续发扬，不好的改进。

（1）总结好的态度继续发扬

学生 A　我这次期中考试好的原因有：一是上课认真听讲，老师和同学讲的每一道题都保证要弄懂。二是每次都能认真完成老师布置的家庭作业，如果有不懂的题就问家长，或者留着到学校和同学、老师一起讨论，一定要有勇气问，不要觉得差愧。要把每道题的过程写出来，不要怕写不下，只要自己懂就好，要把自己的想法表达出来，还有就是要认真读题，画出关键句型，有利于对问题的分析，如果有些题不懂就多读几遍题就行。三是考试时还要用上草稿纸不断验算，从分数最高的开始验算。做题时要思路正确，有一些不是一定使用公式来解决的，而是用关系。

学生反思自己考好的经验，除了鼓励自己，继续发扬优点外，在全班分享后，也能让其他同学借鉴。

（2）反思不好的学习状态以便改进

学生 B 这次考试考得不好，我的问题有：①课前不预习。②上课有时不听别人发言，有时不做笔记，有时和同学说话。有另一种方法不敢表达。自己有问题不敢问。③课后没有复习。有时不写反思或者反思错题不认真，错了的题不及时改正。④考试时，读题不仔细，不集中注意力，不勾关键句等。

学生对自己半学期来的学习态度和考试时的状态都做了认真的反思。发现自己的问题很了不起，并且在后面的日记中也对照自己的问题提出了相应的目标。

（3）提出后半学期的打算，明确方向

学生 C 吸取这次考试教训，期末的时候一定考出好成绩，应该做到以下几点。①养成课前预习、课后复习的好习惯。②课堂和家庭作业认真完成，每道题应该有过程。做题时，选择列方程、画图和画关键句等方法来做。每天认真完成反思作业，不能应付。计算的时候，一定要先在草稿本上做，做对了再抄上去。③上课积极发言，认真听同学的发言并作评价。做好笔记，记录同学不同的方法。反思时尽量思考创新方法。讲题时，把关键字读重一点，讲题时注意声音的大小、语速。

学生自己给自己定目标和要求，这样学生就会对照目标来检查、督促、监控自己的学习。通过数学日记，学生监控自己的学习态度，调整自己的状态更好投入学习。

2. 利用数学日记明白错因并改正错误

学生写错题反思包含三个方面：一是抄题目，有利于帮助其理解题意；二是改正并分析错误原因，有利于下次改进；三是举一个类似的例子强化薄弱环节。

如学生 D 对错题的反思如下。

题目：把一个横截面是边长为 5 cm 的正方形，长为 2 m 的木料沿长锯成 4 段后，表面积比原来增加了（　　）cm²。

错解：5×5×8＝200（cm²）。

错误原因：锯成 4 段，看成锯了 4 次，产生 8 个新面，而实际只锯 3 次，增加 6 个新面。

改正：5×5×6＝150（cm²）。

举一反三：把一个横截面是边长为 7 cm 的正方形，长为 4 m 的木料截成 3 段后，表面积比原来增加了 7×7×4＝196（cm²）。

通过分析错误原因和举一反三，学生明白了自己的错因，并在薄弱环节进行巩固，加深印象，让类似错误远离自己。

3. 利用数学日记来促进对数学的理解

利用瑞典对学生解决问题能力中"理解能力"的评价标准，我把它借鉴到评估学生数学日记中对方法的理解程度，并促进学生向高层次发展，如表 1。

表 1

评价标准	★	★★	★★★	★★★★
理解能力	能想出 1 种解决问题的方法。	能想出几种解决问题的方法。	能总结几种方法的优缺点。	能持续思考，在别人方法的基础上找到新方法。

以北师大版小学数学教材五年级下册"找规律：有多少个面露在外面"的教学为例。

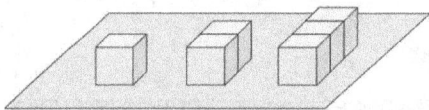

完成下表。

小正方体的个数	1	2	3	4	…	n
露在外面的面数						

学生的日记：今天我们学习了露在外面的面，我知道了怎么求露在外面的面的个数，就是从上、下、左、右、前、后去数，再加起来就可以了。（教师评"★"，理由：学生回顾了 1 种方法。）

学生日记：今天我们学了三种方法，第一种是数；第二种是算，用所有的面的个数减去被遮住的就是露在外面的面；第三种是找规律，从 1 个、

2 个、3 个观察起，看有什么规律。（教师评"★★"，理由：学生把 3 种方法列举出来了。）

学生日记：今天学习了三种方法：第一种是画图后数；第二种是把所有的面加起来再减去遮住的面；第三种是从简单开始找规律。从一个、两个、三个……n 个这样找规律，第一个图是"3＋2"，第二个图是"3×2＋2"，第三个图是"3×3＋2"……第 n 个图是"3×n＋2"。方法 1 和方法 2 容易懂，但是若有 60 个、100 个就很麻烦了。方法 3 找到规律后就简便了。所以我喜欢方法 3。（教师评"★★★"，学生发现了 3 种方法的优缺点和适用范围。）

学生日记：除了课堂上学到的三种方法能够找出"露在外面的面"，我又想出了一种找 n 个正方体露在外面的面的方法。

小正方体的个数	1	2	3	4	5	6	…	n
露在外面的面	5	8	11	14	17	20	…	

我发现了每增加 1 个正方体，露在外面的面就增加 3 个，我想这些数有没有其他的特点，我发现 $5÷3＝1……2$，$8÷3＝2……2$，$11÷3＝3……2$。原来第二行的数除以 3 都余 2，经过分析，就得出了 $3n＋2$ 的规律。（教师评"★★★★"，理由：学生通过持续不断的思考，又有一些创新的方法。）

通过对学生数学日记的星级评价，并把四星级、三星级学生日记全班分享，让其他学生找到差距，促进学生对数学的深层次理解。

4. 通过对数学日记的反思提高反思兴趣和效果

写了一年的数学日记后，我发现学生这段时间的课堂学习状态很好，作业中错题越来越少，反思也越来越好。

（1）新课后的四维收获反思

新课后，我让学生写当日收获反思，包括四个方面，即知识技能、过程方法、情感态度、问题反思。可以选一两个重点反思。

学生发现新课后反思的好处有：①回顾当天所学的内容，记录下所学的知识，有复习巩固知识的作用。②整理课堂上所学到的各种方法，有助于更深刻理解各种方法，并学会用多种方法解决问题。还可以有时间想一些创新的方法。③写态度反思时，发现好的会再接再厉，不好的会提醒自己改正。④问题反思可以让老师知道我们什么地方不懂，以便让老师有针对性地帮助我们。

（2）练习后对错题的四反思

学生总结写错题反思的好处有：①通过写错误原因，吸取教训，记住正确的方法，以后遇到同类的题目不会再出错。②根据错题举一反三，更加了解这类型的题目，遇到数据不同或情境不同的同类型题目时不再出错。③错题反思可以让我们积累素材，以便在单元、期中和期末复习时整理错题和原因，进行分类，以免考试时出错。

很多学生还总结出反思日记的好处能让数学成绩和语言表达能力提高，能找到自己的不足，吸取经验教训，及时改进。

（三）效果

开展写数学日记以来，学生从题海中解放出来了，学会监控自己的学习，成绩也进步了。一位考试成绩一直在 90 分以下的学生反思道：今天我考了 94 分，源于我每天坚持预习、复习，每天认真地反思，才取得这么好的成绩。我觉得写数学日记比多做题更好。家长告诉我："孩子的数学作业，我从不签字也不检查，比较放心。"我班上一位成绩很不出众的学生到了初中以后，返校来看我，很激动地拥抱我，并得意地说："到了初中以后，老师也让我们写数学日记，其他学校去的学生都不会，我的日记还被当作范文在全班交流，我的数学成绩也越来越好。"真没想到，原来在我眼中不出众的她到了中学后却很优秀。这说明学生的自我监控能力培养起来后，学习的潜力很大，后劲很足。

参考文献

1. Paris. G. 培养反思力 [M]. 北京：中国轻工业出版社，2001.

2. 任景业．什么是反思［OB/EL］．http://blog.sina.com.cn/s/blog_

49710274010135w4. html.

3. 刘小平．新课标下的数学日记培养学生反思能力初探［J］．数学学习与研究，2010（19）．

4. 周继红．"借助'数学周记'培养小学生反思数学学习的能力的研究"结题报告［OB/EL］．http://www.meblog.cn/user1/328/archives/2010/78894.shtml.

简评

虽然游琼英老师自己在文中没有明确提及所使用的研究方法，但本研究很好地使用了行动研究和案例研究的方法，尽管游老师也没有引用太多的教育理论或引经据典（也许是没有太多必要），但游老师从自己的教学实践出发，发现、提炼和具体探讨一些教学问题或研究问题，把自己的实践和思考实实在在地介绍出来了。我们认为，这一研究可以成为教师做研究的典范。

本文探讨了如何指导学生写数学日记和如何利用数学日记来反思自己的学习，这一点是很有意义的。本文还详细给出了四条指导学生写日记的方法和四条进行反思的方法，与实际教学特别关联，具有较强的操作性。因此，本研究对数学教学和数学学习是很有启发和指导作用的。

同时，我们建议本研究做如下的改进或进一步的拓展。

数学日记对于数学学习有多方面的帮助，其他研究者应该有一些分析和论述，因此，游老师应对这方面的背景做简要介绍，以便读者明确研究数学日记的意义。

既然是研究，总是有一个探索的过程。游老师在一开始就介绍了学生写数学日记的一些方法，姑且不论这些方法是不是就已经全面了，即是否还有其他方法，最好能介绍这些方法的来龙去脉。例如，这些方法是借鉴于他人的研究成果，还是自己的教学实践中获得的？如果是借鉴于他人的成果，应交代其来源；如果是自己的实践探索所得，应向读者介绍这一探索和提炼的过程，因为这一过程即意味着在做研究。

本文应介绍教师是如何收集、使用和分析学生的数学日记的，最好能简单提及学生对与他人分享自己的数学日记是否存在障碍，学生对数学日记的写作从不会或不愿到会写或愿写的过程是怎样的。

本文的标题中出现了一个词是"评估"，那么"评估"在本研究中体现在哪里呢？读者不是很清楚数学日记是如何起到"评估"的作用的。也许教师可以借助学生的数学日记来评估学生的数学学习，但本文没有把这一点阐述得很清晰。

本文最后说通过借助数学日记进行反思的确改善了学生的学习情况，还给出了一个学生的例子。是不是大部分学生都有这样的改进呢？而学生在写数学日记之前，他们的数学学习情况又是怎样的呢？有没有基于数据的统计分析来支持学生的数学学习真的得到改进了这一结论呢？

本文提到"利用数学日记来促进对数学的理解"，似乎只是教师可以借助学生的数学日记更好地了解和评估学生的数学理解，至于数学日记促进对数学的理解，读者很难发现文中明确解释了这两者之间的关联。这一部分还提及"利用瑞典对学生解决问题能力中'理解能力'的评价标准"，这一文献的引用需要在文末交代。

还有，通过让学生对数学日记进行反思，到底促进了学生哪些方面的提高呢？仅仅是学习成绩吗？有没有其他方面的提高？上述问题论文中都没有给出比较清楚的说明。

对数学日记的研究是一个不断探索的过程，游老师对数学日记的研究所获得研究结果非常积极正面的，但读者会很自然地思考，数学日记对数学的教与学是否还存在负面的影响？数学日记的撰写和使用在将来数学教与学的过程中有一些需要改进的地方吗？如果游老师能给出一些进一步研究或改进研究的思考或建议，那么本文的研究价值将会得到进一步的提升。

因材施教知多少：小学数学教师
研究学生现状的调查与研究

虞文辉（河南省郑州市金水区教育发展研究中心）

问题的提出

因材施教是我国教育史上历来提倡的教育原则，它要求教育者深入了解和研究学生，从学生实际情况设计和实施教学，使每个学生都能获得适合自己的最佳的发展，因此，因材施教的起始就是研究学生。今天的国际教育发展倡导"为每个学生创造良好的教育"，国内的课程改革十年强调"读懂学生"，教师在教学时研究学生方面做得如何？如何促进教师的专业成长？

在收集相关书籍、论文、核心杂志时发现：人们都肯定地认为教学时必然会研究学生，但是，反映现状的调查报告或论文几乎没有，这或许与地域及其不同的教育环境有关，也与大家认为教学时研究学生是必然的事没有必要做这样的调查有关。

课题主持者一直以来关注教师研究学生和教师专业成长等问题，尤其在与美国特拉华大学数学系和教育学院教授、数学教育研究室主任蔡金法做关于"研究学生"话题的交流时得到启示和鼓励，于 2012 年 3 月初确定本研究课题。

课题研究的意义和目的

通过该课题研究，对现实教学条件下小学数学教师研究学生的现状做客观调查、统计和分析，了解教师教学时做研究学生这件事情的真实情况，尝试发现其与教师专业成长的关系，而且，本调查可以填补国内小学数学教师教学时研究学生现状调查的实证研究空白。如果能够在 5 年或 10 年后再做此项调查，通过对比分析，可以了解教师教学时研究学生现状的发展情况。

调查问卷设计与调查过程

（一）调查问卷

调查问卷的编写经过初期编制、专业人员讨论、二编、再讨论、三编、征求意见、初稿、教师试测、试测人员讨论、专业讨论、定稿这样的过程，根据专家的评判具备较好的效度和信度。

问卷包括"背景了解"和"调研问题"两个方面。"背景了解"包括教师基本情况。"调研问题"有 18 道，涵盖教师在课堂教学前、中、后研究学生的一些做法。

（二）调查过程

问卷收集：2012 年 3 月把设计好的"教师调查问卷"电子稿放在郑州市金水区教体局局域网的指定地址，通知金水区各公办小学下载电子问卷、打印并组织数学教师填写，学校把填写的问卷送至课题组。

收回问卷 560 份，回收率 93%，其中有效问卷 554 份，占收回问卷的 99%。554 份问卷中具有高级职称的 242 人，其余为非高级职称的教师。

ꭖ四 调查结果

（一）调查对象情况

郑州市金水区公办学校在职小学数学教师的情况如表1。

表 1

教龄/年	0～5	6～10	11～15	16～20	21～25	26～30	30 以上	未填
教师/人	134	109	108	89	49	23	22	20
占百分比/%	24.19	19.68	19.49	16.06	8.85	4.15	3.97	3.61

每位教师有两个教学班级，平均每个班级 63 名学生，每天完成的教学工作至少是两个班级的授课及批阅作业。

（二）小学数学教师教学时研究学生的现状

1. 教师通常会做"教学时研究学生"这件事情，并根据了解的学生情况，设计课堂教学流程和教学活动、实施和调整教学、反思学习效果。图 1 显示了教师研究学生的一系列作用的问卷调查的结果。

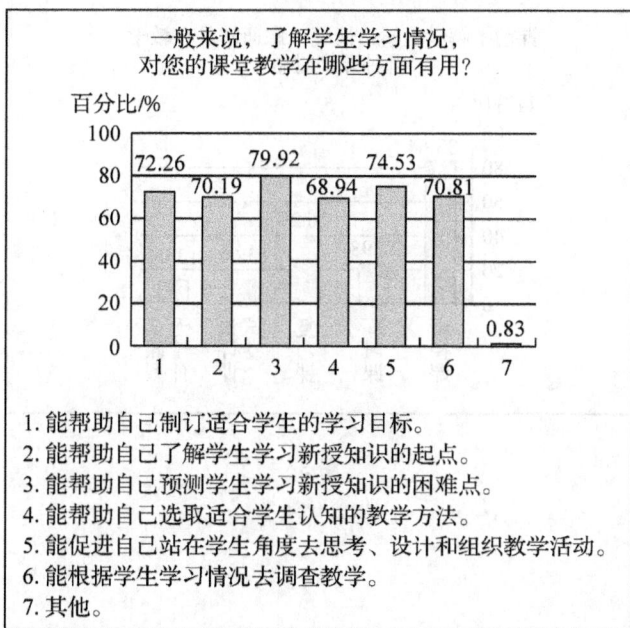

一般来说，了解学生学习情况，
对您的课堂教学在哪些方面有用？

百分比/%

72.26　70.19　79.92　68.94　74.53　70.81　0.83

1. 能帮助自己制订适合学生的学习目标。
2. 能帮助自己了解学生学习新授知识的起点。
3. 能帮助自己预测学生学习新授知识的困难点。
4. 能帮助自己选取适合学生认知的教学方法。
5. 能促进自己站在学生角度去思考、设计和组织教学活动。
6. 能根据学生学习情况去调查教学。
7. 其他。

图 1

2. 调查显示小学数学教师教学时研究学生的一些特点。

（1）课前研究学生，是教师做得最多的。（如图2）

您教学时，经常会在什么时候了解学生学习情况？

百分比/%

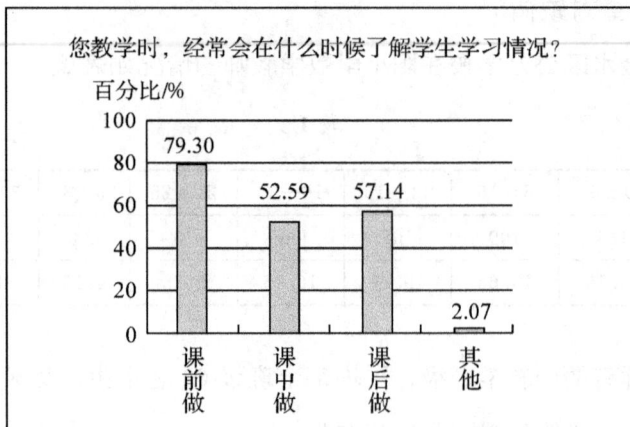

图 2

（2）新授课课前研究学生，通过提问来研究学生，是教师做得最多的。
（如图3、图4）

课前了解学生学习情况，您通常是在教学
哪种课型时做？

百分比/%

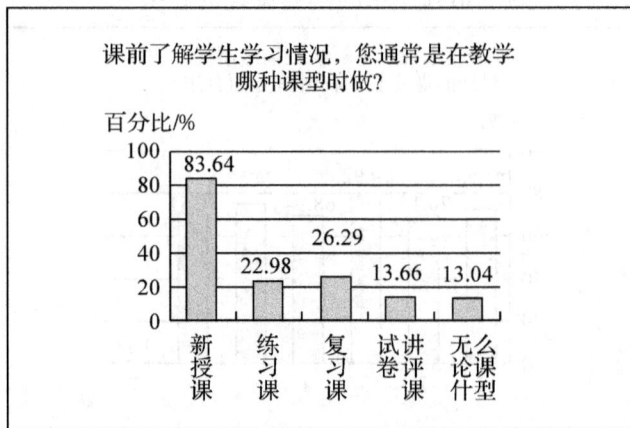

图 3

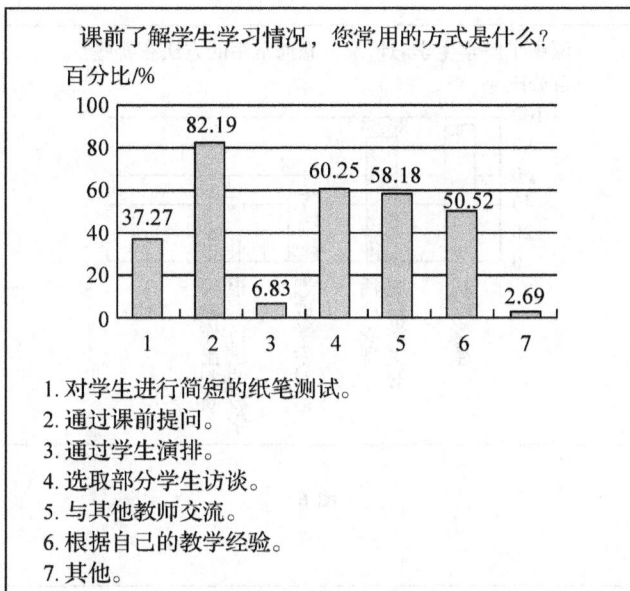

课前了解学生学习情况，您常用的方式是什么？

百分比/%

37.27　82.19　6.83　60.25　58.18　50.52　2.69

1. 对学生进行简短的纸笔测试。
2. 通过课前提问。
3. 通过学生演排。
4. 选取部分学生访谈。
5. 与其他教师交流。
6. 根据自己的教学经验。
7. 其他。

图 4

（3）关心新授内容学生学习困难点，通过提问了解学生当时学习情况，是教师课中研究学生做得最多的。而是否会根据学生当时的情况调整教学预设，"一定会"和"有时会"平分秋色。（如图 5、图 6、图 7）

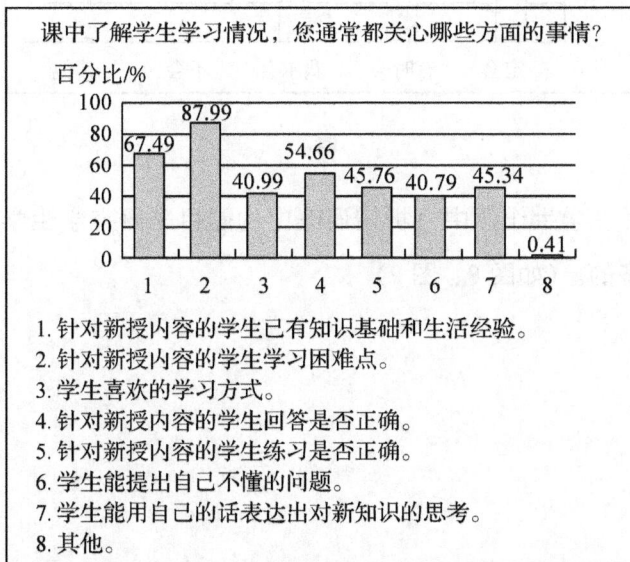

课中了解学生学习情况，您通常都关心哪些方面的事情？

百分比/%

67.49　87.99　40.99　54.66　45.76　40.79　45.34　0.41

1. 针对新授内容的学生已有知识基础和生活经验。
2. 针对新授内容的学生学习困难点。
3. 学生喜欢的学习方式。
4. 针对新授内容的学生回答是否正确。
5. 针对新授内容的学生练习是否正确。
6. 学生能提出自己不懂的问题。
7. 学生能用自己的话表达出对新知识的思考。
8. 其他。

图 5

课中了解学生学习情况，您通常用的方法有哪些？

百分比/%

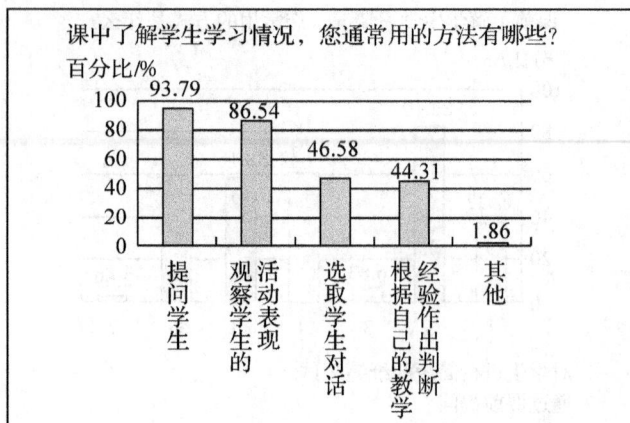

图 6

在课中，您通常是否会根据学生当时的情况
调整原先设计的教学流程？

百分比/%

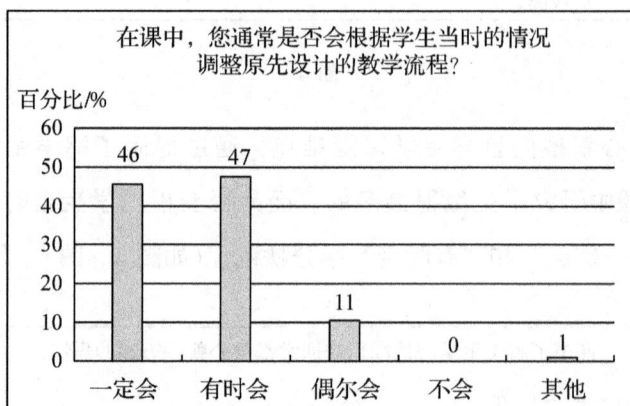

图 7

（4）课后在学生作业中分析错误集中的题目来研究学生学习效果，是教师做得最多的。（如图8、图9）

课后了解学生学习情况，您通常的做法是什么？

百分比/%

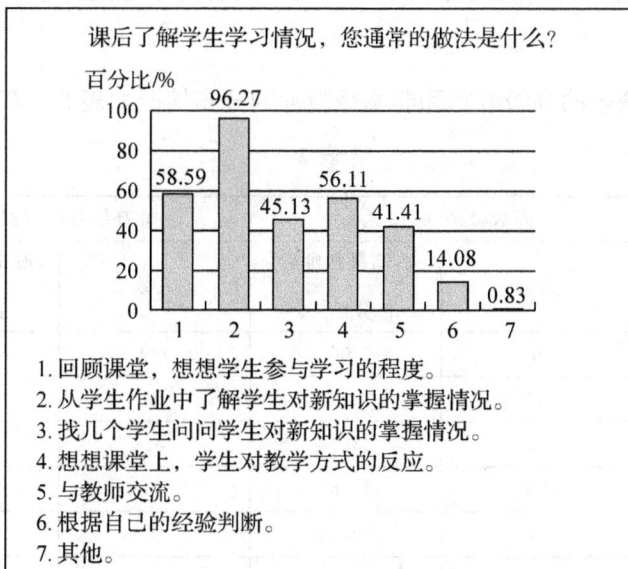

1.回顾课堂，想想学生参与学习的程度。
2.从学生作业中了解学生对新知识的掌握情况。
3.找几个学生问问学生对新知识的掌握情况。
4.想想课堂上，学生对教学方式的反应。
5.与教师交流。
6.根据自己的经验判断。
7.其他。

图 8

课后，您是如何从学生作业中了解学生学习情况的？

百分比/%

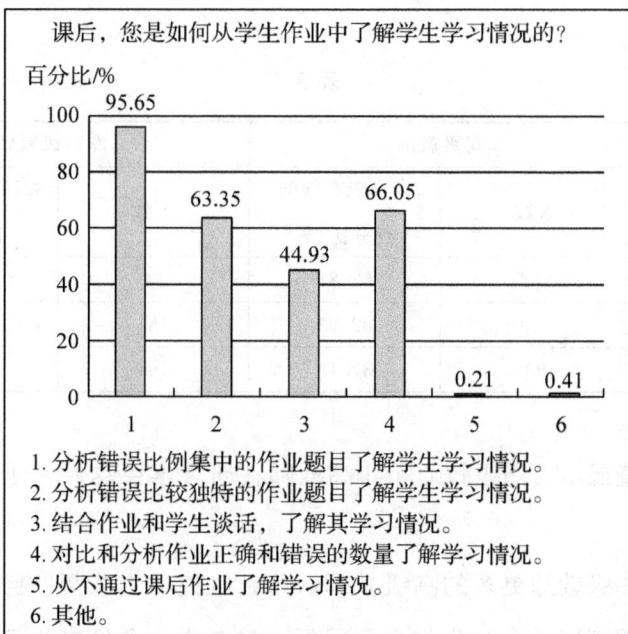

1.分析错误比例集中的作业题目了解学生学习情况。
2.分析错误比较独特的作业题目了解学生学习情况。
3.结合作业和学生谈话，了解其学习情况。
4.对比和分析作业正确和错误的数量了解学习情况。
5.从不通过课后作业了解学习情况。
6.其他。

图 9

3. 调查显示，高级教师和非高级教师做研究学生这件事，在某些方面表现出差异。

（1）被调查的高级教师和非高级教师的分布情况如表 2、表 3。

表 2

教龄 /年	高级教师（242 人）		非高级教师（312 人）	
	人数	占高级教师的百分比/%	人数	占非高级教师的百分比/%
0～5	0	0	134	42.95
6～10	10	4.13	99	31.73
11～15	56	23.14	52	16.66
16～20	79	32.64	10	3.21
21～25	47	19.42	2	0.64
26～30	21	8.68	2	0.64
30 以上	21	8.68	1	0.32
未填	8	3.31	12	3.85

表 3

获奖情况	高级教师		非高级教师	
	人数	占高级教师的百分比/%	人数	占非高级教师的百分比/%
获省级奖	152	62.81	94	30.13
获市级奖	199	82.23	151	48.40
未填	90	37.19	161	51.60

（2）调查显示，高级教师和非高教师在研究学生这件事上，某些方面表现出差异。

①比非高级教师更多的高级教师认为，研究学生能帮助自己做好两方面的事情，即制订适合学生的学习目标，站在学生角度去思考、设计和组织教学活动。（如表 4）

表 4

题目：研究学生对您的课堂教学的作用在哪些方面？	能帮助自己制订适合学生的学习目标。		能促进自己站在学生角度去思考、设计和组织教学活动。	
高级教师（242 人）	185 人填写	占 242 的 76.45%	189 人填写	占 242 的 78.10%
非高级教师（312 人）	214 人填写	占 312 的 68.59%	211 人填写	占 312 的 67.63%
z 检验	$z=2.04$, $p<0.05$		$z=2.73$, $p<0.01$	

②比非高级教师更多的高级教师会在课堂教学中去做研究学生这件事（如表 5）。

表 5

题目：研究学生通常在什么时候做？（课前、课中、课后）	课中做	
高职教师（242 人）	142 人填写	占 242 的 58.68%
非高级教师（312 人）	150 人填写	占 312 的 48.08%
z 检验	$z=2.48$, $p<0.05$	

③课中研究学生方面，高级教师与非高级教师表现出各自的倾向。

比非高级教师更多的高级教师，会"随时根据学生学习情况调整教学预设"；而比高级教师更多的非高级教师，会按照教学预设来进行教学。同时，采用研究学生的方法以及课中关心的事情方面都有一些差异。（如表 6、表 7、表 8、表 9）

表 6

题目：课中研究学生的程度。	随时关注学生，会立刻根据学生学习情况调整自己预设的教学流程。	
高级教师（242 人）	190 人填写	占 242 的 78.51%
非高级教师（312 人）	183 人填写	占 312 的 58.65%
z 检验	$z=4.94$, $p<0.001$	

表 7

题目：课中研究学生的程度。	比较关注学生，会适当引导学生学习，如果学生学习情况不好才考虑调整自己预设的教学流程。		比较关注学生，会引导学生学习，不考虑或不会改变预设的教学流程。	
高级教师（242 人）	51 人填写	占 242 的 21.07%	无人填写	占 242 的 0%
非高级教师（312 人）	113 人填写	占 312 的 36.22%	14 人填写	占 312 的 4.49%
z 检验	$z=-3.87$, $p<0.001$		$z=-3.34$, $p<0.001$	

表 8

题目：课中研究学生的方法。	选取学生对话。		根据自己的教学经验作出判断。	
高级教师（242 人）	124 人填写	占 242 的 51.24%	122 人填写	占 242 的 50.41%
非高级教师（312 人）	126 人填写	占 312 的 40.38%	111 人填写	占 312 的 35.58%
z 检验	$z=2.55$, $p<0.05$		$z=3.51$, $p<0.001$	

表 9

题目：课中研究学生关心的事情。	学生喜欢的学习方式。		针对新授内容的学生练习是否正确。		学生会能提出自己不懂的问题。		学生能用自己的话表达出对新知识的思考。	
高级教师（242 人）	116 人填写	占 242 的 47.93%	117 人填写	占 242 的 48.35%	107 人填写	占 242 的 44.21%	121 人填写	占 242 的 50%
非高级教师（312人）	103 人填写	占 312 的 33.01%	122 人填写	占 312 的 39.10%	106 人填写	占 312 的 33.97%	118 人填写	占 312 的 37.82%
z 检验	$z=3.56$, $p<0.001$		$z=2.81$, $p<0.05$		$z=2.46$, $p<0.05$		$z=2.87$, $p<0.01$	

④课后研究学生方面，高级教师与非高教级师也表现出有差异。（如表10、表11）

表 10

题目：课后研究学生的做法。	回顾课堂，想想学生参与学习的程度。		想想课堂上学生对教学方式的反应。		根据自己的经验判断。	
高级教师（242 人）	155 人填写	占 242 的 64.05%	147 人填写	占 242 的 60.74%	47 人填写	占 242 的 19.42%
非高级教师（312 人）	170 人填写	占 312 的 54.48%	151 人填写	占 312 的 48.40%	26 人填写	占 312 的 8.33%
z 检验	$z=2.27$, $p<0.05$		$z=2.89$, $p<0.01$		$z=3.83$, $p<0.001$	

表 11

题目：课后如何从学生作业中了解学习情况。	分析错误比较独特的作业题目。	
高级教师（242 人）	171 人填写	占 242 的 70.66%
非高级教师（312 人）	164 人填写	占 312 的 52.56%
z 检验	$z = 4.32$, $p < 0.0001$	

⑤调查显示，对于"没有或很少做研究学生"这件事的原因，比高级教师更多的非高级教师做了该题并表示"不知道如何做"（如表12）。

表 12

题目：没有或很少做研究学生这件事的原因（如果不存在此现象，此题可以不做）。	做此题的情况		不知道如何去做	
高级教师（242 人）	107 人填写	占 242 的 44.21%	11 人填写	占 242 的 4.55%
非高级教师（312 人）	166 人填写	占 312 的 53.21%	40 人填写	占 312 的 12.82%
z 检验	$z=-2.10$, $p<0.05$		$z=-2.86$, $p<0.01$	

五　结论和讨论

经过对数据的整理、统计、分析，产生的结论和讨论如下。

1. 从调查结果可以知道该区域小学数学教师的教学环境，以及教学时研究学生的特点，可以推测这样的教学环境与教师研究学生特点的有一定的关系。

讨论：在这样的环境下，是不是有更多的时间和机会支持和鼓励教师去做研究学生这件事？

2. 从调查结果可以知道高级教师与非高级教师教学中做研究学生这件事时，在某些方面表现出一些差异，分析这些差异可以发现，高级教师"多年"的教学经验对他们比非高级教师更深入地研究学生起到了支持作用。因此，可以推测：研究学生有助于促进教师的专业成长。

讨论：（1）高级教师教学时研究学生的具体做法，以及与学生学习效果的关系。（2）研究学生如何对教师的专业成长产生促进作用？

3. 此次调查在 2012 年 3 月进行，预想：5 年、10 年等若干年后教师研究学生的情况。

讨论：教师教学时研究学生的发展问题。

六　写在后面的话

本课题的调查结果和结论具有一定的局限，因为它反映的是被调查区域的现状，不一定具有普遍性，也不一定具有推广性；而且，受课题研究者能力所限，或许还有更多情况隐藏在数据中没有被关注到。

本课题的调查听到一些质疑声：都知道教学时需要研究学生，而且也都这样做了，还有必要去做这样的调查吗？课题主持者从最初的些些迟疑到最后的坚定，是因为逐步感受到实证研究用数据说话的力量，领会到循序渐进、严谨、科学"做研究"的重要。

这个"普通"的调查，有今天的结果，融入了许多人的劳动！请允许课题主持者在此表达敬意和谢意：衷心地感谢蔡金法教授、刘坚教授、王明明教授等专家在研究过程中给予的指导和支持！感谢所在工作部门的领导和同事，以及参与调查的学校及其数学教师、计算机操作人员（不再一一缀名）在调研过程中给予的大力支持和协助！在研究的同时，我们在一起共同感受到了合作的重要和成功的愉快！非常感谢！

简评

从两方面讲，虞文辉老师的研究是很特别的。第一，这个研究课题争论很大，有的学者怀疑这样的一个研究有没有价值，因为这似乎与课堂教学没有关系。第二，这样的调查据我们所知，到目前为止是唯一的。对教师来说，从事这样的调查研究，若条件允许是很有价值的，这有利于我们了解现状。既然了解学生对于教学如此重要，有必要有意识地探讨如何才能更好地了解学生，这样的调查不仅能帮助我们了解课前、课中和课后教师常用的方法，更能让我们反思有意识地审视这些方法，从而有意识地搜寻较好的方法来了解学生的思维以改进教学。

无论是"因材施教"还是"以学生为本的教学"都有个前提，那就是要了解学生，能准确把握住学生的基础和特点，然后才能进行后面的教学。所以在教学中教师了解学生这项工作非常重要。可是当前情况怎么样呢？特别是我们国家实行新的数学课改这么多年之后，是不是大家都重视了这项工作？是不是进行得非常充分和彻底？是不是还有什么问题？等等，弄清楚这些问题无疑是很有价值的。本文选择了一个地区的小学数学教师进行了调查，调查的方面不仅有什么时候调查学生，而且还有调查学生的原因，不同职称的教师调查学生的差别等，调查过程清楚，调查方法合理，得出了不少很新颖的结果，因此是个不错的研究。更重要的是，虞老师设计的问卷相当完备，这样的问卷相信可为别的研究者提供参考。

本研究至少可以在两个方面进行扩展。第一是去具体了解教师怎样读懂学生而进行因材施教，可以利用此调查结果来设计培训材料，以至于教师能有目的地了解学生，帮助教师掌握一些了解、读懂学生的方法。第二是这样的研究可以定期进行，例如，几年以后，再来进行同样的调查，考查结果的变化状况。

我们应该怎样考学生

——听听孩子的声音①

刘美丽　朱晨菲（南京师范大学教师教育学院）

　　2010 年 12 月，笔者在南京市某小学进行了一次五年级数学综合调研考试，试题内容是对一年级至五年级数学学科知识的整体考查，考试时长 1.5 小时，共 40 题。题型包括选择题、填空题、计算题、作图题以及问题解决。考试结束后在批阅试卷的过程中，笔者发现评价方式的改变对学生的成绩有一定的影响，故设计了相关问卷调查，并针对某些在考卷上表现出显著特点的学生进行了访谈，以期通过学生的反馈，了解他们对于试题设置与评分标准的真实想法，从而给出一些可供教师参考的建议。

　　下面分两个部分，借助问卷调查的统计结果，分别叙述试题设置与评分标准对于学生考试的影响。需要说明的是，考虑到学生的年龄特点与喜好程度，问卷采用了较为活泼的口语化表达。

👤一　试题设置对学生成绩的影响

1. 问卷调查

该部分我们对学生做了相关的问卷调查，首先将问题及问题选项呈现如下。

――――――――――

① 本文发表于《新世纪小学数学》2011 年第 4 期。

1. 你认为考试卷上的题目多不多？

A. 好多呀，来不及做了。

B. 有一点点多，少一点点吧。

C. 刚刚好，我觉得挺适合的。

D. 呀，有点少啦，加一点点吧。

E. 好少呀，写完都没事做了。

2. 如果题目有点多，你的心情是怎样的呢？

A. 好害怕，好慌张！

B. 有点儿怕，有点儿慌！

C. 我淡定，跟平时一样。

D. 题越多我越高兴，发挥得越好哦。

3. 如果考试一开始就遇到了难题，你的心情是什么样的呢？

A. 唔，急得像热锅上的蚂蚁，一直想这题，到做出来为止。

B. 告诉自己别怕哦，想一会儿，实在做不出一会回头再做。

C. 我淡定，不会的题目先到一边去吧，过会再来打败你！

D. 不会算我倒霉，不管它了，接着往下写。

问卷调研结果如下。

第1题：

	选A	选B	选C	选D	选E
(1) 班	0 (0%)	11 (25%)	30 (68.18%)	3 (6.82%)	0 (0%)
(2) 班	0 (0%)	11 (23.91%)	32 (69.57%)	1 (2.17%)	2 (4.35%)
(3) 班	0 (0%)	8 (20.51%)	29 (74.36%)	2 (5.13%)	0 (0%)

第2题：

	选A	选B	选C	选D
(1) 班	0 (0%)	18 (40.91%)	20 (45.45%)	6 (13.64%)
(2) 班	4 (8.70%)	16 (34.78%)	20 (43.48%)	6 (13.04%)
(3) 班	3 (7.69%)	8 (20.51%)	22 (56.41%)	6 (15.38%)

第 3 题：

	选 A	选 B	选 C	选 D
（1）班	2（4.55%）	10（22.73%）	31（70.45%）	1（2.27%）
（2）班	4（8.70%）	13（28.26%）	28（60.87%）	1（2.17%）
（3）班	0（0%）	13（33.33%）	26（66.67%）	0（0%）

2. 结果评析

对于第 1 题的回答，3 个班绝大部分学生均选了 C 选项，即认为试卷的题目数量刚好适合，答起来也较为顺手。但是我们不能忽略共有 30 名学生选择了 B 选项，即认为试卷的题目略微有一点多，希望能减少一些。比照姓名后，我们发现这部分学生成绩大多处于班上中等偏下水平。笔者在访谈一位平日里所谓"后进生"时，他提出试题量超出其可接受范围是导致其成绩不佳的重要原因。在课堂观察中，我们发现该生经常因为在别的课上做数学作业而被教师批评，问其原因，他是这样说的："我做得有点慢，别人做完了我还在看题，但是我是会的。"学生最后强调的话不禁让我们反思：在设计题目的量时，教师是否认真评估过学生的接受程度？题量是否与他们的普遍能力相契合？当然这里并不是说一有学生反映做题慢，教师就要减少题目，而是建议我们的试题针对不同水平的学生要有一个区别化的对待，题量要与学生的整体情况相匹配。

对于第 2 题的回答，所得数据较为离散，3 个班之间有较大的差异。我们可以看到，对于 A 选项碰到难题较为慌张，（1）班无学生选择，（2）班与（3）班相应有几个学生选择。据了解，在教师的分配上，（2）班、（3）班是同一位教师，而（1）班是另外一位教师。我们有理由相信，（1）班教师在平时教学中，有意无意地向学生传达了这样一个信息：遇到难题不慌张，要镇静，并且绝大多数学生对于这一点能从内心里遵从。对于（2）班和（3）班，各有一定比例的学生选择了慌张与害怕这一选项，可以看出教师对学生情绪态度养成的培养还不是很到位。对 B 选项与 C 选项，（1）班和（2）班选择的学生均较多，而对（3）班学生来说，选择 C 选项的同学则相对集中，达到了近 60％。综观这样的选项分布，我们得到一个初步的结论：（3）班的学生对难题的态度较为不一致，选择很害怕慌张与淡定的都占有较大比例，另外，（3）班对 D 选项选择的比例也相对于（2）班较多。对于第 3 题的回答，3 个班的答案则又较为一致了，选择 C 选项"先将题目放一放，之后再来解决"的比例均在 60％以上，但是通过对学生的访谈，我们了解到这样一个信息，碰到难题，许多学生的心情会被打乱，与之前的心境有较大的差别，变得比之前更加焦灼，虽然把题目放到一边了，但是在做下面题目的时候还是会想着前面未解出的题目，从而影响后面解题的正确率，最终影响成绩。

3. 改进建议

由以上对结果的分析，我们提出如下建议，以期更契合学生的考试心理状态，从而使他们不惧怕考试，最终提高成绩。

首先，题量的设置需充分考虑学生的接受程度。题量过多的最大弊病在于考试更倾向于关注学生的熟练程度，而非理解程度。究竟为什么而考试？普遍的说法是为了考查学生是否真正理解知识。而理解的考查是需要让学生有一定的思考时间的。但反映到考试行为上，个人所需的时间都不相同。因此，考试如果仅仅专注于题量的话，得到的只能是更加熟练的学生，并不是真正理解知识的学生。因此，建议教师在考试前可以先对前几次考试的题量进行一个横向比较，找出适合本年级大多数学生的题量，在编制试题的时候充分考虑学生的实际情况，因材设题。

其次，试卷上难题的设置建议放在偏后的位置，这样比较不容易影响学生在考试中的心情，从而使他们能更加从容地答题，也能在保证正确率的基础上，适当加快解题速度。从问卷调查中我们发现，难题，最好还是放在每种题型的末尾一两小题，这样普通学生更容易接受，优秀学生也能以更平和的心态接受挑战，且比较不容易伤害学生的自信心。

评分标准的合理性对于考试成绩的影响

1. 问卷调查

首先将问题及问题选项列举如下。

7. 如果让你来设计，对于满分 10 分的题，如果只是算错了，你打算扣几分？

A.1～2 分；B.3～4 分；C.5～6 分；D.7～9 分；E. 10 分。

8. 如果让你来设计，对于满分 10 分的题，只有单位写错了，扣几分？

A. 算啦，不扣分！B. 0.5～1 分；C. 1.5～3 分；D. 3 分以上。

9. 如果让你来设计，对于满分 10 分的题，没写"答"。扣几分？

A. 算啦，不扣分！B. 0.5～1 分；C. 1.5～3 分；D. 3 分以上。

10. 你觉得，如果扣分的方法像你上面设计的这样，你的考试成绩会有什么样的改变？

A. 不变，跟原来一样。

B. 大大地提高，哈哈！

C. 应该会有一点儿提高吧。

D. 应该会有一点儿降低吧。

E. 唔，会大大降低。

问卷调查结果如下。

第 7 题：

	选 A	选 B	选 C	选 D	选 E
(1) 班	23 (52.27%)	14 (31.82%)	4 (9.09%)	1 (2.27%)	2 (4.55%)
(2) 班	23 (50%)	14 (30.43%)	3 (6.52%)	2 (4.35%)	4 (8.70%)
(3) 班	16 (42.11%)	13 (34.21%)	6 (15.79%)	0 (0%)	3 (7.89%)

注：在统计时，(3) 班有 1 人数据缺失。

第 8 题：

	选 A	选 B	选 C	选 D
（1）班	1 （2.27%）	39 （88.64%）	3 （6.82%）	1 （2.27%）
（2）班	8 （17.39%）	34 （73.91%）	3 （6.52%）	1 （2.17%）
（3）班	1 （2.63%）	31 （81.58%）	4 （10.53%）	2 （5.26%）

注：在统计时，（3）班有1人数据缺失。

第 9 题：

	选 A	选 B	选 C	选 D
（1）班	0 （0%）	24 （54.55%）	18 （40.91%）	2 （4.55%）
（2）班	6 （13.04%）	16 （34.78%）	17 （36.96%）	7 （15.22%）
（3）班	2 （5.26%）	17 （44.74%）	14 （36.84%）	5 （13.16%）

注：在统计时，（3）班有1人数据缺失。

第 10 题：

	选 A	选 B	选 C	选 D	选 E
（1）班	7 （17.95%）	7 （17.95%）	23 （58.97%）	2 （5.13%）	0 （0%）
（2）班	5 （10.87%）	13 （28.26%）	23 （50.00%）	4 （8.70%）	1 （2.17%）
（3）班	6 （15.79%）	3 （7.89%）	24 （63.16%）	5 （13.16%）	0 （0%）

注：在统计时，（1）班有5人数据缺失；（3）班有1人数据缺失。

2. 结果评析

对于第 7 题的回答，3 个班绝大多数学生选择的答案是 A 或 B，这两个选项在五个选项中是扣较为少的分数。而每个班也有几个学生的选择是 E，即 10 分全扣，这是非常值得注意的。据了解，我们这次的改卷方式与平日任课教师的方式有较大不同，而正是由于这些不同，导致了学生成绩的变化。某班一个成绩较好的男生在访谈时表达了这样的意思：对于一道 5 分的应用题，如果只是算错而式子是对的扣 3～5 分，而对于式子错了的也是扣 3～5 分，这样合理吗？该生明确告诉我们，式子比结果更重要。其他参加访谈的学生也表达了类似的意思。因此我们有理由相信，改变评分方式，将算式的分值适当加大，会更加有利于检测学生是否真正弄懂了知识。

对于第 8 题和第 9 题的回答，虽有相异之处，但是相同点是学生大多希望能将这类小错误的扣分值降低，两题普遍都是选择 0.5～1 分（B 选项）的学生比较多。关于这两处我们也进行了访谈，有个学生提出一个很好的建议，他认为应该像卷面整洁分那样，如果没有写"答"的话整体扣几分，而不是零零散散地扣分。

对于最后一题的回答，许多学生选择了 C 选项，即认为在改变评分方式后，分数会有一点提高。必须注意的是，我们在题目中特别强调是按学生自己认为的合理方式，而这个合理的方式恰恰是该学生在前几题中选择的方式，即降低计算错误的扣分，降低"答""单位"等小错误的扣分，更加关注实质的东西，如算式和对于概念的理解等。

3. 改进建议

由此，我们提出几个关于评分标准设置的建议，希望通过评分标准的改变，让学生的成绩有一定的提高，同时也更能让学生自己与教师明确不同知识的掌握程度。

首先，教师在命制试题前必须明确主要是想了解学生的哪些方面，需要检验的知识点如何呈现在试卷上，以及这些方面在评分标准中是否有所体现。例如，如果在列方程解应用题时重点考查学生寻找等量关系的能力，那么对于最后结果的分值可适当降低，把大部分的分值放在等量关系的正确性上，即对方程本身理解的正确性上。

其次，每个扣分点所对应的分值是否与该部分总分相称也必须得到重点关注。如从访谈中我们了解到，对于应用题，一些教师普遍的做法是，只要结果错了，该题基本上大部分分数就被扣去，这实际上是不合理的。某种程度上，这是教师偷懒的一种方式。对应用题来说，考查的重点应放在"应用"二字上面，而非"计算"。这一点上的适当改变必然能给许多真正掌握了知识但在计算上发生问题的学生更多的机会去获取高分，也有利于增强他们学好数学的自信心。

最后，对于"答""单位"及卷面整洁等问题到底应该设置多少分值也是一个值得讨论的问题。综合学生的意见以及其他一些研究，笔者认为，这些扣分点更多地体现的是一种习惯，对知识本身来说没有太大的意义。当然，对小学生来说，习惯的培养很重要，在试卷中也必须有所体现，但是这里扣分比例的大小则需要细加斟酌。笔者同意访谈中一位学生提出的，像卷面整洁分那样，对于细节上的缺憾，统一扣一些分数，但比例要较小，毕竟试卷重点考查的是学生对于知识的理解程度。

综上所述，通过对该次试卷的整体分析以及问卷调查结果的统计，我们得出的最重要的结论是，如果教师能真正从学生的角度来思考，倾听学生的声音，无论是评分标准还是试题设置，不仅能更好地检验学生的学习情况，更重要的是有利于促进学生对知识的掌握与理解，增强其学习数学的兴趣与自信心。

简评

对于如何考评学生，尽管目前有许多不同的观点，但很多都是将学生的想法或需求放置在一边来讲的。本文选取了如何听取学生对考试的想法这一视角，通过问卷调查和访谈，考查了学生对考试的一些看法和反馈意见。具体地说，文中设置了十个调查问题来探讨学生对考试的一些看法与思考，由此，刘美丽和朱晨菲两位老师提出了有关如何更好地考评学生的若干建议。

本研究的这一选题很新颖。考试不仅是教师的事情，当然也是学生的事情。本研究发现，考试不仅可以检验学生对知识的学习和理解，而且也能促进学生对知识的学习和理解。如果在平时考试中，把学生对考试的想法或建议考虑进去，也许会更有效果。

本文是基于数据的实证研究，建议刘老师和朱老师可以做如下的一些改进或进一步的拓展。

本文运用了问卷调查的方法，但对问卷调查的过程的说明不是很清晰，比如，问卷调查的问题从哪里来的？使用各个调查问题的意图何在？还有，文章里多次提到了访谈，可是访谈又是怎么进行的？访谈提纲或问题是什么？访谈的对象是怎样的学生？等等，没有介绍得很清楚。另外，关于如何考评学生，建议也可以调查一下任课教师，看看教师们是怎么想的，这样再结合学生的观点，将师生的观点进行比较，也许能将本研究推进到一个更高的层面。

另外，数据是在3个班收集得到的，但事实上，除了其中的一个调查问题，本研究并没有在其他问题上对这3个班进行比较，不知道研究者将这3个班分开讨论的意图何在，实际上，如果将3个班的数据合并在一起，样本量会更大。如果研究者对3个班的差异感兴趣，也可以对这些数据进行基本的统计分析，如卡方检验。

教育领域关于考试和评估的问题是个很复杂的问题。考虑学生对考试的意见和想法的确很重要，也是很多教育工作者容易忽视的一个方面。但如何采纳学生的意见又是一个值得探讨的问题。考试和评价的目的与意图也对考试本身有很大的影响，如形成性评价和终结性评价的目的就不一样，所设计的测试问题就应该为达到这样的评价目的服务，而这样的考试也更多地考虑到学生的需要和发展。而选拔性的考试则更多地考虑选拔者的要求是否达到，很少考虑学生的需求。因此，如果基于不同的评价目的来考虑学生的需求，进而设计考试，也是值得进一步研究的问题。

对调查问卷中学生的回答，刘老师和朱老师应做全面的分析和解读。设想以下的几种情形：如果教师设计的考试是为了检测学生在某些内容上的熟练程度，可能会在考试时间上故意设置得紧张一些，学生或许不知晓考试的意图，会觉得考试时间设置得不合理；在考试分数的处理上，本文所给出的总的印象是，教师给分大都偏严，而学生认为自己应该得到分数比教师所给的要高，也许是师生有不同的评分标准，孰优孰劣，很难有标准答案。

关于评分标准的调查，本研究展示了学生对不同情形下的评分标准的选项分布，但是没有包括已有的、教师所制定的评分标准，而只有将学生的选项与已有的评分标准进行比较，才能得到如下这样的结论：学生认为没有写"答"应扣较少的分数；式子写对但计算错误应该比式子写错扣更少的分数。换句话，对于教师是如何评分的，本文若能详细介绍也许会更好。

小学数学课堂提问的质量分析

——从 6 节数学课堂谈起

赵红亮（山西省运城市临猗示范小学）

研究背景

提问作为教师的基本功之一，是教学对话的保证。提问能激励学生思考，提问能激励学生反思。由此可见，提问对教师组织有效教学、深化学生的学习有着举足轻重的作用。但是课程改革以来，小学数学课堂提问的现状究竟如何？教师提问对学生回答问题有怎样的影响？通过对 6 位教师（由经验型教师和新手型教师，城镇教师和农村教师组成）的课堂提问进行全程观察记录，并对教师的提问类型、问答方式（指教师提问和学生回答的方式）、候答时间（指教师提问与学生回答之间的时间间隔）、理答方式（指教师对学生回答的处理方式）、学生的回答类型进行数据整理，在量与质分析的基础上寻找课堂提问低效的原因，寻求解决问题的一些策略。希望在提问方面给教师提供一些帮助或借鉴，提高教师的提问技能，达到提高学生思维能力的目标。

国内外相关研究

国外较早进入有效提问实证性研究的是美国的 R. 史蒂文斯，他在 20

世纪上半叶（1912）做了一项教师课堂提问研究，他发现所研究的教师课堂提问的 66％属于记忆性的问题。时隔 54 年后，弗洛伊德（1966）发现，他所研究的教师们所提问题的 77％答案要求是具体的事实。最具代表的心理学家瑞格，从提问的概念、提问的原因、提问的类型以及出现的频率等方面进行了心理学意义上的研究；美国的丹东尼奥等在总结了长达 24 年的对课堂提问研究的基础上，提出了 Qu：Est 教学策略，通过大量的实例呈现了课堂提问的艺术及技能。总之，国外对有效提问研究相对成熟些。

在我国，从 20 世纪 90 年代中后期，有效课堂提问作为一个研究方向进入我国研究者的视野，1999 年顾泠沅在"寻找中间地带——从一堂几何课看数学教育改革行动"一文中指出：高密度的提问已成为课堂教学的重要方式，整堂课提问 105 次，问答时间约占课堂的 55％；姚利民的调查表明，教师提问在 15 种类教学行为中的有效性最差；郑毓信把课堂提问作为教师的基本功之一，从"问题解决""继续前进""学会学习""培养学生的问题意识"等目标上具体阐述了数学教学中的提问意义；另外数据表明，截至 2006 年，中国期刊全文数据库收录以"提问"为题的论文达 3 797 篇。足见课堂提问已引起广泛的关注。

研究设计

课堂提问的分类很多，比如，美国的心理学家布鲁姆根据思维水平不同把课堂提问分为知识水平提问、理解水平提问、应用水平提问、分析水平提问、综合水平提问、评价水平提问六种；还可分为一般性提问、开放性提问、高层次提问、探询性提问四类。本研究根据顾泠沅的问答检核模型分类，把提问分为常规管理问题、记忆性问题、推理性问题、创造性问题、批判性问题、无效问题六种类型，具体解释如表 1。

表 1　提问或回答类型说明

	类　型	举　例
教师提问类型	常规管理问题	看谁行动快？讲到哪里了？
	记忆性问题	分数的基本性质是什么？
	推理性问题	为什么？你怎么想的？
	创造性问题	你有什么新的发现？你有什么新的想法？
	批判性问题	对他的说法你有什么意见？他讲的对吗？
	无效问题	教师自问自答或含糊不清造成的问题重复。
学生回答类型	机械判断	判断对与错，是与不是。
	记忆性回答	分数基本性质是——
	推理性回答	因为……所以……
	创造性回答	有独特见解的回答。
	批判性回答	我认为不对！因为……所以……
	无应答或错误	

通过对 6 名教师 6 节课从 5 方面进行编码分析，完成数据统计（如表 2）。

表 2　课堂行为数据统计表

行为类别		城镇教师		农村教师	
		频次	百分比/%	频次	百分比/%
A. 问题类型	A1. 常规管理问题	23	20.4	27	22.7
	A2. 记忆性问题	28	24.8	31	26.1
	A3. 推理性问题	42	37.2	41	34.5
	A4. 创造性问题	14	12.4	11	9.2
	A5. 批判性问题	4	3.5	0	0
	A6. 无效问题	2	1.8	9	7.6
	合计	113		119	
B. 选择回答问题方式	B1. 先点名，再提问	0	0	0	0
	B2. 提问后学生齐答	20	18.2	28	24.6
	B3. 提问后举手者答	76	69.1	83	72.8
	B4. 提问后不举手者答	2	1.8	0	0
	B5. 小组讨论代表回答	12	10.9	3	2.6
	合计	110		114	

行为类别		城镇教师		农村教师	
		频次	百分比/%	频次	百分比/%
C. 候答时间长短	C1. 提问后学生立即答	2	8.0	3	7.5
	C2. 提问后等举手者答	10	40.0	12	30.0
	C3. 等待不足 3 秒	3	12.0	20	50.0
	C4. 等待超过 6 秒	4	16.0	2	5.0
	C5. 根据问题不同等待	6	24.0	3	7.5
	合计	25		40	
D. 学生回答类型	D1. 机械判断	11	10.3	15	12.3
	D2. 记忆性回答	27	25.2	41	33.6
	D3. 推理性回答	45	42.1	42	34.4
	D4. 创造性回答	16	15.0	10	8.2
	D5. 批判性回答	6	5.6	0	0
	D6. 无应答或错误	2	1.9	14	11.5
	合计	107		122	
E. 教师理答方式	E1. 打断学生回答或自己代答	3	7.3	10	26.3
	E2. 对回答不做评价或消极批评	2	4.9	8	21.1
	E3. 重复学生回答	12	29.3	15	39.5
	E4. 对学生回答鼓励、追问	16	39.0	5	13.2
	E5. 鼓励学生提出问题	8	19.5	0	0
	合计	41		38	

四 数据分析

1. 教师提问的数量

从数据中可以看出，教师一节课提问的频次平均约 39 次，也就是平均 1 分钟左右教师就提出一个问题，虽没有以往研究中出现的一节课达 105 次之多的现象，但 1 分钟一个问题的思考深度还是值得考量的。

2. 教师提问的类型

教师在课堂提问中，比较偏重记忆性问题与推理性问题和课堂常规管

理问题，其中推理性问题分别达到 37.2％和 34.5％，记忆性问题分别达到
24.8％和 26.1％，教师对推理性问题的重视程度有所提高；但对批判性问
题的重视程度欠缺，还存在着无效提问的现象，甚至占到提问总数
的 7.6％。

3. 选择回答问题方式

从数据上可以看出，教师比较热衷于选择提出问题后让举手者回答的
方式，分别达到了 69.1％和 72.8％，提问后让学生齐答的比例也较大，通
过小组讨论交流获得答案的比例不大，分别为 10.9％和 2.6％。

4. 教师理答方式差异

城镇教师比较重视对学生的评价、鼓励并及时追问达 39.0％，一定程
度上鼓励学生提出问题。农村教师比较偏重于重复学生的回答，达到
39.5％，打断学生或代替学生回答的现象比较普遍。

以上数据显示：教师提问类型、问答方式、候答时间长短、理答方式
不同，对学生回答问题的质量有着一定的影响。那么，教师在这些行为背
后的真正想法是什么？有没有改进的空间呢？我们走进案例进一步进行
分析。

五 对课堂提问的深层次分析

1. 教师的创造性提问能否引发学生的创造性回答

我们来看下面的几组问答。

教师问题 1：仔细观察以上数据，你又发现了什么？

生 1 回答：白球有可能，黄球也可能。

生 2 回答：当盒子里放着白、黄两种颜色的球时，任意摸一个就有两种
情况，可能会摸到白球，也可能会摸到黄球。

教师问题 2：除了以上的方法，还有别的想法吗？

学生找出了不同于前几种有创造的方法。

教师问题 3：请你用你手中的尺子测量桌子有多长？

生：老师，我的尺子断了！

师：你能开动脑筋自己想办法吗？

几秒后学生回答：我有办法了！从3开始也可以量，我数几个大格就是几厘米！

从以上案例来看教师的创造性问题一般能引发学生的创造性回答，但是学生的回答受自身因素影响也可能出现偏差，同时教师的进一步追问对学生的创造性回答有一定的促进作用。

2. 能否通过合适的问题培养学生的批判性思维

从数据上看出，教师的批判性问题欠缺，学生批判性的思维也就少之又少。那么，教师的问题能否引发学生的批判性思维呢？

在"面积"一课中，教师在学生自己总结出面积概念时提问：我们自己总结出了物体表面和图形的大小就是它们的面积。那么，课本上是怎么说的呢？请你自己阅读，想想有哪些地方和我们说的不一样？为什么？

学生阅读后回答：我们用的"和"，课本上是"或"。

师：一字之差，有不同的意义吗？

生：不一样！"和"就是两个一起，"或"是两个中选一个。

师：那么用哪一个好呢？

生：或。

生：我们是"图形"，课本上是"封闭图形"。

教师出示一组不封闭图形和封闭图形请学生找面积后学生回答：只有封闭图形才有面积。

从以上例子可以看出，只要教师给学生自己辨析的机会和时间，学生就会有思辨，教师只有在课堂上注意多提引发批判性思维的问题，学生就可能作出批判性的思考和回答，这样才会达到培养学生批判性思维的目的。

3. 无效问题真的就无效吗

无效问题指的是教师在提问中自问自答或含糊不清造成的问题重复或学生无法回答的问题。教师的无效问题达 1.8% 和 7.6%，学生的无应答和回答错误达到了 1.9% 和 11.5%，教师无效问题影响着课堂效率，也影响着学生回答问题的质量。

一位教师在执教北师大版小学数学教材"折纸"（异分母分数相加减）一课时有这样一段对话：

师：$\frac{6}{7} - \frac{1}{7} = ?$。

生：$\frac{6}{7} - \frac{1}{7} = \frac{5}{7}$。

师：你是怎么想的？

生：分母相同，分母不变，分子相减。

师：这属于什么计算？

生：分数加减法。

师：怎么计算？

生：分母不变——

师：谁能帮帮他？

生：分母不变，分子相减。

师：读两遍这句话。

师：这是计算什么的方法？

学生无应答。

师：同分母分数相加减。

与教师沟通中了解到：教师这几个问题的目的是想借助于实例，让学生回忆同分母分数相加减的方法，为后续的异分母分数加减法做准备。但教师的问题局限在她一直希望学生一字不差的把计算方法说出来，目标发生偏移，把学生绕糊涂了，所以干脆不应答。研讨中，教师一时无法想出更好的调整方案，同别的教师沟通后修改为：通过折纸出现一组同分母分数相加与异分母分数相加的算式，教师提问：仔细观察这些算式，你能根据分母的不同把它们分类吗？你是根据什么分的？分母相同的我们把它叫作同分母分数，试着算一算并说出你是怎么计算的。学生就轻而易举地在计算中明确了：同分母分数相加减，分母不变，分子相加减。

从以上情况看：形成无效问题的原因有教师自身的认识问题，还有设计能力问题，无效问题可以转化为有效问题，这个过程需要借助外界力量和教师自身的反思。

4. 选择不同的叫答方式效果一样吗

现在让我们共同走进六年级"正负数"的课堂。教师在一节课中选择齐答方式有 15 次，甚至出现让学生齐读题目的现象，在学生出现：-5 与 $+3$ 相互抵消剩下 -2 时，教师这样提问：用 $100 \times 2 - 2 = 198$，是不是剩下 -2 呢？学生齐答：是！在课堂观察中发现有些学生并没有理解 -2 的由来，在书写过程中也出现不同程度的错误，但教师的一个问题让这一切都淹没在一句不得不答的"是"中。

在后续对教师的回访中，教师谈到用齐答的方式是因为这样气氛热烈，而且觉得学生都理解了。经建议教师觉得在这里用个别叫答或讨论后个别回答的方法更合适，齐答容易掩盖学生的个体差异，无法及时了解学生的真实情况。

不同的叫答方式得到的反馈是不同的，教师选择叫答方式上也需要思考。

5. 多等两三秒效果会如何

以一位教师"组合图形的面积计算"为例，在结束部分，教师一口气抛出几个问题：这节课你有什么收获？学到哪些知识？组合图形面积怎么计算？学生在教师期待的眼神中只有一个回答道：用分割法和填补法。

同样的问题另外一位教师只是在每一个问题抛出后，多给了学生几秒的时间，学生的答案就异彩纷呈：学了组合图形面积计算就是把它转化成一个平面图形来计算；用分割法和填补法或平移方法都可以解决；我在拼图中学习到了数学方法……

为什么同样的问题会得到这样不同的结果呢？教师在提出问题后多等几秒，就是给学生充分思考和组织语言的时间，给不同层次学生更大的空间，这样的等待是值得的，有价值的！但是在课后研讨中教师谈到：习惯了热热闹闹的课堂，一冷场就心里着急。说明要改变候答时间的认识和做法，必须从习惯做起。

6. 换种理答方式试一试

在 6 节课中有两位教师的理答方式值得注意，她们在学生回答后不是选择重复学生答案，就是直接让学生坐下不作评价，有的评价竟然是你说到老师的心坎里了！

还以"正负数"一课为例。学生对"神舟飞船发射情况"在数轴上表示的数都理解之后，教师提问：能完整地说一下整个发射过程吗？学生齐答：能！教师追问：能？就一个能？学生无应答，教师只好自己复述了一遍。在课后访谈中，教师谈到：其一是评价没跟上，其二是学生独立思考或组织比较庞杂的信息有困难，有必要借助小组讨论的方式来进行。修改为：同学们对数轴上以每个数都理解到位了，老师提高点要求，能不能把整个过程完整地说一次呢？先自己独立思考，有困难可以和你的小组同学交流。

不同的理答方式得到的答案是不同的，学生的思维活跃度也会不同，教师在这个方向上思考的空间仍然很大！

六　思考与建议

1. 根据目标设计问题

在读懂教材和学生的基础上，根据教学目标进行问题设计，问题的设计要注意以下方面。

（1）问题要难易适中

问题的难易上要适合学生的认知水平，能激发学生积极思维，问题过于简单达不到启发目的，太难却无从下手，问题的设计要在知识的生长点上，落在学生的最近发展区内，让学生在充分的思考中拾级而上。

（2）问题要有明确的指向性

具体、明确、清晰的指向性问题才能为学生的思考和探究指明方向，提升教与学的效果。依据每节课的教学目标、教学重点和难点设计问题，问题表述要对象明确，所问之处学生一目了然，便于学生抓住实质，集中思维。比如，在一年级"小明的一天"一课，教学目标就是让学生学会认识钟面上的整时和半时。问题应该紧紧围绕这个目标，如现在是几时？你是怎么知道的？

（3）注意逻辑性和连续性

注意设计问题之间的连续性和逻辑性，形成一个使学生思维渐进的问题串。比如，"圆的面积"围绕探究过程设计了以下三个有层次的问题。

【第一次探究】

师：就是说圆所占平面的大小就是圆的面积。那怎么求圆的面积呢？（学生沉默）大家好像遇到了困难，请你在大脑中搜索一下，以前我们研究一个图形的面积时，用到过哪些好的方法？

师：圆能不能转化成我们学过的图形呢？（能）空说无凭，请你用手中的工具、圆纸片试一试。

【第二次探究】

师：刚才我们发现不管是折成的三角形，还是剪拼成的平行四边形都不是很像，怎么才能更像呢？值得我们继续研究研究，请每个小组在两种思路中选择一种继续研究。

【第三次探究】

师：刚才同学们借助学具通过动手操作，找到了解决问题的方法。可以折一折，也可以剪一剪、拼一拼，得到学过的图形。但数学学习不能仅停留在动手操作上，还要借助数字、字母和符号等进行动脑思考和推理。现在，老师想给大家提个更高的要求：能不能在动脑思考的基础上推导出圆的面积计算公式呢？

三个问题引导着三次探究活动，一次次向学生发出挑战，围绕学习目标，使学生从操作、到验证、到推导出圆的面积公式，学生的思维得到质的飞跃。

（4）避免封闭性问题

封闭性的问题是相对开放而言的，封闭性问题只需要学生回答"是"或"不是"，长此以往会伤害到学生对自己掌握知识的信心，限制学生的思维，而且经常会导致教学对话陷入僵局，所以，在教学中要尝试多问"是什么""为什么"，少问或不问"是不是""对不对""你懂了吗"等问题。

2. 立足学生，实施有效追问

追问属于加工性问题，经常出现在核心问题一问一答之后，根据学生的回答品质作出相应的反馈，引导学生更加深入地进行思维的过程。它是在课堂中生成的，是要说明原问题的重点或想引导学生取得正确或全面的答案时，教师要追加的问题。

那么，教师一般该在什么时候追问，采取怎样的追问方式显得尤为重要。一般在学生认知冲突的地方追问，在学生思维浅表的地方追问，在出现有价值的错误的地方追问，在课堂突发意外的地方追问，在学生回答精彩的地方追问。比如，让学生解释他的回答或者举例说明。这个问题你有什么想法？你是怎么思考的？这个答案你是怎么知道的？这种想法行吗？为什么？再想想这个问题我们还可以怎么想？谁听明白他的意思了？解释一下等。相对而言，追问是一种有效的理答方式，能帮助学生在获取正确答案同时提升思维水平。

3. 适当候答，增加参与面和度

候答是指教师在提问之后，停顿或等待几秒，让学生思考问题和组织答案。韦伦在发问技巧中论述道：在学生回答问题之前提供思考时间，可以增加学生回答内容，并鼓励学生在较高水平进行思维，相反，让学生马上回答问题会明显减少教师和学生、学生与学生之间有意义的相互作用。有效候答将增加学生对课堂提问的参与的面和度，以及主动提问的可能性。教师要有自我调整或控制的策略提醒自己，比如，问题提出后，心里默数几个数；等多名学生举起手再叫答；或等哪一个层次学生举手再叫答。

4．注意倾听，有效理答

理答是教师对学生回答问题的反应，它直接影响学生回答问题的质量。已有实验表明：理答直接与学生的回答成正比例关系。教师的理答越主动越是持肯定、欣赏的态度，学生越是主动积极地参与学习活动。所以，在教学中一定要注意倾听学生的回答，只有以学生回答为基础的理答才是有效的。比如，黄爱华老师执教的"垂直"一课。

在学生自学理解"当两条直线相交成直角时，这两条直线互相垂直"的基础上，教师出示：其中一条直线是另一条直线的垂线。

师：请把自己的理解跟同桌说一说。

学生交流。

师：谁愿意做"小老师"，上来教教大家呢？

生：（举手并上台）直线 a 是直线 b 的垂线，直线 b 是直线 a 的垂线。

师："小老师"要是指着黑板的直线来讲就更好了。

（对学生教的方法进行指导的同时，把全体学生的注意力引导到图上。）

生：请大家注意了，在这里（指着黑板上的两条互相垂直的直线），直线 a 是直线 b 的垂线，直线 b 是直线 a 的垂线。

师：这样就清楚多了。请大家跟"小老师"说这句话。

（教师及时的评价让学生更加明白该怎样教别人。）

生：（自己用箭头表示两条直线的关系）这两个箭头一个表示直线 a 是直线 b 的垂线，一个表示直线 b 是直线 a 的垂线。

师：哦，大家觉得这两个箭头画得好不好？好在哪里？

（这样的追问，指向数学本身，教师在倾听的基础上，帮助学生用准确的语言表达。）

教师的理答越是积极和肯定，学生参与学习活动就越主动和积极，教师一定要根据实际情况有效理答，并培养学生提出问题能力。

总之，课堂效果好与坏与教师的提问能力有一定关系，而我们广大教师只有在实践中不断反思，在反思中提升自己的课堂提问技能，不断提高课堂效益，为学生的发展提供更好的空间。

参考文献

1. 孙亚玲. 国外课堂教学有效性研究［EB/OL］. http：//reading. cersp. com/Teacher/School/200605/1495. html.

2. 顾泠沅. 寻找中间地带——从一堂几何课看数学教育改革行动［J］. 上海教育科研，1999（10）.

3. 姚利民. 有效教学理论和策略［M］. 长沙：湖南大学出版社，2005.

4. 郑毓信. 数学教师的基本功之二——善于提问［J］. 人民教育，2008（19）.

5. 王长江等. 近 10 年提问研究审视（1997－2006）［J］. 上海教育科研，2008（10）.

6. 常学勤. 教师课堂教学技能探究指导［M］. 北京：新华出版社，2009.

7. 鲍建生，顾泠沅. 聚焦课堂［M］. 上海：上海教育出版社，2004.

8. 李玉华，徐斌艳. 课堂教学师生对话的策略分析［J］. 小学数学教师，2006（3）.

9. 丹东尼奥. 课堂提问的艺术——发展教师的有效提问技能［M］. 北京：中国轻工业出版社，2006.

10. 陈羚. 国内外有关教师课堂提问研究综述［J］. 基础教育研究，2006（9）.

11. 邓曼莉，蒋秀华. 引领学生智慧的学习［J］. 小学数学教师，2011.

简评

课堂提问是现代数学教学中的一项重要活动。本文首先对数学课堂中的提问进行了分类，然后对课堂提问进行了细致分析，指出了当前数学教学中提出问题的特点，然后对一些当前课堂提问中出现的问题进行了探索。本文重点讨论的是提问的质量，而不是数量，这是本文研究的一个亮点。而且，作者选取的研究方法合理，研究工作层层推进、逐渐深入。本文给出的结果和建议是有建设性的和有价值的，对于实际课堂教学有很好借鉴作用，特别是本文的"课堂提问深层次分析"部分给出的结果，对改革当前数学教学现状具有重要的指导意义。

建议本研究在以下一些方面加以改进或进一步的拓展。

本文在文献综述、研究设计和数据分析结果之间的逻辑关联存在问题。换一句话说，文献研究的意图是为自己的研究特别是研究的设计提供理论依据，而研究设计是为自己的实证研究构造一个易于操作的框架，而接下来的研究数据的收集和分析就在这一框架中进行了。我们看到赵红亮老师介绍了一些国内外的有关课堂提问的研究文献，也特别提到了顾泠沅等对教师课堂提问给出的六个类型，而且紧接着在自己的研究设计中决定沿用这一分类法，尽管没有说明自己为什么要选取这样的分类，但在研究论文撰写的逻辑顺序和逻辑关联上还是合理的。但是读者马上会注意到，在研究设计里，赵老师包括了学生回答的六个类型，这六个类型在之前的文献研究中完全没有提及，在研究设计部分也没有交代是否是赵老师自己的分类，还是引用他人的研究文献。这样，在研究设计这一块出现了一个"断层"。另外，将课堂行为数据统计的结果放在"研究设计"这一部分也是不合适的，应该移到"数据分析"部分。而且，在数据分析结果（表2）中，读者会看到更多的"断层"。在表2中，数据所涉及的变量又添加了"B选择回答问题方式""C候答时间长短"和"E教师理答方式"。这些在分析数据阶段所展现的变量，既没有在文献研究部分介绍，也没有在阐述自己的研究设计时提及，而是"突然"出现在对数据的结果分析部分。当然，这样的要求对一线教师也许过高，但从研究的视角来说，还是很有必要的。

本研究所涉及的被试包括城镇教师和农村教师两大类，但表2并没有显示各类教师各有多少人，只是频次和百分比，这是该研究的一个缺失。如果还能介绍一点这些教师的背景信息，如职称和教龄，以及学校的背景信息，如学校的教育特色等会更好。

对数据结果的分析如果采用一些基本的统计方法会更好，如卡方检验和比例差异的显著性检验。同时，如果能探究教师提问的类型与学生回答类型之间的关联或其他变量之间的关联，则研究结果更为深入和有意义。

关于本文研究的主要问题，即当前数学课堂提问的质量问题，到底是高还是低？凭什么这么说？赵老师给出的结论非常模糊。这些很显然会影响读者对本文的阅读和理解。所以，建议这部分内容进一步修改、完善和充实。这个过程中，也许首先应建立一个什么是提问质量的概念框架，即给出一个什么是提问质量高，什么是提问质量低的评判标准，然后再进行后面的研究。

最后，赵老师引用和分析了一些很典型的与课堂提问有关的案例，也发现了一些课堂提问中值得改进的问题，但在思考及建议部分，赵老师又引用了一些案例，案例虽然典型，但似乎不是用来回答或思考之前的数据分析和案例分析所发现的问题，显得有一些针对性不强。因此，思考及建议部分还必须大力加强，如将之前的研究发现进行总结和提炼成条理化的形式，接着明确地提出解决这些问题的思考和建议。

在小学数学课堂教学中培养学生
提出问题能力的实验研究

毕晓光（辽宁省沈阳市皇姑区教师进修学校）

课题提出的背景及研究意义

（一）新课程改革的呼唤

问题解决是近年来数学教育改革的热点话题。"问题"是学习数学最好的载体，"问题解决"是学生思维发展的最高层次。《义务教育数学课程标准（2011 年版）》中把"问题解决"作为课程的目标之一，并在"数学课程总体目标"中指出：初步学会从数学的角度发现问题和提出问题，综合运用数学知识解决简单的实际问题，增强应用意识，提高实践能力。获得分析问题和解决问题的一些基本方法，体验解决问题方法的多样性，发展创新意识。

（二）学校教学现状的要求

从课题提出之初"学生提出问题前测问卷"所反映的情况看，以往的课堂教学中学生要解决的问题都是教师事先设计好的，直接提供给学生的，学生也很少去思考我为什么要解决这个问题，解决这个问题的意义何在。因此，学生在解决问题时想起的仅仅是一种表面的知识，而学生的思维能力并没有得到真正的发展，这违背了素质教育的学习理念，忽视了发现与探究的价值，从而在实践中禁锢了学生想象力、创造力的发展和抽象思维水平的提高，使学生没有机会培养实践能力和应用探究能力。

课题研究综述与概念界定

研究期间，我们查阅了大量文献资料。国内外学者对学生在已有知识和经验基础上，积极主动地发现问题、提出问题、分析问题、解决问题从不同层面给出了解释。笔者对其中一些有代表性的观点做了梳理。

苏联心理学家马丘斯金等人，对问题教学进行了开创性和系统性研究。他们依据当代思维科学的最新成果，对问题教学的本质进行深刻的心理学论证，对问题教学的操作方式、原理进行具体、科学的研究。认为问题是思维的起点，问题解决过程也就是创造性思维的过程。

著名哲学家波普尔曾说过："正是问题激发我们去学习，去发展知识，去实践，去观察。"波普尔认为创造性思维活动是从各种问题开始，科学家探索的逻辑起点应该是问题，波普尔提出的科学进化公式"P1（问题）TT（假说）EE（否认）P2（问题）"就是以问题作为科学活动的起点和终点。爱因斯坦说过："问题的提出比解决问题本身更有价值，因为解决问题的过程，就是在提高自身的实验技能，而举一反三的提出有价值的问题，是需要具备聪明的大脑的。"

目前课程改革不断深入，"培养学生的创新意识""学生是课堂的主人""自主学习、探究性学习"等教学理念，已成为大家的共识。但在具体教学中，教师还是较多地考虑如何教，如何让学生学会知识，掌握技能，很少涉及学生如何学，尤其是让学生带着问题去学。然而师生共同研究的过程、学生自主创新地学习都离不开问题这一骨架。一个人若没有疑问，哪来的研究、创新可言？问得多，必然想得多；问得深，必然想得深。

综上所述，我们认为，所谓"提出问题"的能力，是指面对现实情境时，能主动尝试着从数学的角度提出问题；面对新的数学知识时，能主动地寻找其实际背景，并探索其应用价值；能从日常生活中发现并提出简单的数学问题；"用数学解决问题的能力"不仅包括会用数学解决现成的问题，更重要的是能够发现或者提出问题，并能从数学的角度运用所学知识和方法去解决它。不管从现实情况，还是从哲学、心理学、教育学等角度去考虑，追根问底，问题是培养学生主体性的中介。"发明千千万，起点在一问"。这一问或许就是真理最初的涟漪。

三 研究内容及对象

（一）研究的对象

我们以辽宁省沈阳市皇姑区 20 所学校一年级至五年级学生作为研究的对象，以"小学数学课堂教学中培养学生提出问题能力的实验研究"为主题开展教学实践研究。

（二）研究的内容

根据上述构思，课题从以下几个方面内容进行深入研究。

1. 小学数学课堂教学中学生提出问题能力现状调查分析。

2. 小学数学课堂教学中培养学生提出问题能力的思考与实践。

四 研究方法

（一）文献研究法

通过查阅、收集、分析、综合有关小学数学"数与代数"领域问题教学策略的科研文献材料，了解国内外的研究趋势，储备相关的学术理论及科研信息，从而保证该课题开展的高效度和实效性。

（二）调查研究法

通过运用问卷、访谈、测量、研究等科学方式，有目的、有计划、有系统的收集有关问题或现状的资料，从而获得关于课题研究的相关事实，并形成关于课题研究的科学认识。

（三）行动研究法

在一定的理论指导下，创造条件，对实验对象施加影响。有目的地观察记录实验对象的变化，从而深入开展课题研究。

五　研究的步骤和过程

（一）准备阶段

此阶段主要是进行理论学习和文献资料检索，确定研究课题和研究方向，撰写开题报告。成立课题组，明确职责分工，部署研究工作。

（二）调查阶段

此阶段首先是设计调查问卷，对学生进行前测分析。通过集体研讨、调研分析等活动开展研究，做好资料的收集和整理工作。

（三）实验阶段

此阶段主要是由课题组成员分别根据挑选的教学内容，进行教学设计和课堂展示。同时做好课例的分析、反思和总结工作，认真撰写阶段性小结，形成课题中期研究报告。

（四）总结阶段

对研究工作进行认真总结和反思，为课题结题做好准备。归档整理课题研究的全部资料，撰写结题报告和高品质的课题论文，并接受专家组评审。

六　课题研究结果与思考

（一）现状调查

为了了解学生在课堂教学中"提出问题能力"方面的情况，我们对辽宁省沈阳市皇姑区 20 所学校一年级至五年级共 823 名学生进行了问卷调查，调查问卷如下。

A. 对一年级学生调查使用的问卷

一、对数学的认识（给相应的序号画"〇"）

1. 你喜欢数学吗？

（1）喜欢　　（2）一般　　（3）不喜欢

2. 你认为数学有用吗？

(1) 有用　　(2) 比较有用　　(3) 没有用

3. 你在学习数学遇到困难时，能够想办法克服困难继续学习吗？

(1) 能　　(2) 有时能　　(3) 不能

二、对提出问题的认识

1. 羊村里的小羊们做题，喜羊羊做了 40 道题，懒羊羊做了 13 道题，美羊羊做了 50 道题。你能根据上面的情境提出 3 个数学问题吗？请分别提出一个简单的问题，一个中等难度的问题和一个较难的问题。

2. 丽丽用小棒摆三角形，第一次，她摆了 1 个三角形，用了 3 根小棒；第二次，她摆了 2 个三角形，用了 5 根小棒。

第一次　　　△

你能根据上面的情境提出 3 个数学问题吗？请分别提出一个简单的问题，一个中等难度的问题和一个较难的问题。这些问题可以用上面提供的信息解决。

3. 根据 "小明家—学校—书店" 编制 3 个数学问题，第一个数学问题的答案是 70 米，第二个数学问题的答案是 10 米，第三个数学问题的答案是 130 米。

B. 对二年级学生调查使用的问卷

一、对数学的认识（给相应的序号画 "√"）

1. 你喜欢数学吗？

(1) 喜欢　　(2) 一般　　(3) 不喜欢

2. 你认为数学有用吗？

(1) 有用　　(2) 比较有用　　(3) 没有用

3. 你在学习数学时遇到困难时，能够想办法克服困难继续学习吗？

(1) 能　　(2) 有时能　　(3) 不能

二、对提出问题的认识

1. 春天到了，同学们去公园划船。二年级（3）班有 48 人。大船每条限乘 9 人；小船每条限乘 6 人。你能根据上面的情境提出 3 个数学问题吗？请分别提出一个简单问题，一个中等难度的问题和一个较难的问题。

2. 喜羊羊到文具店。笔记本每本 3 元，铅笔每支 1 元。你能根据上面的情境提出 3 个数学问题吗？请分别提出一个简单问题，一个中等难度的问题和一个较难的问题。

3. 有一列数：1，0，1，2，3，1，0，1，2，3，……

你能根据上面的情境提出 3 个数学问题吗？请分别提出一个简单问题，一个中等难度的问题和一个较难的问题。

C. 四年级学生调查使用的问卷

一、对数学的认识（给相应的序号画"○"）

1. 你喜欢数学吗？

（1）喜欢　　（2）一般　　（3）不喜欢

2. 你认为数学有用吗？

（1）有用　　（2）比较有用　　（3）没有用

3. 你在学习数学遇到困难时，能够想办法克服困难继续学习吗？

（1）能　　（2）有时能　　（3）不能

二、对提出问题的认识

1. 下面是第 23 届世界大学生运动会女子三级跳远成绩表。

中　国	王　颖	14.12 米
乌克兰	奥尔加	13.96 米
俄罗斯	贝佐诺娃	13.90 米

你能根据上面的表格提出 3 个数学问题吗？请分别提出一个简单的问题，一个中等难度的问题和一个较难的问题。

2. 星期天，妈妈带吴彤到书店买书。书店里新购进了四种书分别是《海洋世界》每本 8.18 元；《趣味折纸》每本 8.30 元；《童话大王》每本 7.82 元；《数学家的故事》每本 7.11 元。吴彤都很喜欢。

你能根据这个情境提出 3 个数学问题吗？一个简单的问题，一个中等难度的问题和一个较难的问题。

D. 对五年级学生调查使用的问卷

一、对数学的认识（给相应的序号画"✓"）

1. 你喜欢数学吗？

（1）喜欢 （2）一般 （3）不喜欢 （4）非常喜欢

2. 你认为数学有用吗？

（1）没有用 （2）无所谓 （3）比较有用 （4）非常有用

3. 你在学习数学遇到困难时，能够想办法克服困难继续学习吗？

（1）能 （2）有时能 （3）不能

二、对提出问题的认识

1. 东西两站相距 8 千米，甲在东站，乙在西站。甲的速度为 6 千米/时，乙的速度为 4 千米/时。

你能根据上面的情境提出 3 个数学问题吗？请分别提出一个相遇问题，一个追及问题和一个多次相遇问题。

2. 观察下面数表：

$\frac{1}{1}$；

$\frac{2}{1}$，$\frac{1}{2}$；

$\frac{3}{1}$，$\frac{2}{2}$，$\frac{1}{3}$；

$\frac{4}{1}$，$\frac{3}{2}$，$\frac{2}{3}$，$\frac{1}{4}$；

$\frac{5}{1}$，$\frac{4}{2}$，$\frac{3}{3}$，$\frac{2}{4}$，$\frac{1}{5}$。

你能够根据这个情境提出 3 个数学问题吗？一个简单问题，一个中等难度的问题和一个较难的问题。这个问题可以用上面提供的信息解决。

调查的结果如表1、表2、表3。

1. 和实际生活联系紧密的简单的数量关系的题目

表 1

具体内容	一年级学生/%	二年级学生/%	三年级学生/%	四年级学生/%	五年级学生/%
能提出一个简单问题的	78.79	82.22	83.76	93.55	100.00
能提出一个中等问题的	63.64	55.56	63.27	77.42	77.78
能提出一个较难问题的	39.40	44.44	40.82	32.26	38.89

2. 逻辑推理题目

表 2

具体内容	一年级学生/%	二年级学生/%	三年级学生/%	四年级学生/%	五年级学生/%
能提出一个简单问题的	82.92	80.00	79.59	100.00	100.00
能提出一个中等问题的	60.98	64.44	63.26	93.55	83.33
能提出一个较难问题的	36.58	44.44	42.85	70.96	77.78

3. 对较复杂信息的处理

表 3

具体内容	一年级学生/%	二年级学生/%	三年级学生/%	四年级学生/%	五年级学生/%
能提出一个简单问题的	82.93	75.56	75.51	87.10	88.89
能提出一个中等问题的	75.61	39.02	40.82	83.39	77.78
能提出一个较难问题的	26.83	36.59	36.73	25.81	55.56

由此看出，无论哪个年级的学生，要求其提出一个简单的问题还是可以的，其多数都能完成，但若要求提出一个中等难度以上的问题就困难了——有差不多一半的学生都做不到，尤其是低年级的同学。因此，从总体上来看，当前学生提出问题的能力还不太高。

（二）数学教学调查

是什么原因导致了这个结果？为此我们对当前的小学数学教学又进行了调查。

1. 师生提问情况

近一年多来，我们对沈阳市皇姑区 20 所小学一年级至六年级 130 节数学课进行了课堂观察分析，发现各年级教师平均每节课提问数为 30.05，也就是几乎每一分钟就有一个问题，而学生平均每节课提问数为 1.06。教师将教学中的提问变成了自己的专利，学生提问能力却严重匮乏。

2. 学生提问情况

一年级至二年级学生由于年纪小，无约束感，经常提问的比例占 55%；而随着年龄的增长，三年级至六年级经常提问的学生比例仅占 30% 左右，更有 2%～7% 的学生从不提问。这一比例显示，学生的提问意识由于害羞、害怕教师批评等客观原因而呈现出降低的趋势。调查还发现，98% 的学生都非常希望教师对他们的提问加以鼓励、赞许，随着学生年龄的增加，他们渴求教师引导的比例从 26% 上升到 57%，这一数据引起了教师对探究式教学、自主学习教学的重视与深思。

3. 教师提问态度

93% 的教师都认为一切创新都始于问题的发现，而要发现问题，源于强烈的问题意识。92% 的教师乐于接受学生的提问，84% 的教师对学生不善于提问表示担心，但仍然有 16% 的教师对学生的提问持无所谓的态度，这显然不利于学生自主探究能力的培养。从教师培养学生提问能力的主阵地——课堂教学来看，44% 的教师努力在挖掘现有教材的内涵，每堂课能留出一定的时间让学生想一想、问一问，培养学生的学习、探究、质疑问难的习惯，54％的教师对于学生这一习惯的培养随意性较大，有62％的教师自身的问题意识较为淡薄，有一定的随意性，虽然其中有92％的教师都愿意接受学生的提问，但碍于完成教材内容，以及教师本身对问题意识的认识不足，从主客观上都影响了学生的问题意识能力的培养。在教师的眼中，每班学生中问题意识强，习惯好的学生仅有8％，无论是低年级还是高年级，均存在着问题能力薄弱的现象。

（三）原因分析

由上我们认为造成学生提出问题能力不高的原因可能有如下一些因素。

1. 学生方面的因素

（1）性格原因。一些学生性格内向、孤僻、沉默寡言，在学习过程中，只满足于听懂教师讲课，完成教师布置的作业。如有疑难之处，既耻于向同学请教，也不好意思向教师提出，因而丧失了积极参与的机会。

（2）心理原因。低年级学生年纪小，好奇心比较强，少有思想负担，所以课堂气氛活跃，学生提问比较积极。但随着儿童年龄的增长，思想顾虑也在增加，怕提的问题不得要领，被批评或被同学嘲笑，有失"面子"，伴随这种自卑心理的产生，提问的次数逐年减少，以至问题愈积愈多，愈多愈不敢"问"，造成恶性循环。高年级学生独立意识较强，不任教师摆布的现象时有发生，不和谐、不信任的师生关系致使学生的思维处于冷冻状态。另外，侥幸心理作祟产生"我不举手总有人会"的心理，使大脑的思维处于休闲状态。

（3）兴趣原因。现在的小学生的家庭教育大多数是隔代教育，学生的兴趣比较少，电脑和电视往往是孩子的最好伴侣，兴趣的转移使学生不爱学习，更谈不上积极思维了，自然而然提不出什么问题来。

（4）方法原因。一些学生不知如何提问题，不知问题是怎样产生的，更不知道在什么地方容易产生问题，因而也谈不上主动提问题。另外，问题意识的产生和培养与基础知识和基本技能存在着密切联系。小学生年纪小，无论是感性知识，还是理性知识的积累比较单薄，因而问题的产生与信息量的多少有一定的关系，学生收集处理信息的能力较为欠缺。

（5）与学生"元认知"能力有关。对于元认知水平较低的学生，往往难以发挥其定向、控制和协调作用，学生对自己在干什么、为什么要这样干，始终缺乏明确的认识，并且不能对自己目前的处境作出清醒的评估并由此作出必要的调整，只是"一股劲地往前走"，不能恰当地进行"问题提出"。

2. 教师方面的因素

（1）教育理念陈旧，使学生没有提出问题的机会。教师在备课时分析教材多，研究教法少，对学生学法的研究少之又少，注重的是如何设计高质量的问题，引导学生解决问题，根本没有想到要让学生提出问题。其次，教师在备课时追求教学过程的严密性，什么问题都事先考虑到了，让学生无懈可击，使学生无法提出问题，这样的课堂教学只有教师预设的影子，没有学生精彩的生成。由于长期受到应试教育的影响，课堂上，教师既要讲书本知识，又要安排时间做练习，怕时间来不及，完不成教学任务，因而课堂上教师把学生当作容器，一味灌输知识，容不得学生思考，占用了学生思考的时间，使学生没有时间提出问题。

（2）教师的性格、情绪等因素，影响了学生提出问题的兴趣。一些教师受"师道尊严"影响，或由于自身情绪不佳，造成课堂气氛严肃，学生对任课教师产生恐惧心理，即使有了问题也不敢提出。

（3）教师不能正确对待学生提问，造成学生的心理障碍。小学生由于年龄小，知识面窄，生活经验缺乏，因而提出的问题浅显，浮于表面，显得幼稚，有的甚至是荒诞的。教师没有肯定学生这种敢于提出问题的精神，而是批评、指责、嘲笑，这样给学生造成自卑心理，直接打击了学生提问题的积极性。

七 小学数学课堂教学中培养学生提出问题能力的思考与实践

（一）思考

1. 赋予"问"的权力，树立"问"的观念

我们发现，儿童在入学前大多很喜欢向家长问"为什么"，然而，随着年龄的增长，他们心中的疑问似乎越来越少。这种现象不能不说是教育的一种悲哀。思想决定行动，学生大都认为自己到学校是来"学"的，而不是来"问"的，所以他们认为只要听老师的话，会做老师教的题，那就是好学生了。因此，培养学生的问题意识，首先教师要有问题教学意识，在平时的教学中要想方设法树立学生"问"的观念，赋予学生"问"的权力。应该说培养学生的课堂提问能力，教师是关键。要转变教师以往对培养学生问题能力淡薄、随意的观念。备课过程中要求教师控制问题数量，精心设计问题，给学生的课堂提问提供时间上的保证。教师在设计课堂提问时，要围绕教学重点和难点，体现针对性，并不失时间地教给学生提问的"窍门"，重点从以下两个方面入手。

（1）课堂教学中培养学生找问题的方法

①在知识的产生原因上找。如果对某个知识是在什么旧知识的基础上发展或派生出来的，或者与什么旧知识相关又搞不清的，那就在此提问。

②在知识的探究结论中找。如果对某一事物究竟有哪些特征，说不出或不能说完整的，那就在此提问。

③在知识的疑问处找。如果对某个问题为什么要这样做，为什么不那样做搞不清或说不出来，就可据此提问。

④在知识归纳整理上找。如果对知识不会归纳整理，分不清类型，而把知识看成一盘散沙似的孤立个体，可在此提问。

⑤在知识的应用性上找。如学生学习了长方体的表面积计算方法后，布置学生测算粉刷教室的费用，这时学生就会考虑问题的实际情况，提出

相关有待解决的问题。

（2）课堂教学中培养学生提出问题的方法

①追问法。在某个问题得到肯定或否定的回答之后，顺着其思路对问题紧追不舍，刨根究底继续发问。

②反问法。根据教材或教师所讲的内容，从相反的方向把问题提出。

③类比法。根据某些相似的概念、定律、性质的相关联系，通过比较和类推把问题提出。

④联系实际法。结合某个知识点，通过对实际生活中的一些现象的观察和分析提出问题，课堂教学呈现以学生为主体的生活学习场面。

2. 创设"问"的情境，激发"问"的欲望

"学起于思，思起于疑。"创设"问"的情境，就是要求教师课前深入钻研教材，精心预设"障碍"，呈现矛盾，造成认知上的冲突并由此产生疑惑，从而产生强烈的提问欲望。

（1）创设心理安全情境，让学生大胆提问

从消除学生的心理顾虑出发，为学生提供一个宽松和谐的学习环境。在教学过程中，关注学生的个性，鼓励他们想自己所想、问自己想问的、说自己想说的，同时要引导学生会想、会问、会说。要学会肯定别人做得好的地方，帮助别人弥补不足之处，对别人做法不理解的，不是指责，而是学会提问，形成一种教师、学生平等提问并研究问题的氛围。

（2）创设引趣激思情境，让学生学会提问

教师精心创设情境，引导学生提出与学习过程有密切关系的问题，例如，在教学"分数与百分数的互化"时，因知识难度不太大，在出示例题后，教师创设这样的情境：今天老师送给每位同学一个特殊的礼物——"？"号，请大家带着问号去自学例题，对感到困难的地方打上"？"，把"？"打在哪里最合适？结果学生提出许多自己最需要提的问题。

（3）创设认知冲突情境，让学生主动提问

教师要随时注意挖掘教材中的发现因素，创设一种生动有趣、有一定挑战性的情境，促使学生主动发现问题、提出问题，启发学生自己发现问题，探索知识，让教学过程围绕着学生学习中的问题而展开。

（4）创设出错情境，提高质疑能力

故意创设出错情境，提高质疑能力。学生在学习过程中养成了主动发现问题、主动提出问题的良好学习习惯后，教师在课堂上还要为学生创设大胆提问的思维空间，充分发挥他们的主观能动性，使他们在课堂上始终处于自觉地学、主动地提问的状态。

3．指导"问"的方法，提高"问"的能力

（1）设立"提问卡"制度

学生在预习或自学中产生的问题总是写在"提问卡"上，教师课上收集卡片，进行综合归类，在课堂中有针对性地组织学生展开讨论，让学生自己探索或在教师的指导下找到解决问题的方法。

（2）用竞赛氛围、游戏场景等手段激发学生提问

创设丰富多彩的教学情境，提供多层次、多角度提问平台，让每个学生勇于提问、善于提问、乐于提问。可以根据学生不同的年龄特征，采用不同的方法。

（3）建立提问学习小组

针对提问能力参差不齐的情况，我们引进了小组学习的方法，即学生以4人为一学习小组，小组中学习水平上、中、下的学生合理搭配、推荐一个学习水平较高、责任心强的学生为组长，让不同层次学生的信息联系和反馈信息在多层次、多方位上展开。

（4）开设5分钟的"小问号"交流

每节课的课前或课中，开设五分钟"小问号"交流，看谁围绕今天所学内容提问，问倒大家，看谁的提问最精彩。"小问号"交流活动开展，学生提问的质量明显提高。

（二）实践结果

课堂教学实践之后，我们对学生提出数学问题的情况进行了后测，结

果如表 4、表 5、表 6。

1. 和实际生活联系紧密的简单的数量关系的题目

表 4

具体内容	一年级学生/%	二年级学生/%	三年级学生/%	四年级学生/%	五年级学生/%
能提出一个简单问题的	100.00	100.00	93.88	100.00	100.00
能提出一个中等问题的	85.37	86.67	71.43	90.32	83.33
能提出一个较难问题的	51.22	71.11	61.22	61.29	69.44

2. 逻辑推理题目

表 5

具体内容	一年级学生/%	二年级学生/%	三年级学生/%	四年级学生/%	五年级学生/%
能提出一个简单问题的	100.00	100.00	83.67	100.00	100.00
能提出一个中等问题的	82.92	77.78	71.43	96.77	88.89
能提出一个较难问题的	60.98	64.44	61.20	83.87	83.33

3. 对较复杂信息的处理

表 6

具体内容	一年级学生/%	二年级学生/%	三年级学生/%	四年级学生/%	五年级学生/%
能提出一个简单问题的	90.24	95.12	87.76	96.77	97.22
能提出一个中等问题的	85.37	65.85	51.02	93.55	88.89
能提出一个较难问题的	41.46	51.22	44.90	48.39	77.78

对比后测与前测的数据不难看出：学生根据实际情况合理提出问题的

基本能力有了明显提高，思考问题的多角度、多元化比较丰富，探索数学信息之间内在联系的能力有了明显进步。对较复杂信息部分学生不再感觉无从下手，大部分学生思维活跃，已具备一定的分析能力，对较复杂的信息的处理能力也有一定提高，但由于数学信息呈现方式的丰富多样，少部分学生处理信息的能力还有待提高。目前学生已经具备一定的信息分析及处理能力，从整体发展来看水平较高。低、中年级相对较好。因此，学生对于较难问题的逻辑推理能力还需要在不断的学习中加强。

通过前述研究我们认为课堂提问既是一门科学，更是一门艺术。精彩的提问既能体现教师的基本功，又能启发学生的思维，真正实现课堂教学的优化。要实现有效的提问，我们认为归纳起来有三句话：以最主要的问题拉动最丰富的学习信息，以最轻松的方式让学生获得最有分量的收获，以最接近学生的起点带领他们走向最远的终点。

参考文献

1. 中华人民共和国教育部制定．义务教育数学课程标准（2011年版）［S］．北京：北京师范大学出版社，2012.

2. 史宁中．义务教育数学课程标准（2011年版）解读［M］．北京：北京师范大学出版社，2012.

3. 贺青．小学数学教学如何培养学生的问题意识［J］．当代教育论坛，2004（04）.

4. 蔡金法．中美学生数学学习的系列实证研究——他山之石，何以攻玉［M］．北京：教育科学出版社，2007.

5. 皮亚杰．儿童的语言与思维［M］．北京：北京文化教育出版社，2002.

6. 宋振韶．小学4～6年级学生课堂提问的类型特点及其影响因素的研究［D］．北京：北京师范大学，2003.

7. 朱小静．浅议小学数学教学培养学生问题的意识［J］．科学咨询，2008（12）.

8. 任长松．探究式学习——学生知识的自主建构［M］．北京：教育科学出版社，2005.

简评

培养学生提出问题的能力是现代数学教学的目标之一，因此，如何培养学生提出数学问题的能力是当前数学教育研究的一个热点。本文从调查研究出发，并在 20 所学校的一些班级进行了实验研究，指出了当前小学生数学问题提出方面的不足之处，并试着给出其中的影响因素，由此提出了提高学生提出问题能力的一些思考、措施和建议，并在所参与的学校中付诸实践，且进行了检验。文章思路清楚，分析较为深入，方法合理，最后给出的建议也有参考价值，观点也比较可信，因此，我们相信本文的研究对于推动当前小学数学教学改革、提高学生的数学问题提出能力将有很好的启发作用。

建议毕晓光老师对本研究做以下的改进或进一步的扩展。

在"现状调查"部分，本研究呈现了对一年级、二年级、四年级和五年级学生进行调查所使用的问卷，但唯独没有给出三年级的调查问卷的介绍，我们认为三年级的调查问卷也应该进行介绍。问卷中的数字序号与论文标题的数字序号很容易混淆，建议毕老师将这些问卷放在文末作为附录。

另外，对于文中列出的一些表格，没有给出必要的解释或阐述。总之，研究的规范性和严谨性应更为重视。

在报告问题提出能力调查的结果时，总结出了以下三类。"1. 和实际生活联系紧密的简单的数量关系的题目""2. 逻辑推理题目"和"3. 对较复杂信息的处理"，但是在介绍问卷调查时，并没有对这三类题目进行说明，这样使得读者较难将问卷调查的结果与问卷中的问题对应起来。同时，这三个展示问卷调查结果的表格中，都应清楚交代一年级到五年级中各年级参与问卷调查的学生人数。

在"数学教学调查"部分，毕老师探讨了是什么原因导致了问卷调查的结果，为此，毕老师对所涉及学校的小学数学教学又进行了调查研究。对这一调查研究的进行过程，毕老师交代得很不清楚。所有之前参与的 20

所学校的全部班级都被观课了呢？还是 20 所学校的部分班级？这 130 节课是采用什么方法选取的？总之，这次调查的参与对象不明确。另外，读者也不清楚研究者是否有一个课堂观察的提纲或问题的框架。而仅仅是对这 130 节数学课进行了课堂观察，毕老师是如何发现"学生的提问意识由于害羞、害怕教师批评等客观原因而呈现出降低的趋势"和"16％的教师对学生的提问持无所谓的态度"？这些与师生的态度和心理特征有关的结论，如果没有面谈或其他的调查，仅靠课堂观察是很难获得的。如果毕老师的确进行了这样的面谈或深入调查，必须在文中交代。

可以对所获得的数据进行统计分析。例如，可以使用卡方检验去分析不同年级的学生在问题提出的三个水平上是否有差异。

在"原因分析"部分，毕老师提出了两大因素，即学生和教师因素，各因素又提出了 3～5 条原因。这些"原因"读起来很在理，但让人觉得如果没有之前的问卷调查和课堂观察，也可以想到这些原因。换句话，毕老师对原因的分析没有紧扣自己的研究数据和发现，这是需要做大力改进的地方。

在"小学数学课堂教学中培养学生提出问题能力的思考与实践"部分，主要问题是没有让读者觉得这些"思考与实践"所针对的是毕老师自己调查研究和课堂观察中所发现的问题，而是概而广之地觉得应该这么做。

本文的题目中有"实验研究"的字样，文中对实验的过程还可以介绍得更为详细和清楚。如参与实验研究的师生人数、实施每次调查问卷所用的时间、拟定这些调查问题的依据和意图、课堂观察的工具、形式等。

另外，本文最后提到了后测，那么后测使用的是什么方法呢？用的什么材料呢？是不是和前测一样？也不得而知。还有，本文中曾提到要求学生提出简单问题、中等难度问题和较难问题，那么这三类问题是怎么区分的？不同年级的标准是不是一样呢？文中也没介绍得清楚。还有，本文最后说："对比后测与前测的数据不难看出：学生根据实际情况合理提出问题的基本能力有了明显提高，思考问题的多角度、多元化比较丰富，探索数

学信息之间的内在联系的能力有了明显进步。"这是怎么看出来的呢？有没
有数据分析的依据？

　　最后，在文末毕老师提到"通过前述研究我们认为课堂提问既是一门
科学……"，给人的感觉是将课堂提问与学生数学问题提出混为一谈，必须
对它们加以区分和理清。

附录　两届高研班所有论文题目汇总

第一届高研班所有论文题目汇总

1. 朱伟森　"认识负数"教学参考

2. 侯英敏　计算成绩好，计算品质如何

3. 闫孔哲　基于集体教研的"认识方程"单元教学的行动研究

4. 林　琛　探究小学高年级"实践活动"内容的教学实施

5. 陈　英　小学生学习多位数乘法计算困难的调查

6. 孙　云　方程——想说爱你不容易

7. 邹　柯　"乘法口诀（二）"的教学分析

8. 张岩峰　小学数学教学中学生画图现状调查研究

9. 李培芳　小学数学课堂动态生成性资源有效反馈策略的研究

10. 孟范举　第一学段学生估算学习的认知难点分析及教学策略

11. 刘　千　教学目标的确立是实现小学数学课堂教学实效性的根本
途径

12. 何瑜姝　十年间三次执教"周长"的反思

13. 马晓敏　今天的数学课堂为孩子的明天留下什么

14. 赵俊强　小学阶段如何培养儿童的关系性思维

15. 李正梁　在实证研究中，假设一定要被证实吗？

16. 凌　洋　小学生自主参与数学课堂学习活动的研究

17. 赵红亮　小学数学课堂提问的质量分析

18. 冯运芳　新世纪小学数学教材中"你知道吗"教学的研究

19. 张　巍　小学数学综合与实践活动校本教学研究

20. 丁玉华　信息技术和小学数学整合现状分析及对策

21. 倪军健　元认知与复合应用题教学

22. 樊　华　小学数学教学中有效利用信息技术案例研究

23. 陈丽萍　"提高小学生在数学小组合作中交流实效性的研究"课题
　　　　　 阶段研究报告

24. 刘明慧　学习情况的调查报告

25. 陈俊荣　学生是如何学习分数除法？

26. 涂俊珂　"小数的再认识"认识什么

第二届高研班所有论文题目汇总

1. 毕晓光　在小学数学课堂教学中培养学生提出问题能力的实验研究

2. 边　靖　在"面积单位"学习中培养学生度量意识的案例研究

3. 陈铭铭　培养学生空间观念的一点思考

4. 陈　利　小学中段学生数感发展水平的评估题研究报告

5. 高艳玲　培养学生用画图策略解决实际问题的教学实验研究

6. 黄辉琳　利用多元表征发展学生分数概念的实验研究

7. 潘红艳　体验式学习在"认识图形"课堂教学中的实施

8. 钱　松　在第二学段促进"长方体的认识"的教学策略

9. 宋显庆　小学代数知识有效教学的实践研究

10. 孙　枚　"同课同构，效果不同"是何因

11. 万里春　在算术情境中寻找小学生代数思维的机会

12. 王文森　小学四年级学生"估算应用情况"问卷调查与思考

13. 谢玉娓　教材使用图示的种类与数学学习

14. 杨　梅　面积与周长混淆的原因分析及教学设计研究

15. 游琼英　利用数学日记评估促进学生数学学习的研究报告

16. 虞文辉　因材施教知多少：小学数学教师研究学生现状的调查与
　　　　　研究

17. 袁　明　促进二年级学生除法概念形成过程的实践研究

18. 张惠丽　在小学数学六年级上册"圆的认识"单元中落实"四基"
　　　　　的教学设想

19. 张健红　应用小学数学教材，培养学生数学阅读能力

20. 张孝萍　开发考查小学五年级下册"测量"内容的书面测试题研究

后　记

　　经过两年多的努力，本书终于可以交出版社付印了，心情相当轻松。尽管已经编写出版了十几本书了，但这种以"论文加评论"的形式为一线教师编书还属首次，其编写的过程和心路历程与编写其他任何书相比千差万别。能以这样的方式与一线教师共事，其乐无穷。在这里我想把编写过程中的一些感受分享给读者。

一、　教师可以是很好的研究者

　　一线教师的重要工作无疑是课堂教学，至于教师是否是研究者、是否能成为很好的研究者，仁者见仁，智者见智。我本人持的观点很简单，教师在每堂课，在每天的教学中从事着研究。他们一直在思考教学目标定得合适与否、例子是否恰当、如何设置情境、学生的困难何在，等等。编写此书后，让我更坚信教师不仅能成为好的教师，而且可以成为好的研究者。此书中的论文表明了这一点，而且教师可以用各种研究方法进行不同类型的研究。

二、　初步认识与再认识

　　在本书中，有几篇论文涉及分数或别的数学概念的认识与再认识。在小学数学教材中，有些概念先有"初步认识"，然后有"再认识"。这里至少引发两方面的思考。第一，初步认识与再认识的区别在哪里，如何在初步认识的基础上进行再认识，这对我们一线教师来说并不是很清楚。第二，从大的层面上来说，是否应重新思考，是否一定要"初步认识"加"再认识"。国外的教材并没有类似的"初步认识"与"再认识"。

三、 数学内容

本书根据涉及的内容分成三个部分。第一部分涉及数与代数，第二部分是图形与几何，第三部分不涉及特殊的内容。从两届学员的论文来看，其大部分的论文涉及数与代数。希望老师们能够多点关于数据分析、统计、测量、代数以及空间关系和空间概念的研究。也希望今后能多一点涉及如何进行课堂评估、如何测量学生的学习成绩、概念性理解、数学素养、数学活动等方面超越具体内容的研究课题。

四、 挑战

相信读者会与我一样，非常欢欣鼓舞，教师可以成为很好的研究者，而且可以从事不同种类的研究，但通过此书同时也暴露了教师从事研究的几个方面的挑战。

挑战一：研究是一个长期积累的过程，一个课题不可能一下完成。我们在每篇论文中，指出了今后可以改进并扩展的方向。在当今社会很难有一个专家知道学科的每个方面。非常鼓励每一位教师研究者可以选择某一方面的课题继续研究，以致成为这一方面的专家级探究型教师，而不是肤浅的、各个方面都做一点的探究型教师。

挑战二：数据分析是一个需要不断学习、改进的过程。在本书的论文中，大部分的数据分析都可以进一步改进或深入。建议读者参阅蔡金法的《中美学生数学学习的系列实证研究——他山之石，何以攻玉》（2007，教育科学出版社）一书，该书提供了进行数据分析的具体例子。

挑战三：合作研究。鼓励老师们多加强合作来进行研究探索。我们每个人都有各自的长处，通过合作研究，不仅能集思广益，弥补缺陷，而且更能互相促进，共同提高。同时给教师提供一个可以交流学习的平台，使得教师能在教学经验以及研究心得的交流过程中继续成长。

五、 展望

此书的出版比起其他书的出版更让人欢欣，高兴之余必须指出本书只是一个发表教师从事实证研究成果的开始。希望此书中的研究及简评不仅能吸引更多的教师参与研究并发表他们的成果，同时帮助教师改进他们的研究，使其真正成为探索型教师的实践者。